新时代精神文明建设研究丛书
主任：杜新山　执行主编：曾伟玉

新时代精神文明建设基础论

Foundation Theory of Spiritual Civilization Construction in the New Era

罗明星　吴阳松　等 著

《新时代精神文明建设研究丛书》编委会

主　　任：杜新山

执行主编：曾伟玉

编　　委：（按姓氏笔画排序）

刘焕章　关　锋　李　钧　李　辉

陆　璐　罗明星　郭德焱　梁兴华

程京武　谢艺杰　谢迪斌　詹小美

鲍　炜　解丽霞　谭晓红　戴卫春

编　　务：刘旭晖

"新时代精神文明建设研究丛书"
总序

改革开放初期，我国就明确了推动社会主义精神文明和物质文明协调发展、"两个文明一起抓"的战略方向。社会主义精神文明是中国特色社会主义的重要特征，是坚持和发展中国特色社会主义的必然要求，是全面建成小康社会的应有之义，是实现中华民族伟大复兴的必由之路，同时也是迎接人类文明发展新阶段的报晓之声。在这一旗帜鲜明的战略方针指引下，40多年来，全党和全国人民经过锲而不舍、一以贯之的探索和努力，在多方面的具体实践中创造了不少新鲜的成果，也积累了不少深刻的经验和认识。

怎样把这些经验和认识及时提升到理论和方法的高度，为今后的发展提供更加强大的动力资源，显然是建设中国特色社会主义现代化强国这一宏伟事业不可或缺的组成部分，也是党的理论建设工作的重大历史使命之一。基于对这一使命的自觉担当，广州市委宣传部、市文明办、市社科联牵头，集本地各高校的精干力量，合作研究编写了这套"新时代精神文明建设研究丛书"，并在中国共产党成立100周年之际，将其呈现于世。应该说，这本身就是一项既宝贵又及时的精神文明建设工程。

按照我们的理解，文明是文化之树的花果："文化"与"自然、天然"相对，是人类将世界"人化"并用以"化人"的方式和过程；"文明"则与"蒙昧、野蛮"相对，是人类文化发展各个阶段积极成果的显现。因此，要充分理解我国社会主义精神文明建设的内容实质和历史意义，就必须站在历史和时代的高度，充分理解中国特色社会主义事业在中国历史和人类历史上的特殊地位与意义。而这个高度，不诉诸马克思主义哲学的理论和方法，是达不到的。所以我觉得，这套丛书的主要特点，正是超出了把精神文明建设仅仅局限于道德和文化政策宣传教育的层面，不是就道德说道德、就规范说规范、就政策说政策、就工作谈工作，而是着眼于新中国的发展史、社会主义的发展史、人类文明的发展史的大局和背景，力求站在新时代的高度，进一步深刻理解精神文明的内涵，充分阐发社会主义精神文明体系的理论逻辑；深入总结中国特色社会主义精神文明建设的创造性历程，准确描绘它的实现路径和未来前景。

一般说来，理论的高度反映出实践的深度。该丛书选题和内容的特色，是与多年来的生活实践有密切联系的。广州市作为我国改革开放的一线城市，当然也负有中国特色社会主义现代文明建设前沿探索的历史重任。多年来，广州市的党政部门和各界群众，为此倾注了极大的热情，在习近平新时代中国特色社会主义思想，特别是习近平关于精神文明建设的重要论述的指导下，作出了坚持不懈的努力。他们采取多项措施，踏踏实实地注重理论武装，努力以深学笃行筑牢信念之基，自觉强化价值引领；他们紧盯问题短板，通过全员参与、全域覆盖，去赢得共建共享的常态长效，不断提升新时代公民道德建设的精细化水平，使追求新文明成为广州最深层的底色、最优雅的气质、最美丽的风景，持续深化文明城市创建工作，着力建设崇德向善、文化厚重、和谐宜居、人民满意的文明城市，取得了可喜的成绩。这些切实努力的经验和成果，为写好这套丛书提供了坚实的基础。

该丛书以七本专著的书名排列，清晰地透露了这个思路的独特创意。它们是《新时代精神文明建设基础论》《新时代精神文明建设主体论》《新时代精神文明建设过程论》《新时代精神文明建设系统论》《新时代精神文明建设机制论》《新时代精神文明建设方法论》《新时代精神文明建设价值论》等，是从基础、主体、过程、系统、机制、方法和价值七个角度切入现实，每一个角度都既有对理论全面性的追求，又有对实践过程完整性的观照；既讲"应然"，也讲"实然"，更讲应然与实然的相互统一和过渡。也正因为如此，每个环节上所需要回答的问题，肯定比已经作出的回答要多得多。这样的研究和写作，应该说既是心怀壮志、出手不凡的，也是山高路远、成功不易的。当然，唯其如此，它们也更值得期待。

期待这项研究工作在新的基础和高度上，能够持久深化，不断提升，为中华文明的历史性再次勃兴，也为人类文明新境界的开拓，树起新的丰碑！

李德顺

2022 年 5 月于北京

目 录
CONTENTS

绪论　新时代精神文明建设基础的论证思路 ·················· 1
 一　精神文明建设基础要立足新时代 ·················· 1
 二　精神文明建设基础要呈现新理念 ·················· 3
 三　精神文明建设基础要体现新思维 ·················· 5
 四　精神文明建设基础要展示新内容 ·················· 6

第一章　人民是精神文明建设的主体基础 ·················· 9
 一　以人民为中心的精神文明建设理念 ·················· 9
 二　以人民美好生活为目标的价值追求 ·················· 18
 三　满足人民多样化精神需求的建设路向 ·················· 26

第二章　经济发展是精神文明建设的基础力量 ·················· 38
 一　以经济建设为中心是兴国之要 ·················· 38
 二　经济富强是社会和谐稳定的基础 ·················· 45
 三　用经济改革创新彰显社会精神文明 ·················· 51
 四　经济发展丰富人民精神生活 ·················· 57

第三章　政治发展对精神文明建设的保障作用 ·················· 62
 一　牢牢把握中国特色社会主义政治方向 ·················· 62
 二　始终高扬人民民主的光辉旗帜 ·················· 69
 三　用制度文明促进精神文明 ·················· 75
 四　在政治实践中走向精神文明 ·················· 82

第四章　在高度的文化自信中推进精神文明建设 …… 88
　　一　用社会主义核心价值观凝魂聚力 …… 88
　　二　用优秀传统文化铸就文化软实力 …… 95
　　三　用红色文化引领中国文化自信 …… 102
　　四　用丰富文化作品记录精彩中国生活 …… 106

第五章　社会发展是精神文明建设的有力支撑 …… 114
　　一　人民健康是社会文明进步的条件 …… 114
　　二　让教育发展成果更公平惠及全体人民 …… 121
　　三　通过脱贫攻坚走向全面小康 …… 128
　　四　打造共建共治共享的社会治理新格局 …… 135

第六章　生态美丽是精神文明建设的题中之义 …… 144
　　一　坚守"绿水青山就是金山银山"的生态理念 …… 144
　　二　培养热爱自然珍爱生命的文明意识 …… 149
　　三　推动形成绿色发展方式和生活方式 …… 156
　　四　在"美丽中国"建设中走向文明 …… 164

第七章　党的领导确保精神文明建设的正确方向 …… 171
　　一　精神文明建设与意识形态工作的同质性 …… 171
　　二　党的领导是当代中国文明进步的根本保证 …… 178
　　三　党员干部在精神文明建设中的主体作用 …… 185
　　四　以优良党风引领良好社会风气 …… 192

参考文献 …… 196

后　记 …… 204

绪论　新时代精神文明建设基础的论证思路

《新时代精神文明建设基础论》是"新时代精神文明建设研究丛书"的开篇之作。本书的写作目的，就是为精神文明建设系统论、机制论、价值论、主体论、过程论及方法论提供论证前提。同时，基础论必须自成体系，廓清精神文明建设基础的复合系统和内在结构，揭示核心因素对精神文明建设的基础性作用，展现新时代精神文明建设的宏阔图景。

一　精神文明建设基础要立足新时代

精神文明建设基础要立足于中国正在强起来的客观事实。时代不同，精神文明建设的基础也不相同。运用马克思主义时代划分标准观照现实，习近平同志在党的十九大报告中对我国所处的历史方位和时代特征做了明确界定："中国特色社会主义进入新时代，意味着近代以来久经磨难的中华民族迎来了从站起来、富起来到强起来的伟大飞跃，迎来了实现中华民族伟大复兴的光明前景。"[①]在强起来的新时代，我国的经济实力、科技实力、国防实力、综合国力进入世界前列，我国经济已由高速增长阶段转向高质量发展阶段，建立了政府主导、社会协同、公众参与、法治保障的社会治理体制，正在形成全民共建共享的社会治理格局，"我们比历史上任何时期都更接近中华民族伟大复兴的目标"[②]。所以，研究精神文明建设基

---

① 《习近平谈治国理政》第3卷，外文出版社，2020，第8页。
② 《习近平谈治国理政》第3卷，外文出版社，2020，第246页。

础，必须牢牢把握中国正在强起来的现实。强起来，意味着精神文明建设的基础更加厚实与稳固，代表着国民对精神文明发展的高度自信，表征着精神文明建设的美好愿景。对强起来的中国现实的确认，有利于我们对精神文明建设基础作出更加科学的判断，对精神文明建设规划作出更合理的设计，对精神文明建设实践作出更有力的推进。

精神文明建设基础要立足于对新时代社会主要矛盾的准确认知。从1981年党的十一届六中全会至2012年党的十八大，我国社会的主要矛盾是"人民日益增长的物质文化需要同落后的社会生产之间的矛盾"，党的十九大对我国社会主要矛盾作出了全新表述，指出"我国社会主要矛盾已经转化为人民日益增长的美好生活需要和不平衡不充分的发展之间的矛盾"。① 就像习近平同志指出的那样："我国社会主要矛盾的变化是关系全局的历史性变化"②，把"物质文化需要"改为"美好生活需要"，意味着新时代人民需要的范围已经不局限于物质文化领域，还扩大到了民主、法治、公平、正义等精神层面，精神文明成为人民美好生活的重要内容。因此，对精神文明建设基础的研究，务必要有对新时代社会主要矛盾的准确认知，要从经济、政治、文化、社会等不平衡不充分的发展中，对精神文明建设基础进行理性审视，对精神文明建设中的矛盾问题进行梳理，厘清精神文明建设基础与人民美好精神生活之间的逻辑关系，通过基础完善促进社会主义精神文明的不断进步。

精神文明建设基础要立足于百年未有之大变局的国际生态。我们面临的百年未有之大变局是，500年前西方开始领跑全球化的趋势正逐渐让位于东方，400年前开启的工业化进程已从机械化、电力化、信息化逐渐演进到智能化阶段，以美国为首的"民主政治"国家出现了集体性的政治固化、经济停滞、社会失序现象，非西方世界的全新现象迫切需要从全人类的现代实践出发，通过跨界知识大融通进行解释。③ 既有的国际生态给新时代精神文明建设带来了挑战与机遇，如何在建构人类命运共同体的过程

---

① 《习近平谈治国理政》第3卷，外文出版社，2020，第9页。
② 《习近平谈治国理政》第3卷，外文出版社，2020，第9页。
③ 王文：《多维解析"百年未有之大变局"》，《半月谈》2020年第4期。

中克服中西方文明的价值差异，在规避西方文化思潮对主流价值观干扰的同时，吸收和借鉴人类精神文明成果，彰显精神文明的中国特色与中国优势，是社会主义精神文明建设必须正视的课题。研究新时代精神文明建设基础，必须坦然面对百年未有之大变局，将可能对精神文明建设构成影响的一切关键因素，进行关联性思考与基础性评估，为精神文明建设提供理性的国际认知。

二　精神文明建设基础要呈现新理念

新时代是新理念的呈现时代，对精神文明建设基础的讨论，只有通过新理念的呈现，才能顺应时代的脉动，在新的历史方位中展示其鲜明特色。

精神文明建设基础要凸显社会主义核心价值观的主导地位。不同时代的精神文明建设拥有不同的价值侧重。1986年9月28日，中共十二届六中全会通过了《中共中央关于社会主义精神文明建设指导方针的决议》，该决议指出，精神文明建设的主要内容是思想道德建设和教育科学文化建设，思想道德建设要解决的是整个民族的精神支柱和精神动力问题，教育科学文化建设要解决的是整个民族的科学文化素质和现代化建设的智力支持问题。今天，作为精神文明建设的核心内容，思想道德建设被赋予了鲜明的时代特色，培育和践行社会主义核心价值观成为其主要内容。社会主义核心价值观是社会主义核心价值体系的高度凝练和集中表达，体现了社会主义核心价值体系的根本性质、本质特征及实践要求。习近平同志在党的十九大报告中指出，发挥社会主义核心价值观对国民教育、精神文明创建、精神文化产品创作生产传播的引领作用，把社会主义核心价值观融入社会发展各方面，转化为人们的情感认同和行为习惯。[①] 这充分说明，社会主义核心价值观在新时代精神文明建设中拥有理所当然的核心地位，因此，对精神文明建设基础的讨论，务必坚守社会主义核心价值观的价值定位，以社会主义核心价值观为目标指引，对精神文明建设的经济条件、政

---

① 《习近平谈治国理政》第3卷，外文出版社，2020，第33页。

治保障、社会支持等统筹开展基础性讨论，彰显新时代精神文明建设的主流价值。

精神文明建设基础要凸显服务人民美好生活的价值目标。精神文明既是人类社会发展的必然结果，也是人类美好生活的必然选择。中国传统社会推崇的"大同世界"，倡导天下为公，"老有所终，壮有所用，幼有所长，矜寡孤独废疾者，皆有所养"。① 充分体现了先辈们对精神文明的高度向往。今天，实现中华民族伟大复兴，让人民过上美好生活，是中国共产党在新时代对人民作出的庄严承诺。社会主义精神文明建设的终极目的，正是满足人民群众的精神文化生活需求，让人民在享受物质美好的同时，过上精神上的美好生活。所以，对精神文明建设基础的讨论，务必立足人民本位，充分尊重人民群众的历史主体地位，始终坚守人民美好生活的价值目标，正如习近平同志在纪念马克思诞辰200周年大会上所言："始终把人民立场作为根本立场，把为人民谋幸福作为根本使命，坚持全心全意为人民服务的根本宗旨。"② 夯实精神文明建设基础，可以更好地引导社会树立文明观念、提高文明程度、形成文明风尚，推动人民在为家庭谋幸福、为他人送温暖、为社会做贡献的过程中享受美好生活。

精神文明建设基础要彰显精神文明的中国特色。精神文明是一个极具价值色彩的概念，彰显精神文明的中国特色，就是在探讨精神文明建设基础的过程中，立足中国国情，言说中国话语，讲述中国故事，展示中国风格。毛泽东同志在《中国革命和中国共产党》中说："认清中国的国情，乃是认清一切革命问题的基本的根据。"③ 今天，认清中国国情，尊重中国源远流长的历史文化传统，正视中国是一个统一的多民族国家，相信中国仍处于并将长期处于社会主义初级阶段，是正确理解精神文明建设基础的基本前提。言说中国话语，就是在精神文明基础的话语表达中，运用中国特色语词展示话语的描述意义与价值意义，让话语承载中国文化的基因密码，在中国话语中呈现中华文明的感召魅力。讲述中国故事，则是立足中

---

① 《礼记·礼运》。
② 习近平：《在纪念马克思诞辰200周年大会上的讲话》，人民出版社，2018，第17页。
③ 《毛泽东选集》第2卷，人民出版社，1991，第633页。

国土壤,将发生在中国大地上的真实生活,以中国方式的生活叙事在研究中加以展示,从中国故事中认知中国人,感受中国情,知晓中国理,将中国精神文明的生动样态以本土文化形式加以表达。展示中国风格,就是要在精神文明建设基础的讨论中,蕴含中国文化气质,在思维方式、论证逻辑、表述格调等方面,体现出中国的文化韵味,在利与义、善与恶、是与非等关系的考量中,始终贯注中国特色的价值理念。

三 精神文明建设基础要体现新思维

习近平同志在治国理政过程中,站在统揽全局的战略高度,运用创新思维处理国际国内重大复杂问题,这些创新思维对精神文明建设基础的讨论具有直接启发意义。

运用综合集成思维对精神文明建设基础进行系统考量。综合集成思维就是运用系统方法与整体方法,从战略和全局高度,统筹谋划,系统设计,把目标与举措、路径与方法、战略与操作等有效集成,使之形成相互支持、相互配合、层层递进、耦合互动、协同发力、一体联动的有机整体,最终实现系统结构与整体功能的优化。[①] 精神文明建设基础就是由众多要素构成的复杂系统,各个要素之间既相互区别又相互联系,不同要素在精神文明建设过程中的作用方式、作用强度、作用效能等不同,但均对精神文明建设具有支撑作用。对精神文明建设基础的研究,就是要厘清不同要素的性质、功能与特点,理顺不同要素之间的内在关联与价值权重,优化不同要素的整合效应,规避要素之间的力量损耗,运用综合集成思维,让精神文明建设的基础要素形成合力,最终实现精神文明建设效益的最大化。

运用精准思维对精神文明建设基础进行有针对性的分析。精准思维是针对精细化社会提出的创新方法,遵循"精、准、细、严"原则,不求"大而全",但求"小而精",强调精准聚焦、精准施策、精准配合、精准

---

① 李永胜:《习近平治国理政的新思维》,光明网,2016年5月7日,https://theory.gmw.cn/2016-05/07/content_19994299.htm。

发力,旨在通过靶向集聚,提升社会治理效益。夯实精神文明建设基础是庞大的系统工程,但具体到实践环节,用以支撑精神文明建设的每一个基础,都是具有内在规定性的特殊存在,需要用独特的眼光进行审视与评鉴,用穷尽所能、追求极致的态度认真对待。正如《道德经》所言:"天下难事,必作于易;天下大事,必作于细",成就精神文明建设之大事者,必以精准思维、精准做法为行为遵循。精准思维的关键是要坚持问题意识与问题导向,就像习近平同志反复强调的那样:"坚持问题导向,坚持以我们正在做的事情为中心,聆听时代声音。"① 只有精准把握问题,才能把握精神文明建设的突破口,化解精神文明建设中的关键矛盾,从而让精神文明建设基础更加稳固。

运用质量效益思维对精神文明建设基础进行评价。精神文明建设是一个投入与产出的过程,以最小投入达到最大产出,是精神文明建设效益最大化的必然要求。因此,运用质量效益思维,对精神文明建设基础进行分类分析,综合评价,有机协调,就成为精神文明建设的当然选择。习近平同志指出:"抓精神文明建设要办实事、讲实效,紧紧围绕促进人民福祉来进行,坚决反对形式主义、官僚主义,努力满足人民群众不断增长的精神文化需求。"② 精神文明建设要办实事、出实效,关键是要让精神文明建设基础走向厚实,只有立定在深厚坚实的基础上,精神文明建设才能稳步推进,精神文明才能保持稳定的发展态势和可持续的发展前景。事实上,精神文明基础的构筑过程,就是精神文明建设质量效益的提升过程,将质量效益思维贯穿于新时代精神文明建设基础研究全过程,可以让研究成果具有更好的应用价值。

四 精神文明建设基础要展示新内容

精神文明建设基础可以有不同的呈现方式,立足于新时代的历史方位,结合国家的总体发展战略,新时代精神文明建设基础应该呈现新内

---

① 《习近平谈治国理政》第 2 卷,外文出版社,2017,第 34 页。
② 《习近平谈治国理政》第 2 卷,外文出版社,2017,第 324 页。

容，正是基于这样的理念，才建构了本书的研究框架。

首先，充分肯定人民作为精神文明建设基础的主体地位。人民是社会的存在本源，也是精神文明存在的主体依据，正是因为人民的存在，精神文明才通过意义的建构获得了现实合理性，精神文明建设才能以人民为出发点，开启走向生活世界的实践旅程。人民是社会的终极价值，精神文明建设的最终目的是让人民过上精神上的美好生活，获得自由全面的发展。人民是社会的决定力量，精神文明建设只有依靠人民的创造性智慧与开拓性实践，才能达成理想的建设目标。精神文明建设的成效，只能由人民来评价，就像习近平同志2018年1月5日在中央党校开班仪式上所说："时代是出卷人，我们是答卷人，人民是阅卷人"①，只有人民满意，精神文明建设才能说取得了成功。所以，讨论新时代精神文明建设基础，务必始终坚持人民主体地位，准确认知新时代的人民特点，了解新时代的人民需求，发现新时代的人民作用，始终相信人民不是虚幻的抽象存在，而是可以感知可以所指的生动具体，充分肯定人民在新时代精神文明建设中的崇高价值。

其次，突出"五位一体"作为精神文明建设基础的核心地位。"五位一体"是党的十八大提出的我国发展战略的总体布局，强调经济建设、政治建设、文化建设、社会建设、生态文明建设五个方面的有机统一与协调发展。新时代统筹推进"五位一体"总体布局的战略目标，是新时代推进中国特色社会主义事业的路线图，是更好推动人的全面发展、社会全面进步的任务书。② 以"五位一体"作为精神文明建设基础，突出了精神文明建设的时代特点和中国特色，让精神文明建设获得了前所未有的系统性支撑。在"五位一体"总体布局中，经济建设是根本，政治建设是保障，文化建设是灵魂，社会建设是条件，生态文明建设是前提，每一个方面均对精神文明建设发挥着独特的不可替代的作用。通过经济建设，推动社会财富总量增加，为精神文明建设提供坚实的物质基础；通过政治建设，将人民当家作主的权利落实到国家政治生活和社会生活中，为精神文明建设提

---

① 《习近平谈治国理政》第3卷，外文出版社，2020，第70页。
② 《统筹推进新时代"五位一体"总体布局》，《人民日报》2017年11月3日，第1版。

供可靠的政治保证；通过文化建设，促进传统文化向现代文化的创造性转化与创新性发展，促进中国文化与世界先进文化的交流与互鉴，为精神文明建设提供核心价值支撑；通过社会建设，让幼有所育、学有所教、劳有所得、病有所医、老有所养，为精神文明建设提供可靠的民生保障；通过生态文明建设，促进人与自然共生共荣，为精神文明建设提供和谐美丽的空间支持。"五位一体"形成合力，可以让新时代精神文明建设基础变得前所未有的强大。

最后，特别突出新时代精神文明建设中党的领导。加强党的全面领导，是新时代中国特色社会主义的鲜明特征。党的十九大报告指出："中国特色社会主义最本质的特征是中国共产党领导，中国特色社会主义制度的最大优势是中国共产党领导。"[①] 中国共产党领导新时代精神文明建设，是人类历史呈现的客观事实；新时代精神文明建设必须接受中国共产党的领导，这是中国政治预制的当然性的法理要求；只有在中国共产党的领导下，新时代精神文明建设才能取得最大成就，这是中国经验与中国教训引申出的历史结论。所以，作为新时代精神文明建设的基础，党的领导具有不可替代的关键作用，只有在党的领导下，精神文明建设才可能实现最优化的顶层设计，获得最充分的资源配置，实施最广泛的社会动员，彰显最鲜明的中国特色。正因如此，我们将党的领导放在本书的最后一章，隐喻其作为精神文明建设的最终保证，旨在通过党的领导，实现精神文明建设基础的整体协调与力量共进，进而实现对新时代精神文明建设的最有效支撑。

---

① 习近平：《决胜全面建成小康社会 夺取新时代中国特色社会主义伟大胜利——在中国共产党第十九次全国代表大会上的报告》，人民出版社，2017，第 19~20 页。

第一章　人民是精神文明建设的主体基础

马克思主义理论认为,人民群众是历史的创造者,是历史的主体,人民不仅创造了丰富的物质文明,而且创造了绚烂的精神文明,人民是精神文明的直接创造者。新时代精神文明建设继承了马克思主义的人民主体论,坚持以人民为中心的建设理念,把人民看作精神文明的创造者、践行者和享有者;新时代精神文明建设坚持以人民为中心的价值追求,以实现人民的美好生活作为自身的价值目标,努力为实现人民的美好生活提供精神动力、智力支持和思想力量;新时代精神文明建设坚持以人民为中心的建设路向,努力让人民体验生命的神圣,让人民拥有生活的尊严,让人民感知社会的温暖,让人民享受审美的乐趣,竭力满足人民多样化的精神需求。总之,从建设理念、价值追求和建设路向三个维度来看,人民是新时代精神文明建设的主体基础。

一　以人民为中心的精神文明建设理念

人民群众是历史的主体,是精神文明的直接创造者,人民的劳动实践是精神文明产生的唯一源泉。人民不仅是精神文明的创造者,而且是精神文明的践行者,精神文明的发展,全民道德素养与文化素养的提高,都有赖于人民群众的践行与配合。此外,人民更是精神文明的享有者,精神文明建设的最终目的就是实现人的全面发展,增强人民生活的幸福感与满足感。新时代精神文明建设坚持以人民为中心的建设理念,以一切依靠人民,一切为了人民为宗旨,充分体现了人民群众在精神文明建设中的主体地位。

(一) 人民是精神文明的创造者

历史唯物主义认为，人民群众是历史的创造者。恩格斯在《路德维希·费尔巴哈和德国古典哲学的终结》中说："无论历史的结局如何，人们总是通过每一个人追求他自己的、自觉预期的目的来创造他们的历史，而这许多按不同方向活动的愿望及其对外部世界的各种各样作用的合力，就是历史。"① 也就是说，人民群众在开创"个体历史"的同时，也在开创着社会历史，他们是社会历史的开创主体。而人民群众所开创的"历史"，不仅包括先进的物质生产力，而且包括绚烂多彩的文化，人民也是精神文明的创造者。新时代精神文明建设继承了马克思主义的人民主体论，习近平总书记就曾经指出："每个共产党员都要弄明白，党除了人民利益之外没有自己的特殊利益，党的一切工作都是为了实现好、维护好、发展好最广大人民根本利益；人民是历史的创造者、人民是真正的英雄。"② 因此，在精神文明建设中，我们要充分认识到人民群众的主体地位，牢固树立以人民为中心的理念。

人民的劳动实践是精神文化产生的唯一源泉。马克思说："我们首先应当确定一切人类生存的第一个前提，也就是一切历史的第一个前提，这个前提是：人们为了能够'创造历史'，必须能够生活。"③ 而为了能够生活，人们必须进行物质生产，也就是说，物质生产是人类社会存在和发展的基础。人们正是在物质生产的过程当中，创造了大量的物质财富，并且积累了丰富的精神财富。精神文化具有鲜明的时代性、民族性和地域性，这是精神文化具有多样性、多元性的重要原因。然而，多样多元的精神文化不是凭空产生的，马克思认为，"思想、观念、意识的生产最初是直接与人们的物质活动，与人们的物质交往……交织在一起的"。④ 也就是说，人民的物质生产实践是精神文化产生的唯一源泉。

首先，物质生产方式决定精神文化的内容。一切意识都是社会的产

---

① 《马克思恩格斯选集》第4卷，人民出版社，2012，第254页。
② 《习近平谈治国理政》第3卷，外文出版社，2020，第137页。
③ 《马克思恩格斯选集》第1卷，人民出版社，2012，第158页。
④ 《马克思恩格斯选集》第1卷，人民出版社，2012，第151页。

物,精神文化作为一种系统化、理论化的意识形式自然也是对社会物质生产方式的反映。正如马克思所说:"观念的东西不外是移入人的头脑并在人的头脑中改造过的物质的东西而已。"① 劳动实践是精神文化产生的物质依据。

其次,物质生产方式有助于拓展精神文化的广度。马克思主义认识论认为,世界上没有不可认识的事物,只有尚未被认识的事物。物质生产方式的发展与进步能够为精神文化的发展提供坚实的物质基础,拓展人们认识的边界,创造更加丰富的精神文化。比如,人类对宇宙太空的探索,对暗物质的探测,正是建立在现代高度发达的科技基础之上的。科学技术水平的提高,在拓展人的物质视野的同时,也开阔了人的精神视野,丰富了人的精神需要。正如恩格斯所说:"社会一旦有技术上的需要,这种需要就会比十所大学更能把科学推向前进。"②

最后,物质生产方式有助于提升精神文化的深度。在人类历史的发展长河中,随着物质生产方式的变迁,人们对事物的认识不断加深,思想、道德观念等精神文化形式也不断往纵深发展。比如,随着物质生产方式从手工劳动到机械劳动,再到如今智能劳动的变迁,人们的文化素质、道德素养都有不同程度的跃升,人们的精神境界得到极大提升,认识层次也在不断加深。中国古语"仓廪实则知礼节,衣食足而知荣辱"③,说的正是这个道理。

人民是精神文明的直接创造者。思想、道德、科学、文化、艺术、宗教等精神文化形式不是从来就有的,也不是一成不变的,它们都是人民群众在实践活动中创造和发展的,广大人民群众是精神文明的直接创造者,人民是精神文明的创造主体。

第一,人民是思想道德观念的直接创造者。思想道德观念主要体现在思想观念、政治立场、价值取向、道德情操和行为习惯等方面,它们并不是先天存在的,而是后天生成的,主要是在人们的劳动实践中产生,并随

---

① 《马克思恩格斯选集》第2卷,人民出版社,2012,第93页。
② 《马克思恩格斯选集》第4卷,人民出版社,2012,第648页。
③ 出自《管子·牧民》。

着劳动实践的发展而不断发展。"按马克思的观点，伦理道德既不是某种天生就有的东西，也不是动物本能行为的延续，而是在生产实践基础上衍生出来的相对独立的生活和思想领域"①，人民群众是生产实践的主体，是思想道德观念的直接创造者。比如，社会主义核心价值观就是在当今全球化背景下，面对世界百年未有之大变局，根据时代要求而实践生成的，这是一个来自于人民，植根于人民，又回溯于人民的道德准则与价值规范。

第二，人民是科学文化的直接创造者。人民推动了科技的进步，创造了丰富多彩的文化。"无论是都江堰、万里长城，还是楚辞汉赋、唐诗宋词，还是浑天仪、祖率，等等，都是中国人民一脉相承的勤劳坚韧、聪明才智精气神的外化和对象化"②，都是人民群众的创造，都体现了人民群众伟大的创新创造精神和非凡的聪明才智。

第三，人民是艺术等精神形式的直接创造者。我们常说："艺术源于生活"，其原因在于：一方面，人民群众的现实生活是艺术的来源，人民的生活为艺术提供了实际素材和现实背景，使艺术创造有了现实根基；另一方面，人民自己也创造了很多喜闻乐见的民间艺术，比如皮影、剪纸、编织、绣花、狮子舞等都是全国各地人民自己的创造，它们来源于人民生活，是广受人民群众喜爱的艺术形式，体现了各地的风俗人情，是中华文化的瑰宝。

（二）人民是精神文明的践行者

精神文明是一种潜在的精神力量，这种潜在的力量要充分发挥出来，必须借助于主体的作用、主体的实践，这个主体就是广大人民群众，人民是精神文明的实践主体。当今时代，精神文明建设在广度、深度和持续性上都是以前时代无法比拟的，新时代必须推动精神文明建设贴近生活、走近百姓，充分满足时代和社会发展的要求，这就需要充分发挥人民群众的践行者作用，使人民群众广泛参与到精神文明建设当中去，深度实践精神文明建设的内容，持续推动精神文明建设的发展。

---

① 周启杰：《论马克思道德哲学建构的多重维度》，《道德与文明》2018年第1期。
② 颜晓峰：《人民是历史的创造者》，《求是》2018年第9期。

新时代精神文明建设需要人民的广泛参与。所谓"广泛参与",是针对参与的主体数量而言,每一个人都是精神文明建设的参与者,没有人能置身事外。虽然精神文明建设的领导主体是党和政府,但建设和实践的主体则是广大人民群众,人民群众由各行各业的人组成,不管是体力劳动者还是脑力劳动者,普通劳动者还是领导干部,都是精神文明建设的一分子。

首先,精神文明建设只有依靠人民的广泛参与才能有根基。人民的广泛参与是精神文明建设的根之所在,精神文明建设必须以人民为中心,想群众之所想,急群众之所急,满足人民群众的需求,真正体现精神文明建设的群众性基础,只有这样,才能"吸引群众广泛参与,推动人们在为家庭谋幸福、为他人送温暖、为社会作贡献的过程中提高精神境界、培育文明风尚"。①

其次,精神文明建设只有依靠人民的广泛参与才能有力量。比如,在抗击新冠肺炎疫情时期,全国上下众志成城、共克时艰,医生、护士、志愿者以及基层其他各行各业的劳动者都展现出了前所未有的团结精神、坚韧不拔的拼搏精神和无私忘我的奉献精神,他们共同为我们谱写了一曲新时代精神文明的动人乐章,充分体现了人民参与的广泛性。

最后,精神文明建设只有依靠人民的广泛参与才能有成效。人民作为精神文明的践行者,只有当这个主体真正参与到建设当中,精神文明建设才能有成效。在精神文明建设的过程中,必须探索建立行之有效的群众参与机制,提高人民群众参与的积极性、主动性,大大提高人民的参与度。比如,思想层面的教育机制,行动层面的考核机制,结果层面的评价机制等都必须遵循一个原则,那就是使人民参与精神文明建设逐渐从被动走向主动,从形式走向内容。

新时代精神文明建设需要人民的深度实践。所谓"深度实践",是就实践的程度来说的,精神文明建设不能流于形式,必须落实、落地、落细。精神文明建设的深度实践体现在人民生活的方方面面,渗透到人民群众的日常生活当中,小到家庭,大到社会都是精神文明建设的实践领域,

---

① 《习近平谈治国理政》,外文出版社,2014,第 165 页。

都需要人民深度参与进来，亲身实践。习近平总书记强调："一种价值观要真正发挥作用，必须融入社会生活，让人们在实践中感知它、领悟它。"① 所以，精神文明建设要自觉加强家庭生活、职业生活和公共生活中的价值实践，让人们通过深度实践体现精神文明建设的价值追求。

首先，形成良好的家风是精神文明建设的基本要求。家是最小的国，国是千万家，家庭是社会生活的基本单位，习近平总书记要求从家风入手，推进精神文明建设，"精准地把握了家庭文明建设与国家精神文明建设的关系，将家庭文明建设作为支撑新时代精神文明建设的基础性工程"②。在家庭生活中，注重家风建设，让人民群众遵守"尊老、爱幼、勤俭、和睦"的家庭美德，形成良好的家风，有利于促进家庭和谐、推动社会文明进步。

其次，养成良好的职业道德是精神文明建设的客观要求。职业道德是各行各业工作人员在履职过程中应当遵循的行为规范和道德准则。在经济全球化和市场经济的大背景下，人们应当尽量抵御资本和利益的诱惑，恪守职责，遵守"公道、敬业、诚信、自律"的职业道德准则，在本职工作中切实践行职业操守，维护社会的公平秩序。比如，在利益驱使下，曾经出现的各种环境公害事件、地沟油事件以及"毒奶粉"事件等都是对职业道德的挑战，都是新时代精神文明建设所不能容忍的。

再次，培育良好的社会公德是精神文明建设的必然要求。维护社会的公序良俗，守护社会的公平正义，传递社会的浩然正气是每一个人的责任。遵循和弘扬"守序、文雅、环保、助人"的社会公德，培育良好的人际交往氛围，有利于提高全民的道德素养，形成良好的社会风气。

最后，提高全民文明化程度是精神文明建设的本质规定。文明生活的创建，依靠每一个人的辛勤付出，提高全民文明化程度需要每一个人的倾情参与，只有全社会自觉遵守"爱国守法、友善互助、言行有礼、健康环保"的文明公约，才能真正提高文明化水平，推动精神文明建设健康

---

① 《习近平谈治国理政》，外文出版社，2014，第165页。
② 陈亚丽：《家风家训对精神文明建设的作用与实践路径研究》，《广西民族大学学报》（哲学社会科学版）2017年第6期。

发展。

新时代精神文明建设需要人民的持续推动。精神文明建设是一项长久的事业，不能浅尝辄止，需要长时间不间断的积极行动，正所谓"骐骥一跃，不能十步；驽马十驾，功在不舍"。① 健康社会风气的形成，良好公民素养的养成不是一朝一夕的事情，需要人民的持久参与与持续推动，贵在坚持，赢在坚持。精神文明建设重在滋养人的精神，提高人的境界，它在短期内很难看到成效，需要一个较长的时间沉淀才能显现出来，只有全体人民坚持不懈地持续努力，才能达到久久为功的目的。

第一，正确的价值观引导是持续推动精神文明建设的内在动力。以正确的价值观特别是社会主义核心价值观引领精神文明建设，有助于增强人们对精神文明建设的价值认同，为持续推动精神文明建设凝聚精神力量。

第二，有效的激励机制是持续推动精神文明建设的正确路径。在精神文明建设中，做到目标明确、奖惩分明、责任到位，建立和完善激励机制，把建设成果量化、细化、具体化，能够增强人们参与精神文明建设的可持续性和可操作性，为持续推动精神文明建设开拓道路。

第三，方法的创新是持续推动精神文明建设的有力保障。持续推动精神文明建设除了注重内容还要注重方式方法，既要设置硬指标，也要设置软指标，既要重视量的增加，也要注重质的提升，既要看重形式，也要紧盯内容。只有加强方法创新，采用灵活多样的方法，才能吸引人们的注意力，为持续推动精神文明建设提供保障。

（三）人民是精神文明的享有者

精神文明由人民创造、人民践行，反过来又惠及于人民，人民是精神文明的享有者，是精神文明的享受主体。精神文明建设可以为人民创建一个美好、安全、温暖的精神家园，它通过引领人民的精神生活，满足人民的精神需求，增强人民的精神力量，提升人民的精神归属感，让人民体验生活的获得感、幸福感和安全感，使人民享受到精神文明建设带来的红利。我们以培育和践行社会主义核心价值观为例，来论述精神文明建设的

---

① 出自《荀子·劝学》。

反哺人民性。习近平总书记指出,社会主义核心价值观中的"富强、民主、文明、和谐是国家层面的价值要求,自由、平等、公正、法治是社会层面的价值要求,爱国、敬业、诚信、友善是公民层面的价值要求"。① 培育和践行社会主义核心价值观能够从国家、社会、公民三个层面提升文明化程度,让人民真正享受到精神文明建设的成果和福利。

从国家层面来看,培育和践行社会主义核心价值观能够为人民创建美好的精神家园。国家是人的精神寄托,国家能够为公民的个人发展提供良好的外部条件和保障,使人有精神归属感。一个强大的国家能够使其人民有强烈的国家自豪感和民族认同感。国家层面的精神文明建设的重点在宏观维度和顶层设计,其目的是实现国家的"富强、民主、文明、和谐",实现中华民族伟大复兴的中国梦;其内容是进行文化强国建设,"弘扬社会主义先进文化,深化文化体制改革,推动社会主义文化大发展大繁荣,增强全民族文化创造活力,推动文化事业全面繁荣、文化产业快速发展,不断丰富人民精神世界、增强人民精神力量,不断增强文化整体实力和竞争力"。② 国家层面的精神文明建设能够为人民创建美好的精神家园,向世界展示充满活力和希望的大国形象,使人民拥有强有力的后盾,增强人民的骨气和底气。比如,电影《长津湖》《战狼2》等一批优秀的文艺作品之所以能够赢得人们的关注,取得巨大成功,就在于它们传达了一种正能量,向世界展示了中华民族的自尊与自强,在精神层面引发了广大人民群众强烈的共鸣,大大提升了人民的精神归属感。因而,一个"富强、民主、文明、和谐"的国家理应成为每一个中国人的梦想和价值追求,一个强大的国家能够增强我们的精神力量。

从社会层面来看,培育和践行社会主义核心价值观能够给人民提供安全的港湾。个人不是抽象存在物,个人总是生活在一定的社会群体当中,处在社群当中的个人必须遵守共同的法律条款、社会规则和管理制度,才能维护良好的社会秩序。社会层面的精神文明建设侧重中观维度和实践探索,其旨在促进社会的"自由、平等、公正、法治",营造公平正义的社

---

① 《习近平谈治国理政》,外文出版社,2014,第168~169页。
② 《习近平谈治国理政》,外文出版社,2014,第160页。

会氛围，释放正能量。自由、平等的社会风气能够使人们充分发挥自己的才能，各尽所能、人尽其用，让人民有幸福感和获得感；公正、法治的社会氛围能够起到很好的规范作用，让公平正义的阳光洒满每一个角落，使社会充满活力，使人民有所保障，让人民有安全感。习近平总书记指出："我们的人民热爱生活，期盼有更好的教育、更稳定的工作、更满意的收入、更可靠的社会保障、更高水平的医疗卫生服务、更舒适的居住条件、更优美的环境，期盼孩子们能成长得更好、工作得更好、生活得更好。"[①]要实现这样的美好生活，除了借助物质方面的发展，精神方面的保障也功不可没。社会层面的精神文明建设能够为人民提供安全的港湾，让人们享受到良好的社会制度、社会福利和社会保障。一个"自由、平等、公正、法治"的社会是我们努力追求的理想，它能够引领我们的精神生活，满足我们的精神需求。

从公民层面来看，培育和践行社会主义核心价值观能够让人民感受人间的真情。精神文明建设最终要依靠人民来实施，因此，公民个人素养的提高对精神文明建设至关重要。公民层面的精神文明建设侧重微观方面和个体情感维度，其着力点在"爱国、敬业、诚信、友善"。公民层面的精神文明建设能够提升公民的个人素养，使公民具有优良的家庭美德、高素质的职业道德、美好的社会公德和个人品德，使精神文明建设做到多领域全覆盖，使全社会形成互帮互助、互敬互爱的风尚。马克思在《共产党宣言》中明确指出，在未来的共产主义社会里，"每个人的自由发展是一切人的自由发展的条件"。[②] 这虽然是一种尚未实现的理想，但却不是不能实现的理想，它是我们努力的目标和方向。"在社会生活中，当个人能够根据自己的意志做出自由选择的时候，这仅代表了理性的发展程度，是一种抽象的意志自由，这是自由的低阶状态；当个人在实现自由意志时，能够自觉地把共同体的利益、他人的利益和自身利益看作一致的，不是把共同体、他人看作外在的强制而感到压抑和痛苦，而是自觉地把实现共同体的利益、他人的利益看作自己的道德义务，这就是一种道德自由，是自由的

[①] 《习近平谈治国理政》，外文出版社，2014，第4页。
[②] 《马克思恩格斯选集》第1卷，人民出版社，2012，第422页。

高阶状态,这种高阶状态是一种个人道德品质和精神境界的高度发展状态。"① 公民层面的精神文明建设能够大大提升个人的道德境界,使人的精神层次从低阶向高阶,从自在向自为发展,有效改善人与人、人与社会之间的关系,使人与人之间能够真诚相待,使人与社会不再分裂和对立,使"人人为我,我为人人"的观念内化于心、外化于行,让人们真正感受到来自他人的真情与关爱。"爱国、敬业、诚信、友善"的公民形象,表征着我们向往的时代文明,能够给予人们精神的慰藉和心灵的温暖。

二 以人民美好生活为目标的价值追求

人的自由全面发展是马克思主义的最高价值理想。新时代精神文明建设遵循马克思主义的价值理想,"归根结底就是让全体中国人都过上更好的日子"②,实现人民的美好生活是新时代精神文明建设的价值追求。人民的美好生活与新时代精神文明建设具有价值同构性,都是为了实现人的全面发展的最高理想,同样体现了共同富裕的本质要求;人民的美好生活是新时代精神文明建设的价值归宿,以实现人民的美好生活作为价值目标,以满足人民对美好生活的向往作为价值导向,以能否实现人民的美好生活作为价值评价标准;新时代精神文明建设孕育着人民美好生活,精神文明建设能够塑造美好生活的主体,能够为实现人民的美好生活提供思想动力和智力支持,能够为实现人民的美好生活提供行动指南。

(一) 精神文明与美好生活的价值同构

新时代精神文明建设与人民的美好生活具有价值同构性。所谓价值同构性,就是说,二者在价值取向与价值诉求方面具有同一性。这种同一性主要体现在以下两个方面:从马克思主义的最高价值理想来看,二者都是为了实现人的全面发展;从社会主义的本质要求来看,二者都是为了实现共同富裕。习近平总书记曾经指出,当前,"我们要着力提升发展质量和

---

① 李丽丽:《马克思理想社会共同体思想的三个向度》,《广东社会科学》2020 年第 5 期。
② 《习近平谈治国理政》第 3 卷,外文出版社,2020,第 134 页。

效益，更好满足人民多方面日益增长的需要，更好促进人的全面发展、全体人民共同富裕"。① 精神文明建设的根本目的就是满足人民日益增长的精神需求，促进人的全面发展，实现共同富裕，让人民过上好日子，实现人民的美好生活。

实现人的全面发展是马克思主义的最高价值理想。马克思认为，人类社会有三个发展阶段。第一个阶段是人的依赖性阶段即前资本主义阶段，在这一阶段，由于人身依附关系，根本没有个人自由可言；第二个阶段是物的依赖性阶段即资本主义阶段，在这一阶段，人获得了一定的独立和自由，创造了前所未有的生产力，资本主义"在它的不到一百年的阶级统治中所创造的生产力，比过去一切世代创造的全部生产力还要多，还要大"。② 但是资本主义的巨大生产力是建立在社会化大分工的基础之上的，这种分工提高了劳动生产率，促进了社会发展，但是却把工人、劳动者变成了片面、畸形的人。这种人只有一种能力，那就是劳动，其他方面的才能都被挤压和废弃了，人都变成了单向度的人，个人之间的关系仅表现为物的交换关系和交换价值，人依赖于物，个人丧失了自由个性。马克思反对这种片面人，他认为，实现人的全面发展才是人的理想状态。只有到达第三个阶段即"自由个性"阶段，也就是共产主义社会，人才会从片面发展的人变成全面发展的人。

马克思心目中作为最高价值理想的"全面发展的个人"是什么样的呢？马克思认为，"全面发展的个人"表现为"精神活动和物质活动、享受和劳动"③ 的统一。这意味着，实现人的全面发展仅靠物质生活水平的提高远远不够，一定要建立在体力和智力、物质文明和精神文明平衡发展的基础之上。因此，精神文明建设对促进人的全面发展至关重要，精神文明建设的最终目的是实现马克思主义的最高价值理想。当今，中国特色社会主义进入新时代，人民的物质生活水平有了显著提升，在此基础上，人民对美好生活的向往变得更加迫切。美好生活是什么？美好生活不仅是物

---

① 《习近平谈治国理政》第3卷，外文出版社，2020，第133页。
② 《马克思恩格斯选集》第1卷，人民出版社，2012，第405页。
③ 《马克思恩格斯选集》第1卷，人民出版社，2012，第162~163页。

质富有,更是精神丰富。习近平总书记指出:"满足人民过上美好生活的新期待,必须提供丰富的精神食粮"①,如果没有丰富的精神食粮,人就不可能得到全面发展,也就不可能过上美好的生活。从这个层面来说,新时代精神文明建设与人民的美好生活具有价值同构性,其最终目的都是实现人的全面发展。

实现人的共同富裕是社会主义的本质要求。马克思认为,在共产主义社会里,"每一成员不仅有可能参加社会财富的生产,而且有可能参加社会财富的分配和管理,并通过有计划地经营全部生产,使社会生产力及其成果不断增长,足以保证每个人的一切合理的需要在越来越大的程度上得到满足"。② 也就是说,共产主义社会将会实现"各尽所能、按需分配",共同富裕。有学者认为,共同富裕是马克思主义政治经济学的核心问题③,马克思主义第一次科学回答了人类社会必将走向共同富裕的历史趋势。

自新中国成立以来,中国共产党继承和发展了马克思主义的共同富裕理论,对如何实现人民的共同富裕进行了不懈的探索。1992年,改革开放的总设计师邓小平在南方谈话中对社会主义的本质进行了创新性的阐述,他说:"社会主义的本质,是解放生产力,发展生产力,消灭剥削,消除两极分化,最终达到共同富裕。"④ 改革开放四十多年来,中国的国力显著提升并日益走近世界舞台的中央,城乡之间、区域之间的差距不断缩小,人民的生活质量有了较大提高,我们正在朝着共同富裕的方向不断迈进。然而,如何在新的起点上实现共同富裕?新时代共同富裕的科学内涵和实现路径是什么?仍然是我们党面临的重大课题。新时代共同富裕更加注重人民物质生活与精神生活的双向提升,更加注重人民生活的幸福感和获得感,更加注重创造人民的美好生活。新时代精神文明建设顺应了时代发展的潮流,着力提升全民素养,丰富人民的精神生活,让人们不仅在物质上能够实现共同富裕,而且在精神上也要实现共同富裕,以达到更高水平的共同富裕,使人民过上更美好的生活。习近平总书记说过:"共同富裕是

---

① 《习近平谈治国理政》第3卷,外文出版社,2020,第34页。
② 《马克思恩格斯选集》第3卷,人民出版社,2012,第724页。
③ 陈伯庚:《共同富裕论》,《上海经济研究》2017年第11期。
④ 《邓小平文选》第3卷,人民出版社,1993,第373页。

中国特色社会主义的根本原则,所以必须使发展成果更多更公平惠及全体人民,朝着共同富裕方向稳步前进"①,人民的美好生活就是我们的奋斗目标。而人民的美好生活作为人的精神生活的全面升华,人的物质和精神的全面发展与丰富,其彰显了新时代共同富裕的社会主义本质,展现了中国特色社会主义的优越性。从这个层面来说,新时代精神文明建设与人民的美好生活具有价值同构性,都体现了社会主义的本质要求。

(二) 人民美好生活是精神文明建设的价值归宿

中国特色社会主义进入新时代,"中国社会主要矛盾已经转化为人民日益增长的美好生活需要和不平衡不充分的发展之间的矛盾。以前我们要解决'有没有'的问题,现在则要解决'好不好'的问题"②。这说明实现人民的美好生活已经成为新时代的主要任务和奋斗目标。就精神文明建设来说,人民的美好生活就是其价值归宿,新时代精神文明建设以实现人民的美好生活作为自己的价值目标,以满足人民对美好生活的向往作为自己的价值导向,以能否实现人民的美好生活作为价值评价标准。

新时代精神文明建设以实现人民的美好生活作为价值目标。马克思、恩格斯在《共产党宣言》中说过:"过去的一切运动都是少数人的,或者为少数人谋利益的运动。无产阶级的运动是绝大多数人的,为绝大多数人谋利益的独立的运动。"③ 也就是说,共产党人的目标自始至终就是为绝大多数人谋利益、谋幸福。自新中国成立以来,在中国共产党的领导下,中国人民经历了从站起来、富起来到强起来的伟大征程。七十多年来,广大人民的生活水平有了大幅度的提升,人民的需求已经从最初的生存需求向享受需求转变,从基本的物质需求向"美好生活"需求转变。当下中国人民最大的利益和幸福就是对美好生活的向往,因此,实现人民对美好生活的向往是中国共产党人矢志不渝的目标,正如习近平总书记所说:"人民对美好生活的向往,就是我们的奋斗目标。"④ 那么,美好生活的内涵和标

---

① 《习近平关于社会主义社会建设论述摘编》,中央文献出版社,2017,第25页。
② 《习近平谈治国理政》第3卷,外文出版社,2020,第133页。
③ 《马克思恩格斯选集》第1卷,人民出版社,2012,第411页。
④ 《习近平谈治国理政》,外文出版社,2014,第4页。

准是什么呢？物质丰富和精神富有，二者缺一不可。物质丰富是美好生活的前提，为美好生活提供物质基础，这是基础性的内涵和标准；精神富有是美好生活的必需内容，为美好生活贡献精神源泉，这是发展性的内涵和标准。事实上，在生产力发展到一定程度之后，精神富有比物质丰富更能提升人民生活的幸福感和满足感。新时代精神文明建设以实现人民的美好生活为价值目标，旨在丰富人民的精神生活，满足人民的文化需要，营造良好的社会风尚，在物质丰富的基础上，努力实现人民的精神富有。

新时代精神文明建设以满足人民对美好生活的向往作为价值导向。中国特色社会主义进入新时代，人民对美好生活的向往更多体现为对高品质生活的期待，并且个性化、多样化、品质化的精神生活越来越占据主导地位，成为美好生活的主要标志。过去精神文明建设多表现为宣传教育和意识形态功能，新时代精神文明建设顺应时代发展的潮流，以满足人民对美好生活的向往作为价值导向。首先，精神文明建设更加注重培养人的自由个性，满足人民个性化的精神需求。市场经济容易塑造"理性经济人"，这种人以获取金钱财富和物质利益为唯一目标，是标准化的、没有自由个性的"单向度的人"。新时代精神文明建设通过价值观的引导、精神境界的提升、自由氛围的营造等，预防和抵御经济理性的单向性，为人们自由个性的彰显和自我价值的实现创造条件。其次，精神文明建设更加趋向于满足人民多样化的精神诉求。以单一输出性为特点的精神文化已经难以满足人民多样化、复杂化的精神需求。新时代精神文明建设在内容方面更加凸显多样性，尊重人民在认知、审美、情感、价值等多个维度的需求，建立文化供给与文化需求之间的联动机制，以需求带动供给、供给刺激需求的方式，打造丰富的精神文化生活。最后，精神文明建设更加注重实现人民品质化的精神需求。当今时代，人们愈来愈看重身心灵肉的和谐统一，这就要求精神文化既要贴近生活、接地气，又要高于生活、有超越性品质。新时代精神文明建设以精细化、精品化为导向，与人民的精神需求同频共振，努力改变精神文化的呈现内容与表现方式，为人民提供更有内涵、更有质感、更有品位的精神产品。

新时代精神文明建设以能否实现人民的美好生活作为价值评价标准。习近平总书记强调："抓精神文明建设要办实事、讲实效，紧紧围绕促进人民福祉来进行"①，以能否"促进人民福祉"来判断精神文明建设的成效。而实现人民的美好生活作为最现实的"人民福祉"，理所当然就应该成为精神文明建设的价值评价标准。一方面，以能否实现人民的美好生活作为新时代精神文明建设的价值评价标准，凸显了精神文明建设的人民性。习近平总书记指出："要抓住人民最关心最直接最现实的利益问题，扭住突出民生难题，一件事情接着一件事情办，一年接着一年干，争取早见成效，让人民群众有更多获得感、幸福感、安全感。"② 中国共产党继承了马克思主义的人民立场，把人民看作精神文明的创造者、践行者和享有者，看作美好生活的价值主体，始终把人民的利益和需求放在第一位。另一方面，以能否实现人民的美好生活作为新时代精神文明建设的价值评价标准，凸显了精神文明建设的社会主义特性。邓小平同志多次强调："社会主义不是少数人富起来、大多数人穷，不是那个样子。社会主义最大的优越性就是共同富裕，这是体现社会主义本质的一个东西。"③ 中国特色社会主义进入新时代，共同富裕的内涵和标准也发生了相应的变化，中国共产党把人民的美好生活作为自己的奋斗目标，在新时代向高水平共同富裕迈进，这仍然体现了社会主义的优越性所在。因此，新时代精神文明建设以人民的美好生活作为价值评价标准是对人民主体地位的恪守和对社会主义本质的践行，它大大增强了精神文明建设的实效性，使精神文明建设言之有物，行之有效，摆脱了空洞的说教，真正做到了接地气，有根基，"办实事、讲实效"。

（三）精神文明建设孕育着人民美好生活

马克思在《〈黑格尔法哲学批判〉导言》中说过："理论一经掌握群众，也会变成物质力量。理论只要说服人，就能掌握群众；而理论只要彻底，就能说服人。"④ 也就是说，思想的力量虽是潜移默化的，但却具有无穷的力量，具有改造人的作用，正如习近平总书记所说："精神的力量是

---

① 《习近平谈治国理政》第2卷，外文出版社，2017，第324页。
② 《习近平谈治国理政》第3卷，外文出版社，2020，第346页。
③ 《邓小平文选》第3卷，人民出版社，1993，第364页。
④ 《马克思恩格斯选集》第1卷，人民出版社，2012，第9~10页。

无穷的，道德的力量也是无穷的。"① 精神文明建设就是以这种潜移默化的作用塑造着时代新人，孕育着人民的美好生活。新时代精神文明建设继承了中华优秀传统文化、革命文化，发展社会主义先进文化，以文化人、以文育人，为实现人民的美好生活塑造价值主体；新时代精神文明建设提升公民的思想道德素养和科学文化素养，为实现人民的美好生活提供思想动力和智力支持；新时代精神文明建设将精神的力量内化于心、外化于行，为实现人民的美好生活提供行动指南。总之，精神文明建设孕育着人民的美好生活，为实现人民的美好生活贡献精神力量。

新时代精神文明建设能够以文化人，塑造美好生活的主体。美好生活不是靠等待得来的，是创造出来的，人民是创造美好生活的主体。"以文化人"是新时代精神文明建设的重要举措，精神文明建设能够通过"以文化人"的方式，为创造美好生活塑造价值主体。新时代精神文明建设以中华优秀传统文化滋养人。习近平总书记指出："中华民族生生不息绵延发展、饱受挫折又不断浴火重生，都离不开中华文化的有力支撑。中华文化独一无二的理念、智慧、气度、神韵，增添了中国人民和中华民族内心深处的自信和自豪。"② 新时代弘扬中华优秀传统文化，最主要的就是继承优秀传统文化中的传统美德、人文精神和思想理念，增强人们的文化自信心，陶冶人们的情操，提升人们的道德修养；新时代精神文明建设以革命文化激励人。在中国共产党的带领下，中国人民经过艰苦卓绝的斗争，终于赢得了民族解放和国家独立，在这一过程中，形成了以伟大建党精神、井冈山精神、长征精神、延安精神、西柏坡精神等为代表的革命文化，革命文化象征着中国人民不屈不挠、敢于牺牲、勇于奋斗的精神底蕴。在新时代，用革命精神激励人，能够使人们牢记革命先烈为革命事业付出的鲜血与牺牲，增强人们进行社会主义建设的热情和积极性；新时代精神文明建设以社会主义先进文化培育人。社会主义先进文化是在中国特色社会主义建设中形成的文化理念，它既继承了中华优秀传统文化和革命文化的优良基因，又博采众长，结合时代特征进行了创造性转化和创新性发展，是

---

① 《习近平谈治国理政》，外文出版社，2014，第158页。
② 习近平：《在中国文联十大、中国作协九大开幕式上的讲话》，人民出版社，2016，第4页。

时代精神的精华。在新时代，用社会主义先进文化培育人，能够增强人们对中国特色社会主义事业的价值认同，形成正确的世界观、人生观和价值观。中华优秀传统文化、革命文化和社会主义先进文化代表着中华民族的过去、现在和未来，凝聚着中华民族自立、自强、自信的民族精神，它们能够从内在到外在，从宏观到微观涵养人，铸魂育人，塑造美好生活的价值主体。

新时代精神文明建设提升公民的素养，为实现人民的美好生活提供思想动力和智力支持。精神文明建设能够提升公民的思想道德素养和科学文化素养，为创造美好生活提供思想和理论支撑。从思想道德素养维度来看，精神文明建设能够提升人民的思想道德水平，为创造美好生活提供思想动力。具体说来，精神文明建设有利于坚定人们的理想信念，引领社会主义核心价值观，有效预防现实生活中的价值虚无化或价值虚无主义，达到凝心聚力的效果；有利于弘扬中华传统文化，继承和发扬具有中国特色的民族精神和时代精神，继往开来，承古开新；有利于形成良好的社会公德，开创风清气正的社会风尚，提高文明化程度。从科学文化素养维度来看，精神文明建设能够提高人民的科学文化水平，为创造美好生活提供智力支持。譬如，精神文明建设倡导大力发展教育事业，用知识武装头脑，提高全民受教育水平和文化素质；高度重视科学技术和知识分子工作，崇尚科学、树立正确的科学观，强化创新意识和创新思维；引导文艺事业繁荣发展，坚持"以人民为中心"的文艺发展路线，满足人民的审美追求，提升人民的审美能力。新时代精神文明建设从思想道德和科学文化两方面引领社会风尚和文化前沿，增强人们的文化认同感和文化自信心，提升公民的整体素养，使人们以更加积极、健康的精神风貌投入到中国特色社会主义建设中去，创造美好生活。

新时代精神文明建设将文明内化于心、外化于行，为实现人民的美好生活提供行动指南。精神文明建设大多集中于思想、精神领域，属于理论层面，但精神文明建设不能仅仅局限于理论层面，它必须从理论走向现实，用理论指导实践，切实地改变人们的生活。马克思在《资本论》第一卷中讲道："最蹩脚的建筑师从一开始就比最灵巧的蜜蜂高明的地方，是他在用蜂蜡建筑蜂房以前,已经在自己的头脑中把它建成了。"① 人与动物最大的不同就在于人的思想、意识、精神是能动的,是指向实践的。因此,精神文明建设必须充分发挥思想意识的实践特性,将文明观念内化于心、外化于行,达到知行合一,为实现人民的美好生活提供指引。首先,精神文明建设通过教育引导实现知行合一。在精神文明建设过程中,对思想、道德等各方面进行必要的教育引导,能够对人们起到一种引领作用,有利于形成良好的道德风气和社会风气,为实现美好生活构建良好的外部环境。其次,精神文明建设通过舆论宣传实现知行合一。正确的舆论宣传在精神文明建设中可以起到春风化雨、潜移默化的作用,使人们能够以正确的理论、价值观为指导,以优秀的榜样人物为模范,规范自己的言行,提高全民的道德素质。最后,精神文明建设通过优化实践机制实现知行合一。精神文明建设可以通过设立志愿者服务站,开展"讲文明树新风"等主题活动,倡导"文明旅游""文明交通""文明餐桌"等实践活动,将文明内化于心、外化于行,提高全民文明化程度。

实现美好生活,不是高高在上的理论宣教,不是空洞的口号,更不是一蹴而就的,它是一个循序渐进的历史伟业。精神文明建设能够从思想上、从精神上温润人的心灵,塑造人的品格,指导人的行动,为实现美好生活加油助力。因此,精神文明建设孕育着人民美好生活。

三 满足人民多样化精神需求的建设路向

新时代精神文明建设坚持以人民为中心的理念,以实现人民的美好生活作为价值目标,充分体现了人民在精神文明建设中的主体地位。新时代,人民的精神需求更加多样化,更加追求品质与层次,精神文明建设必须适应新时代的变化,坚持满足人民多样化、多层次精神需求的建设路向。在终极关怀层面,让人民体验生命的神圣;在生存层面,让人民拥有生活的尊严;在交往层面,让人民感知社会的温暖;在享受层面,让人民享受审美的乐趣。

---

① 《马克思恩格斯选集》第2卷,人民出版社,2012,第170页。

（一）让人民体验生命的神圣

人的生命是有限度的，但生命的价值和意义是可以不一样的，一个人是要庸庸碌碌地度过一生，还是有价值、有意义地度过一生？什么才是值得过的人生？什么才是有意义的人生？我们虽然无法预测生命的长度，但我们可以拓展生命的深度，丰富人生的意义，正如习近平总书记所说："有信念、有梦想、有奋斗、有奉献的人生，才是有意义的人生。"① 新时代精神文明建设让人们认识和体验生命的神圣，度过有意义的一生。

进行理想信念教育，用远大理想铸就生命神圣。坚定的理想信念对一个人乃至一个国家都非常重要。对一个国家来说，正是因为有马克思主义信仰，有共产主义信念，我们才能够战胜艰难险阻，取得新民主主义革命的胜利，建立了中华人民共和国，使中国人民从此站起来；正是因为有马克思主义信仰，有共产主义信念，我们才能够克服重重阻碍，进行改革开放，开辟了中国特色社会主义道路，使中国人民从此富起来。邓小平就曾经指出："为什么我们过去能在非常困难的情况下奋斗出来，战胜千难万险使革命胜利呢？就是因为我们有理想，有马克思主义信念，有共产主义信念。"② 如今，中国特色社会主义进入新时代，中国正在日益走近世界舞台的中央，正在强大起来，我们要一如既往地坚持共产主义远大理想、中国特色社会主义共同理想，为实现中华民族伟大复兴的中国梦而奋斗。同样地，对一个人来说，只有树立远大的理想，人生才能有正确的方向和目标，人生才有价值和意义。新时代精神文明建设通过专题教育、主题培训、社会实践等形式深化理想信念教育，使人民坚定马克思主义信仰，树立共产主义远大理想，确立中国特色社会主义共同理想，使人民认识到人生不只有长度，更应该有广度和深度，为高尚信念而努力的生命才是有价值的生命，为远大理想而奋斗的人生才是有意义的人生。

进行社会主义核心价值观教育，用高尚价值彰显生命神圣。"社会主义核心价值观的提出对于提升公民基本素养、优化公民生活风貌乃至推进

---

① 《习近平谈治国理政》，外文出版社，2014，第175页。
② 《邓小平文选》第3卷，人民出版社，1993，第110页。

社会主义精神文明建设有着深远与积极的影响。"① 社会主义核心价值观是我们这个时代的精神和核心价值，它"传承着中国优秀传统文化的基因，寄托着近代以来中国人民上下求索、历经千辛万苦确立的理想和信念，也承载着我们每一个人的美好愿景"。② 社会主义核心价值观能够指引人民树立正确的人生观和价值观。新时代精神文明建设运用各种文化形式浸透社会主义核心价值观教育，让"真善美"散发理性的光芒，教化人民、温润人心。通过树立道德模范等直观形式，发挥榜样的力量，使社会形成崇德向善的良好风气；通过电影、文学作品等艺术形式，发挥文化熏陶作用，生动形象地向人们传达正确的价值观；通过舆论宣传等媒体形式，发挥引领作用，让人们有辨别"真善美"和"假恶丑"的能力。社会主义核心价值观教育，引领人的精神，规范人的言行，塑造人的灵魂，赋予生命以特殊意义。精神文明建设通过社会主义核心价值观教育，让人们意识到奉献他人、成就自我的人生才是有价值的人生，舍小家顾大家的人生才是有意义的人生，为国家、为社会作出贡献的人生才是值得过的人生，生命的神圣与价值也正在于此。

进行相关仪式教育，用体验感受生命的神圣。仪式教育作为一种隐性教育手段发挥着重要作用，是新时代精神文明建设的重要内容。我们为什么需要仪式？因为"在仪式的神圣空间，我们有一种象征体验。这些象征使得我们能够体会到深层的感受。它表达的是与未知力量的交流，让我们进入精神的层面"。③ 仪式教育具有直观性和情感特性，它能够让仪式教育的参与者产生一种强烈的价值认同和情感共鸣，从而使仪式教育的精神在一瞬间得到升华，进而影响自身的价值观和行为。新时代精神文明建设充分利用了仪式教育的这些特点和优势，让人从中获得一种崇高的生命体验。比如，举办清明节追思活动，通过重温革命历史、缅怀革命先烈，学习革命先烈的英雄事迹和无私忘我的革命情怀，从中感受生命的崇高和伟大，从而激励自己，不忘初心，砥砺前行；举办英雄人物表彰大会，通过

---

① 施向峰：《公民素养：精神文明的主体境界》，《道德与文明》2017年第6期。
② 《习近平谈治国理政》，外文出版社，2014，第169页。
③ 〔德〕洛蕾利斯·辛格霍夫：《我们为什么需要仪式》，刘永强译，中国人民大学出版社，2009，第2页。

宣传英雄人物的光荣事迹，学习英雄人物的奉献精神，从中感受生命的价值和意义，从而勉励自己，追求有意义的人生；举办灵活多样的生命教育，强化终极关怀意识，使人们坦然面对死亡等终极问题，增强人们面对挫折的勇气，尊重生命、热爱生活，活出生命应有的精彩。新时代精神文明建设竭力使仪式教育摆脱形式化、教条化和空洞化，使仪式教育有真情实感，言之有物，让人能够从中切实感受到生命的神圣与价值。

（二）让人民拥有生活的尊严

满足人民对美好生活的向往，其中很重要的一个层面就是让人民拥有生活的尊严。精神文明建设通过提高人民的科学文化素养，提高文明化程度，为人民有尊严的生活提供思想基础；通过建设社会主义法治文化，维护公平正义，为人民有尊严的生活提供法治保障；通过传承中华传统文化，重塑礼仪文明，使人民从根本上真正拥有生活的尊严。

提高人民的科学文化素养，提升文明化程度。提高人民的科学文化素养是让人民拥有生活的尊严的最基本要求。历史上的每一次工业革命、科技革命在拓展人们认识边界的同时，也推动了社会的发展，推动了文明的进步。因此，科学文化素养是人们摆脱落后、愚昧、无知，拥有生活的尊严的精神武器。新时代精神文明建设着力提高人民的科学文化素养，提升文明化程度，根本目的就是让人民过上美好的生活、有尊严的生活。提升科学文化素养是精神文明建设的要求，更是新时代的要求，有尊严的生活是美好生活的题中之义。第一，充分利用公共文化场所、文化设施，提高人民的科学文化素养。公共文化空间作为人们日常休闲娱乐的重要场所，可以被充分利用起来，为提高全民科学文化素养发光发热。比如，各地的图书馆、博物馆、科技馆、文化公园等文化场所已经向公众免费开放或设置固定的免费开放日，这在提高人民科学文化素养方面发挥了重要作用。第二，利用新媒体、流媒体等平台，进行广泛的科普宣传。在智能时代，信息传播的速度和广度是前所未有的，科普宣传除了利用报纸、广播、电视等传统媒体形式外，还充分利用了新媒体、流媒体等平台，大大增加了科普宣传的受众，增强了科普宣传的效果。第三，深入基层组织，开展科普活动。大力推动科普进社区，下基层，通过设立基层科普教育基地、举办公益科普讲座、开办公益科普展览，增强科普宣传的亲民性，达到有效提升人民科学文化素养的效果。科学文化素养的提高，有利于提升全社会的文明化程度，为人民有尊严的生活提供思想基础、精神力量。

建设社会主义法治文化，维护公平正义。每一个劳动人民，不论从事什么职业，都应该得到平等的对待，都应该拥有作为一个人的尊严。全社会形成崇尚法治精神，追求法治生活的法治文化，实现个人人格的平等和公共领域的公平正义，是新时代精神文明建设的重要途径，是让人民拥有生活的尊严的法律保障。首先，要树立法治信仰。遵纪守法是每一个人的责任和义务，新时代精神文明建设以法治精神凝聚共识，树立法治信仰。建设社会主义法治文化有助于完善立法、公正司法，提高立法、司法的科学化、民主化水平，使人民的生活有法可依。其次，要树立法治权威。法律的权威，从根本上说，来自人民内心对法律的信仰。习近平总书记强调："要深入开展法制宣传教育，在全社会弘扬社会主义法治精神，引导全体人民遵守法律、有问题依靠法律来解决，形成守法光荣的良好氛围。"① 精神文明建设通过开展法制宣传教育，牢固树立法治权威，使人民的生活有法必依。最后，要树立法治威严。要想实现个人人格的平等和公共领域的公平正义，必须树立法律的威严。在日常生活当中，要严格遵循执法必严，违法必究的原则，所有违反法律的行为都必须接受法律的制裁。树立法治信仰、法治权威、法治威严，建设社会主义法治文化，有利于形成公平正义的社会氛围，为人民有尊严的生活提供法治保障。

传承中华传统文化，重塑礼仪文明。中国自古以来就有"礼仪之邦"之称，传承中华传统文化，重塑礼仪文明是让人民拥有生活尊严的内在要求。如果说法治是使人生活的有尊严的外部条件，那么礼仪文明则是使人生活的有尊严的主体条件，它更大程度上依靠个人的道德修养。礼仪文明不仅仅是个人素质、教养的体现，更是个人道德和社会公德的体现，对个人、对国家都极其重要，正如战国思想家荀子所言："人无礼则不生，事无礼则不成，国家无礼则不宁。"② 因此，礼仪文明同样是新时代精神文明

---

① 《习近平谈治国理政》，外文出版社，2014，第145页。

② 出自《荀子·修身》。

建设的重要内容。继承中华优秀传统文化，重塑礼仪文明，可以从个人礼仪和公共礼仪两方面入手。个人礼仪可以拉近人与人之间的距离。个人礼仪涉及的是个人的素养、素质，个人的仪表仪容、言谈举止得体得当，会给其他人带来美好的感官感受，留下美好的印象。精神文明建设可以借鉴中华传统文化中的精华部分，通过理论宣传和实践教育，向公众传达正确的个人礼仪，使社会形成一种健康、文明的精神风貌。而公共礼仪可以营造相互尊重的社会氛围。公共礼仪涉及在公共场合的一些礼仪文明，比如社交礼仪、职场礼仪、旅游文明礼仪等，精神文明建设可以根据中华传统礼仪的要求，重塑公共礼仪文明，制定适当的公约、规则，规范公共礼仪，使社会形成重视礼仪文明、相互尊重的风气。传承中华传统文化，重塑礼仪文明能够为人民有尊严的生活提供主体条件。

（三）让人民感知社会的温暖

能够感受到社会的温暖是人民的重要精神需求之一，只有社会给予人民以温暖与关爱，人民才能有安全感、归属感，社会也才能更加和谐与安定。新时代精神文明建设通过大力培育好人文化，树立榜样、典型，打造志愿者服务团队，引领崇德向善的社会风尚，弘扬雷锋精神，塑造文明新风，使社会处处充满阳光与温暖。习近平总书记指出："必须推进马克思主义中国化时代化大众化，建设具有强大凝聚力和引领力的社会主义意识形态，使全体人民在理想信念、价值理念、道德观念上紧紧团结在一起。"[①]

培育好人文化，塑造文明新风。"好人文化"是以好人意识、好人行为、好人风气等为主体内容的文化形式，培育好人文化对塑造文明新风具有重要作用。习近平总书记指出："世界上最难的事情，就是怎样做人、怎样做一个好人"[②]，培育好人文化，弘扬美德精神，能够温暖他人、温暖社会。好人文化重点在培育，难点也在培育。如何培育好人文化？可以从

---

① 习近平：《决胜全面建成小康社会 夺取新时代中国特色社会主义伟大胜利——在中国共产党第十九次全国代表大会上的报告》，人民出版社，2017，第41页。
② 《习近平关于青少年和共青团工作论述摘编》，中央文献出版社，2017，第91页。

三个方面入手。第一，新时代精神文明建设应努力为"好人文化"的形成创造条件。比如，早在2013年深圳就颁布了一部《深圳经济特区救助人权益保护规定》，保护所有救助人的合法权益，又被人称作"好人法"；再比如，2020年国家颁布的新中国第一部《民法典》，明确规定因自愿实施紧急救助行为造成被救助人损害的，救助人不承担民事责任。国家通过类似法律、措施的颁布、实施，可以让"做好人"没有后顾之忧，有效营造乐善好施、乐于助人的氛围。第二，新时代精神文明建设应通过宣传好人，唱响时代主旋律。比如，广州市积极探索新时代文明实践中心与融媒体中心融通，依托新花城App、微社区e家通等新媒体平台，多视角呈现丰富多彩的文明实践活动，大力宣传"广州好人""广东好人""中国好人"，通过宣传"好人事迹"，倡导文明风尚。第三，新时代精神文明建设应通过表彰好人，让"好人文化"成为时代新风。比如，2019年9月29日，中华人民共和国国家勋章和国家荣誉称号颁授仪式在人民大会堂隆重举行。其中"共和国勋章"授予在中国特色社会主义建设和保卫国家中作出巨大贡献、建立卓越功勋的杰出人士；国家荣誉称号授予在经济、社会、国防、外交、教育、科技、文化、卫生、体育等各领域各行业作出重大贡献、享有崇高声誉的杰出人士。类似这种表彰活动能够为社会树立一个风向标，大兴好人之风。

发挥榜样力量，使崇德向善成为风尚。榜样的力量是无穷的，新时代精神文明建设通过树榜样、立典型，在全社会形成崇德向善的风尚。第一，榜样具有旗帜作用。习近平总书记指出："道德模范是社会道德建设的重要旗帜，要深入开展学习宣传道德模范活动，弘扬真善美，传播正能量，激励人民群众崇德向善、见贤思齐，鼓励全社会积善成德、明德惟馨，为实现中华民族伟大复兴的中国梦凝聚起强大的精神力量和有力的道德支撑。"①道德模范、榜样能够起到引领作用，促进社会整体道德发展，使全社会形成讲道德、讲文明、讲诚信、讲奉献的良好风气。第二，榜样具有感召作用。习近平总书记曾经指出，道德模范们"或充满爱心、助人为乐，或见义勇为、舍生忘死，或诚实守信、坚守正道，或敬业奉献、虔

---

① 《习近平谈治国理政》，外文出版社，2014，第158页。

诚勤勉，或孝老爱亲、血脉情深"①，他们这种高尚的品德，能够释放强大的正能量，温暖人心，感召他人。第三，榜样具有具象化作用。榜样能够把抽象的道德规范和道德准则具象化、形象化，聚焦成一个个活生生的人和典型的事迹，使人们更容易效仿和模仿，更加有利于道德风尚的有效传播。共产主义的理想和社会主义的本质决定了中国特色社会主义事业需要道德榜样的引领，需要发挥榜样的力量，加强道德建设，为实现"人人为我，我为人人"的共产主义的远大理想而奋斗。

弘扬雷锋精神，打造志愿者服务团队。新时代精神文明建设通过志愿者服务，让雷锋精神、奉献精神渗透到生活的方方面面、点点滴滴。2018年9月28日，习近平总书记在参观抚顺市雷锋纪念馆时指出："雷锋是时代的楷模，雷锋精神是永恒的。实现中华民族伟大复兴，需要更多时代楷模。我们既要学习雷锋的精神，也要学习雷锋的做法，把崇高理想信念和道德品质追求转化为具体行动，体现在平凡的工作生活中，作出自己应有的贡献，把雷锋精神代代传承下去。"② 雷锋精神没有过时，它是一种超越时代的美德，当代的志愿者服务团队就是雷锋精神的最新体现。比如，广州市围绕"一带一路"、粤港澳大湾区建设等设计志愿服务项目，进一步擦亮志愿之城品牌。在文化场馆、景区景点、窗口单位等设立学雷锋志愿服务站点，推动全市志愿驿站的升级改造工作，培养了一大批有专业能力、有服务意识、有奉献精神的志愿者服务团队。再比如，在新冠肺炎疫情防控常态化时期，无数的志愿者、义工积极投身到疫情防控工作中，在大街小巷、城市乡村都活跃着他们的身影，人群中的点点红就是最亮丽的风景线，他们的无私奉献、默默付出为打赢疫情防控阻击战贡献了力量。当我们遇到困难时，我们渴望他人能够伸出援手；当我们身处险境时，我们希望他人能够给予帮助。雷锋精神犹如一道光，给身处黑暗的人们送去光明，给身处严寒的人们送去温暖。新时代精神文明建设通过打造志愿者服务团队，让雷锋精神不断传承下去，让奉献精神温暖前行中的你我他。

---

① 《习近平谈治国理政》，外文出版社，2014，第158页。
② 邓建伟：《雷锋精神永恒的价值底蕴》，中国青年网，2021年8月30日，http://news.youth.cn/gn/202108/t20210830_13193691.htm。

(四) 让人民享受审美的乐趣

享受审美的乐趣是人民群众较高层次的精神需求。中国特色社会主义进入新时代,人民的精神需求也有了质的飞跃,这体现在需求的内容不断增加,需求的层次不断提高,需求的种类渐趋多样化。在这样一种背景下,如何让人民充分享受审美的乐趣?新时代精神文明建设必须夯实以下两个抓手。一方面,提升文化服务水平,促进文艺事业繁荣发展,满足人民的审美需求;另一方面,加强对人民的审美教育,提高人民的审美水平,让人民具备高水平的审美能力。两个方面必须同时进行,不能偏废,只有这样才能使精神文明建设既能贴近生活,以人民的需求为导向,又能赶上时代,与时俱进地提高人民的审美能力,从而使人民真正体验到审美的乐趣,实现美好生活。

提升文化服务水平,满足人民的审美需求。随着人民群众物质生活水平的提高,审美需求也随之提高,新时代精神文明建设力求不断提升文化服务水平,满足人民的审美需求。

首先,精神文明建设重点促进文艺事业繁荣发展,创作文艺精品。真正的艺术来源于生活,没有生活根基的艺术注定是空中楼阁,犹如无源之水、无本之木,只有多创作贴近人民生活的文艺作品才能引起人民群众的广泛关注、引发共鸣。习近平总书记指出:"文化文艺工作者要跳出'身边的小小的悲欢',走进实践深处,观照人民生活,表达人民心声,用心用情用功抒写人民、描绘人民、歌唱人民。"① 以广州市精神文明建设为例,为了满足人民的审美需求,广州市策划创作舞剧《龙舟》、话剧《粤商》、戏曲音乐剧《冼夫人》、大型粤剧《谯国夫人》等精品力作,这些作品贴近人民的生活,具有浓厚的本土情结,符合人民的审美愿望,广受群众好评。

其次,精神文明建设着力完善公共文化服务体系,提高文化服务的覆盖率。比如,国家大力推进美术馆、艺术馆等重大公共服务设施建设,提升公共文化设施服务效能,实现公共文化服务平等共享;策划开展大型文

---

① 《习近平谈治国理政》第 3 卷,外文出版社,2020,第 324 页。

化惠民活动、节庆民俗活动，推进文化、文艺活动向基层延伸下沉，丰富人民的文艺生活。

最后，精神文明建设大力组织文化交流活动，推进文化品牌建设。文明需要交流互鉴，文化也需要交流互鉴，在树立自身文化品牌的基础上，建立不同地区之间文化交流合作的常态机制，促进文化的交融、碰撞，激发文艺创作的活力，能够促进文化繁荣发展，满足人民多样化的审美需求。

加强审美教育，提高人民的审美能力。审美教育是一种怡情养性的心灵教育，它能够陶冶人们的情操，提高人民的审美水平。新时代精神文明建设通过文艺作品、理论教育、实践养成等审美教育方式，使人民形成健康的审美理念、审美趣味和审美理想，提升人民的审美能力。

第一，通过审美教育，形成正确的审美理念。审美理念是主体关于美的理性认识，一经形成便具有相对独立性，审美理念是否健康、积极向上，直接影响一个人的精神风貌。优秀的文艺作品能够影响人们审美理念的良性生成，这些作品所传达出来的价值观念、塑造的美好形象往往是"真善美"的完美结合，可以引领审美风尚。有学者指出："只有形成传承和弘扬正能量、彰显和突出社会主义核心价值观、强化社会主义意识形态话语权的文艺作品，才能为人民的精神世界寻找一个寄托，使人民的精神有一个归属，从而不断强化人民的精神追求和突出人民主流化的精神指引。"[①] 精神文明建设通过积极正面的文艺作品等艺术形式潜移默化地教育人民，形成健康的审美理念。

第二，通过审美教育，形成高级的审美趣味。审美趣味是个体对审美对象所表现出来的偏好、兴趣、爱好等，审美趣味具有个体差异性，不同的个体对同一对象的审美趣味可能大相径庭。审美趣味是极其私人的事情，我们允许个体存在不同的审美趣味，但个人必须具备鉴别审美趣味正确与否的能力。精神文明建设通过宣传教育等方式，使人们具有区分高品位、高品格、高格调与低俗、庸俗、媚俗的能力，从而形成健康的审美趣味。

---

① 储著源：《论"为人民提供精神指引"》，《理论月刊》2019年第4期。

第三,通过审美教育,形成高层次的审美理想。审美理想是一种指向未来的最高价值理想,审美理想不仅具有个体性,而且具有社会性,只有与社会要求同步、同频的个人审美理想才更有价值与意义。习近平总书记强调:"要把坚定理想信念作为党的思想建设的首要任务,教育引导全党牢记党的宗旨,挺起共产党人的精神脊梁,解决好世界观、人生观、价值观这个'总开关'问题,自觉做共产主义远大理想和中国特色社会主义共同理想的坚定信仰者和忠实实践者。"① 精神文明建设通过培育和践行社会主义核心价值观,坚定共产主义远大理想和中国特色社会主义共同理想,提升人们审美理想的层次,使人民的审美理想得到升华,形成高阶的审美理想。

审美能力不是天生就有的,也不是人人都相同的,它是可以通过实践生成的。精神文明建设可以通过有意识地加强审美教育,使人们形成正确的审美理念、高级的审美趣味和高层次的审美理想,从而有效提升人的审美能力,适应新时代的发展要求,让人们充分享受美好生活。

习近平总书记在纪念马克思诞辰200周年大会上指出:"学习马克思,就要学习和实践马克思主义关于坚守人民立场的思想。人民性是马克思主义最鲜明的品格。"② 尽管马克思、恩格斯并未使用过"人民性"这一词,但"人民性"是贯穿唯物史观的重要范畴。马克思主义理论认为,人民群众是历史的创造者,是历史的主体,他们不仅创造了先进的物质文明,而且创造了绚烂的精神文明,"人民主体"思想是马克思主义理论的重要思想之一。新时代精神文明建设继承了马克思主义的人民主体论和群众史观,充分尊重人民群众在精神文明建设中的主体地位,正如《中共中央关于党的百年奋斗重大成就和历史经验的决议》所强调的,"党的根基在人民、血脉在人民、力量在人民,人民是党执政兴国的最大底气"。③ 从建设理念来看,新时代精神文明建设坚持以人民为中心,承认人民是精神文明的创造者、践行者和享有者,始终把人民当作精神文明建设的出发点和归

---

① 《习近平谈治国理政》第3卷,外文出版社,2020,第49页。
② 习近平:《在纪念马克思诞辰200周年大会上的讲话》,人民出版社,2018,第17页。
③ 《中共中央关于党的百年奋斗重大成就和历史经验的决议》,人民出版社,2021,第66页。

宿；从价值追求来看，新时代精神文明建设体现时代性、与时俱进性，紧紧把握时代脉搏，着力解决新时代的社会主要矛盾，坚持以人民美好生活为目标的价值追求，努力为孕育和实现人民的美好生活提供精神动力、智力支持和思想力量；从建设路向来看，新时代精神文明建设呈现丰富性和多样性，通过精神文明建设，人民可以体验生命的神圣，拥有生活的尊严，感知社会的温暖，享受审美的乐趣，努力满足人民多样化、多层次的精神需求。总之，人民是新时代精神文明建设的主体基础。

第二章　经济发展是精神文明建设的基础力量

没有经济的持续健康发展，精神文明就会失去依托和支撑。党的十八大以来，以习近平同志为核心的党中央高度重视经济建设工作，始终强调"以经济建设为中心"，将精神文明建设融入贯穿到我国社会主义现代化事业的整体进程之中。新时代所强调的精神文明建设承继了党的十一届三中全会所确立的经济建设这个中心，深刻地指出在精神文明建设中，无论是解决整个民族的精神信仰、精神动力、精神支撑问题的思想道德建设，抑或解决整个民族的科学文化素质问题的科学文化建设，都需要一定的物质文明作为基础。"以经济建设为中心是兴国之要，发展仍是解决我国所有问题的关键。"① 可以说，经济发展是精神文明建设的基础性力量。

一　以经济建设为中心是兴国之要

精神力量是积淀在一个民族与国家发展过程中最为深沉厚重的力量。在中国特色社会主义进入新时代的大背景下，特别是在西方文化不断涌入的背景下，精神文明建设面临全新的多重挑战，如何建设具有中国特色的精神文明，如何保持精神文明建设内容体系与时代协调发展，是新时代我国精神文明建设过程中面临的一大难题。精神文明与生产力、生产关系紧密相关，以经济建设为中心实现生产力的巨大发展是精神文明建设的基础和关键。

---

① 《习近平关于全面建成小康社会论述摘编》，中央文献出版社，2016，第19页。

（一）物质文明建设和精神文明建设的关系

正确处理物质文明和精神文明的关系，是人类文明发展进程中的一项重大课题。众所周知，以邓小平同志为核心的党中央在改革开放后提出过"两手抓、两手都要硬"的著名论断，体现出两大文明的辩证性和全面性的特征。习近平总书记承续前人的思想认知，并在此基础上进行创造性发展。2015年2月28日，他在会见第四届全国文明城市、文明村镇、文明单位和未成年人思想道德建设工作先进代表时指出，要坚持"以辩证的、全面的、平衡的观点正确处理物质文明和精神文明的关系"。[①] 这里不仅强调了我们党已有的基本观点，而且含有习近平总书记针对新时代我国社会主义建设过程中出现的新情况、新问题的新认识。这就是在正确处理两种文明的关系问题上，不仅要有辩证的和全面的观点，而且要有平衡的观点，因而需要我们高度重视和深入研究。[②]

第一，辩证的关系。精神文明与物质文明之间相互促进、相互影响、相互制约。一方面，物质文明是人们改造自然界物质成果的总和，是精神文明的基础，脱离物质生产、经济发展，精神文明建设就会流于形式。邓小平同志曾经指出："革命精神是非常宝贵的，没有革命精神就没有革命行动。但是，革命是在物质利益的基础上产生的，如果只讲牺牲精神，不讲物质利益，那就是唯心论。"[③] 习近平总书记进一步强调："抓精神文明建设要办实事、讲实效，紧紧围绕促进人民福祉来进行。"[④] 物质文明并非精神文明建设的"唯一决定的因素"，但是精神文明建设必须以人民物质生活水平的提高为基础，唯有如此，精神文明才不再是一种人本主义立场上的价值应然，而是一种历史的必然。另一方面，精神文明为物质文明提供思想保证、精神动力和智力支持。邓小平同志多次强调指出，中国要实现现代化，一定要教育全国人民做到有理想、有道德、有文化、有纪律。没有国民素质的普遍提高，就不能实现现代化建设的宏伟目标。"不加强

---

① 《习近平谈治国理政》第2卷，外文出版社，2017，第324页。
② 赵兴良：《习近平系列讲话对精神文明建设理论的新发展》，《求实》2015年第10期。
③ 《邓小平文选》第2卷，人民出版社，1994，第146页。
④ 《习近平谈治国理政》第2卷，外文出版社，2017，第324页。

精神文明的建设，物质文明的建设也要受破坏，走弯路。光靠物质条件，我们的革命和建设都不可能胜利。"① "风气如果坏下去，经济搞成功又有什么意义？会在另一方面变质，发展下去会形成贪污、盗窃、贿赂横行的世界。"② 精神文明建设通过对大量文盲、法盲和科盲的消灭，通过民主法治精神的培养、自我约束道德意识的提升、良好的竞争和交往秩序的形成，能够有效促进现代市场经济的发展和现代国家的建设。

第二，全面的关系。精神文明建设与物质文明建设都对我国社会全面进步、全面发展具有重要意义。从根本上讲，只有大多数社会成员具有现代科学和文化素养，具有较高的思想道德观念和民主法制观念，社会才会有较强的改造自然的能力，创造出丰富的社会物质财富，才能营造文明有序的社会生活环境，建设充满生机和活力的现代化国家。精神文明建设必须与人民物质生活水平的提高紧密联系，而不能站在说教的立场上脱离实际地空讲大道理。因此，努力培养具有较高思想觉悟、道德修养、生产技能和文化修养的全面发展的新人，无疑是提高物质文明的关键环节。2013年8月19日，习近平总书记在全国宣传思想工作会议上强调："只有物质文明建设和精神文明建设都搞好，国家物质力量和精神力量都增强，全国各族人民物质生活和精神生活都改善，中国特色社会主义事业才能顺利向前推进。"③ 当前我们已然步入全面建设社会主义现代化国家的新征程，中国特色社会主义步入了新的发展阶段，我们必须更加坚定、更加自觉地推动"两个文明"建设，因为全面小康的社会不仅是物质生活水平提高，家家仓廪实衣食足的社会，而且是精神文化生活丰富，人人知礼节明荣辱的社会。

第三，平衡的关系。物质文明和精神文明相辅相成，但在一定时期内，两者的发展并不总是平衡的。马克思主义认为，社会意识具有相对独立性，社会意识与经济发展之间并不完全同步。经济发达的国家，在思想文化上不一定先进，而经济相对落后的国家，在思想文化上却有可能是先

---

① 《邓小平文选》第3卷，人民出版社，1993，第144页。
② 《邓小平文选》第3卷，人民出版社，1993，第154页。
③ 《习近平谈治国理政》，外文出版社，2014，第153页。

进的，精神文明中的思想道德状况并不仅仅取决于物质文明，物质文明不是也不可能是"唯一决定的因素"。随着我国社会主义现代化建设实践的不断深入，物质文明与精神文明之间新的矛盾开始出现，其中一个突出的矛盾就是精神文明与物质文明之间的失衡。在我国改革开放四十多年经济高速发展的背景下，一些地方精神文化生活仍然比较匮乏，民众中存在民族文化意识淡薄、道德失范、诚信缺失的现象，一些党员干部也存在信仰迷茫迷失的问题。这些现象充分反映出当前我国精神文明与物质文明的发展不平衡。习近平总书记在辩证、全面观点的基础之上，提出应用"平衡"的观点来解决精神文明与物质文明之间的不平衡问题。"在经济发展水平落后的情况下，一段时间的主要任务是要跑得快，但跑过一定路程后，就要注意调整关系，注重发展的整体效能，否则'木桶效应'就会愈加显现，一系列社会矛盾会不断加深。"① "实现中国梦，是物质文明和精神文明均衡发展、相互促进的结果。……是物质文明和精神文明比翼双飞的发展过程。"② 习近平总书记的新论断是对马克思主义哲学"社会意识具有相对独立性"原理的进一步传承和创新，同时也为精神文明建设与物质文明建设保持平衡提供了基本遵循。

面对新形势、新任务，习近平总书记深刻指出，要以辩证的、全面的、平衡的观点正确处理物质文明和精神文明的关系。只有一以贯之、锲而不舍地把物质文明建设和精神文明建设都搞好，国家物质力量和精神力量都增强，才有可能实现中华民族伟大复兴的中国梦。

（二）精神文明建设的优越性需要通过经济发展来体现

我国的精神文明是社会主义精神文明。从理论上讲，社会主义精神文明高于资本主义精神文明，它应该在资本主义社会所创造的文明的基础上，将人类文明发展到一个更高的程度。但现实情况是，中国的社会主义最大特征在于跨越了资本主义的"卡夫丁峡谷"，即它没有经过资本主义物质生产的充分积累，而是脱胎于半殖民地半封建社会。水平异常低下的

---

① 《习近平谈治国理政》第2卷，外文出版社，2017，第198页。
② 《习近平关于社会主义文化建设论述摘编》，中央文献出版社，2017，第4~5页。

生产力和相当薄弱的物质基础，急需掌握政权的无产阶级政党尽一切可能更快地发展社会生产力，为精神文明建设提供基础和前提。

推进精神文明建设的目的是实现和维护广大人民群众的根本利益。在《德意志意识形态》这一标志性著作中，马克思恩格斯明确指出，"'解放'是一种历史活动，不是思想活动，'解放'是由历史的关系，是由工业状况、商业状况、农业状况、交往状况促成的"。[1] 社会主义的根本任务是发展生产力，精神文明建设必须围绕经济建设这个中心来展开。脱离这个中心，精神文明建设就会流于形式，难以抓出实效。所以，"两手抓，两手都要硬"就是按照两个文明建设的各自逻辑定位，即"主"与"从"、"中心"与"围绕"，使两只手都到位，彻底改变精神文明建设与物质文明建设不相称的状况，确保两个文明建设相互配合、协调发展，共同推动经济与社会的不断进步。只有促进经济发展，推动农业、工业、商业的发展，我国才能改变精神文明建设中教育科学文化落后的局面，从根本上彻底扫除封建主义的糟粕，才能克服资本主义的弊端，建立起不同于乃至高于资本主义的名副其实的社会主义精神文明，把人类精神文明推进到一个更高的程度。

社会主义最大的政治就是发展经济，因为它代表着人民的最大的利益、最根本的利益。正如邓小平同志所言："我们为社会主义奋斗，不但是因为社会主义有条件比资本主义更快地发展生产力，而且因为只有社会主义才能消除资本主义和其他剥削制度所必然产生的种种贪婪、腐败和不公正现象。"[2] 注重物质文明建设与精神文明建设的平衡，是新时代我国精神文明建设的重要目标指向。习近平总书记在多个场合多次提及这一点："从根本上说，没有扎扎实实的发展成果，没有人民生活不断改善，空谈理想信念，空谈党的领导，空谈社会主义制度优越性，空谈思想道德建设，最终意识形态工作也难以取得好的成效。只要国内外大势没有发生根本变化，坚持以经济建设为中心就不能也不应该改变。这是坚持党的基本

---

[1] 《马克思恩格斯文集》第 1 卷，人民出版社，2009，第 527 页。
[2] 《邓小平文选》第 3 卷，人民出版社，1993，第 143 页。

路线一百年不动摇的根本要求,也是解决当代中国一切问题的根本要求。"①"我们党执政,就是要带领全国各族人民持续解放和发展社会生产力,不断改善人民生活。邓小平同志讲:'社会主义阶段的最根本任务就是发展生产力,社会主义的优越性归根到底要体现在它的生产力比资本主义发展得更快一些、更高一些,并且在发展生产力的基础上不断改善人民的物质文化生活。'这就点明了中国特色社会主义政治经济学的核心。我们要从社会主义初级阶段这个最大国情出发,坚持以经济建设为中心不动摇,坚持中国特色社会主义事业总体布局,坚持科学发展,努力实现更高质量、更有效率、更加公平、更可持续的发展,不断满足人民日益增长的物质文化需求。任何束缚和阻碍社会生产力发展的言行,都是违背社会主义本质要求的,都要坚决反对,排除各种干扰。"②

在这个意义上,我们讲新时代中国特色社会主义,就必须让人们从自己的物质生活水平的不断提高上,从自己的切身感受上认同只有社会主义才能救中国,只有中国特色社会主义才能发展中国的真理,而我们党现在所做的一切工作,都是为了让发展成果更多更公平地惠及全体人民,都是在朝着让每一个人自由而全面发展的方向稳步前进。

(三) 以经济建设为中心是新中国文明实践的历史启示

社会主义精神文明建设,需要以物质文明为前提,只有以经济建设为中心,大力发展生产力,保持经济健康快速发展,才能有助于推进社会主义精神文明建设,才能为精神生活水平的提升提供雄厚的物质基础,这是新中国精神文明建设成功实践的经验总结。

党的十一届三中全会后,以邓小平同志为核心的党的第二代中央领导集体结束了"以阶级斗争为纲"时期的错误思想,并从政治的高度看待我国经济发展问题,果断把党的工作重心重新转移到经济建设上来,确定"生产力标准""发展是硬道理""以经济建设为中心""两手抓,两手都要硬"的社会主义现代化建设指南。邓小平同志明确指出:"现代化建设

---

① 《习近平关于社会主义经济建设论述摘编》,中央文献出版社,2017,第5页。
② 《习近平关于社会主义经济建设论述摘编》,中央文献出版社,2017,第10页。

的任务是多方面的,各个方面需要综合平衡,不能单打一。但是说到最后,还是要把经济建设当作中心。离开了经济建设这个中心,就有丧失物质基础的危险。其他一切任务都要服从这个中心,围绕这个中心,决不能干扰它,冲击它。"① 在这里,要澄清的是把经济建设当作中心并不是片面追求GDP,但更要明确其不容置疑的基础性地位。在物质文明和精神文明的辩证、全面观点的指导下,经过几十年发展,我们创造了经济发展的"中国奇迹",同时精神文明建设取得了一系列辉煌的成就。

20世纪80年代末90年代初,国内发生政治风波,东欧剧变、苏联解体,世界社会主义出现严重挫折,我国社会主义事业的发展面临空前巨大的困难和压力。在这个决定党和国家前途命运的重大历史关头,党中央坚持十一届三中全会以来的路线不动摇,坚持以经济建设为中心,不断解放和发展生产力,坚定不移地进行经济体制改革,始终代表中国先进生产力的发展要求。今天,经过四十多年高速、高质量发展,我国社会主义现代化建设取得伟大成就,成功地稳住了改革和发展大局,捍卫了中国特色社会主义伟大事业,同时精神文明建设取得可喜成果。始终坚持以经济建设为中心,以解放发展生产力为根本任务,不断致力于物质文明建设,同步推进精神文明建设,这是我国社会主义建设的宝贵经验。

中国特色社会主义进入新时代,国际环境更加复杂,西方势力加紧对我国实施西化分化,国内社会思想意识多元多样多变,不同思想文化、不同道德观念、不同价值取向的碰撞交锋更加频繁。面对许多具有新的历史特点的伟大斗争,我们更加坚定、更加自觉地推动"两个文明"协调发展。诚然,新时代我国社会主要矛盾发生了历史性转化。我国已经摆脱一穷二白的困难境遇,但要注意的是,人民对于物质文化的需求并没有消失,经济发展仍然是我们的中心任务。"作为有着十三亿多人口的国家,中国用几十年的时间走完了发达国家几百年走过的发展历程,无疑是值得骄傲和自豪的。同时,我们也清醒认识到,中国经济总量虽大,但除以十三亿多人口,人均国内生产总值还排在世界第八十位左右。"② 我们依然要

---

① 《邓小平文选》第2卷,人民出版社,1994,第250页。
② 《习近平关于社会主义经济建设论述摘编》,中央文献出版社,2017,第5页。

高度重视经济发展，千万不要以为这个问题不存在了或者不重要了。一方面，中国仍处在社会主义初级阶段，还是发展中国家，人均 GDP 刚刚达到 1 万美元，还没有进入高收入国家行列，人们的物质文化需求依然处在旺盛时期。另一方面，到 2020 年底，我们才彻底解决绝对贫困人口的脱贫问题，相对贫困现象还需要很多年才能真正解决，进入比较富裕的社会还需要比较长的时间。习近平总书记指出，"只要国内外大势没有发生根本变化，坚持以经济建设为中心就不能也不应该改变。这是坚持党的基本路线 100 年不动摇的根本要求，也是解决当代中国一切问题的根本要求"。[①] 新时代在实现"两个一百年"奋斗目标和民族复兴中国梦的征程上，人民福祉依然是检验精神文明建设工作实效性的标准。

二　经济富强是社会和谐稳定的基础

社会和谐稳定是社会共同体内各种要素处于相互依存、相互协调、相互促进的状态，这种状态是中国人几千年来致力于追求的社会理想，更是包括中国共产党在内的马克思主义政党不懈追求的社会理想。因而，和谐稳定的主张是社会主义精神文明建设的题中应有之义。历史唯物主义视域下社会和谐稳定的理念，克服了空想社会主义者仅仅从抽象的理性原则出发谴责资本主义制度的缺陷，以及寄希望于少数天才人物或统治者发善心的幻想的局限。中国共产党明确指出和谐社会构想并非根据抽象的伦理道德和理性原则设计出来的，指出脱离现实的经济基础，社会和谐稳定的理念即使付诸实践，也必然以失败告终。因此，和谐稳定这一价值理念首先要有高度发达的经济条件作为基础。与此同时，和谐稳定的理念又能够为经济平稳运行提供有力的精神保障。

（一）社会和谐稳定是精神文明的应有之义

社会和谐是社会主义精神文明建设所追求的目标。一般地说，人类社会中存在着贫困、苦难、剥削、压迫、不公正、不平等、不自由等弊害和

---

① 《习近平谈治国理政》，外文出版社，2014，第 153 页。

不和谐现象,富有、自由、快乐、幸福、公正、平等、民主、博爱、和谐等目标一直是人类共同的理想和生生不息的追求。① 要明确的是,社会主义社会的主要矛盾已经转化为非对抗性矛盾,但由于人民内部矛盾广泛分布于各个领域,表现在社会生活的各个方面,这就决定了社会主义社会尤其是处于初级阶段的社会主义社会,还存在着诸多局部的不和谐因素。有学者断言,现代社会人类面临"五大冲突"和"五大危机",即人与自然的冲突、人与社会的冲突、人与人的冲突、人的心灵冲突、各文明之间的冲突以及由此引起的生态危机、社会危机、道德危机、精神危机和价值危机。针对这"五大冲突"和"五大危机",和谐问题越来越成为人们普遍关注的焦点。

新时代社会和谐稳定的价值理念是对以胡锦涛同志为总书记的党中央所提出的和谐社会思想的继承与发展。党的十六大和党的十六届三中全会、四中全会,从全面建设小康社会、开创中国特色社会主义事业新局面的全局出发,明确提出构建和谐社会的战略任务,并将其作为加强党的执政能力建设的重要内容。自此,"和谐"的理念便成为建设"中国特色社会主义"过程中的价值取向。"民主法治、公平正义、诚信友爱、充满活力、安定有序、人与自然和谐相处"是和谐社会的主要内容。其至少蕴含着五层内涵:一是个人自身的和谐,二是人与人之间的和谐,三是社会各系统、各阶层之间的和谐,四是个人、社会与自然之间的和谐,五是整个国家与外部世界的和谐。以胡锦涛同志为总书记的党中央承接和弘扬中国自古所崇尚的和为贵、和谐为美的和谐社会理想,进而提出"和谐社会"这一重要战略任务。

和谐稳定的理念是对西方资本主义社会价值理念的超越。在资本主义社会关系中,占据绝对统治地位的是竞争、博弈的关系,这很容易导致社会上的一部分人靠牺牲另一部分人来发展的社会现象。黑格尔曾说市民社会就是"一切人反对一切人的战场"。② 这种社会力量在个人看来与其说是自身的联合力量,不如说是某种异己的、在他们之外的强制力量。这种

---

① 贾建芳:《马克思恩格斯的社会和谐思想》,《马克思主义研究》2005年第3期。
② 高兆明:《黑格尔〈法哲学原理〉导读》,商务印书馆,2010,第566页。

"不堪忍受"的力量就是异化。在那样的经济基础上，人与自身的本质、人与自然之间、人与人之间、劳动者同劳动产品之间的关系是对立的、异化的。马克思在《资本论》中明确指出："一种社会生产关系采取了一种物的形式，以致人和人在他们的劳动中的关系倒表现为物与物彼此之间的和物与人的关系。"① 确切地说，劳动中生产关系（物质交往）的物化造成了整个社会关系的物化，因为人们其他的社会关系不过是"物质交往和这种交往在社会结构和政治结构中的进一步发展"。② 于是，"资本表现为异化的、独立化了的社会权力，这种权力作为物，作为资本家通过这种物取得的权力，与社会相对立"。③ 在社会主义生产关系中，生产力作为人类的社会力量，将不再是个人压迫、剥削和奴役他人的手段，而是成为社会的人的自身力量。于是，超越西方资本主义社会价值理念的和谐稳定的理念成为现实的可能。

社会主义精神文明建设坚持的是以"人民为中心"的价值取向，即人民群众利益既是精神文明建设实践工作的出发点，也是检验精神文明建设成效的重要评价标准。习近平总书记指出："以人民为中心的发展思想，不是一个抽象的、玄奥的概念，不能只停留在口头上、止步于思想环节，而要体现在经济社会发展各个环节。要坚持人民主体地位，顺应人民群众对美好生活的向往，不断实现好、维护好、发展好最广大人民根本利益，做到发展为了人民、发展依靠人民、发展成果由人民共享。"④

社会主义说到底不是为了少数人的利益，而是为了大多数人的利益服务的。"社会化的人，联合起来的生产者，将合理地调节他们和自然之间的物质变换，把它置于他们的共同控制之下，而不让它作为一种盲目的力量来统治自己；靠消耗最小的力量，在最无愧于和最适合于他们的人类本性的条件下来进行这种物质变换。"⑤ 即是说，社会和谐稳定的理念是社

---

① 《马克思恩格斯全集》第31卷，人民出版社，1998，第427页。
② 《马克思恩格斯文集》第1卷，人民出版社，2009，第524页。
③ 《马克思恩格斯全集》第25卷，人民出版社，1974，第294页。
④ 《习近平关于社会主义社会建设论述摘编》，中央文献出版社，2017，第13页。
⑤ 《马克思恩格斯文集》第7卷，人民出版社，2009，第928~929页。

主义精神文明的重要一维。我们在精神文明建设实践活动中，紧紧围绕人民群众的精神文化需求来开展精神文明建设工作，注重精神文明建设工作的实效性，坚决杜绝各种形式化的精神文明建设工作。和谐稳定的价值旨趣，既彰显出社会成员创造社会财富、推进社会发展的责任与义务，也从发展的维度肯定了社会转型期新生社会阶层的社会价值与地位，从而更有利于动员社会一切阶层的力量，使其积极置身于社会主义现代化建设的进程中，把民族的复兴、社会的和谐进步与自身人生价值的实现历史性地关联起来。

（二）社会和谐稳定需要强大经济支撑

经济发达、人民富裕是社会和谐稳定的基础。以往的社会和谐的价值理念，由于主客观方面的历史局限性，存在这样那样的缺陷。如空想社会主义者没有也不可能找到实现和谐社会的基本动力、依靠力量和正确途径。在历史唯物主义看来，个人自身的和谐，人与人之间的和谐，社会各系统之间的和谐，只能以一定的社会生产力为基础，没有这样的生产力"就只会有贫穷、极端贫困的普遍化；而在极端贫困的情况下，必须重新开始争取必需品的斗争，全部陈腐污浊的东西又要死灰复燃"。① 在贫穷的基础上，要实现社会的长期稳定、和谐是不大可能的。

第一，个人自身的和谐需要经济支撑。在经济匮乏的情况下，人的自我活动更多的是一种维持人的肉体生存的谋生活动。只有生产力的巨大发展和物质财富的极大丰富，现实的个人才有可能突破劳动及社会角色地位的单一化、强制化、固定化，现实的个人的"幸福感""获得感"也才会有坚实的物质前提，而不再是一种虚无。新时代我国进一步夯实物质文明的基础地位，比如精准扶贫，在贫困程度深、扶贫成本高、脱贫难度大的民族地区、边疆地区、革命老区、连片特困地区，要提高那里的精神文明水平，先要解决经济问题。只有改善贫困地区人们的物质生活，才能丰富精神生活，提高思想道德素质和科学文化素质，才有个人的身心愉悦与身心和谐。

---

① 《马克思恩格斯文集》第 1 卷，人民出版社，2009，第 538 页。

第二，人与人之间的和谐需要强大经济支撑。马克思认为，人不是抽象的、孤立的个人，而是处在一定社会关系中的现实的人。和谐的人际关系需要一定的经济作为支撑。新时代党中央明确提出要进一步巩固和发展公有制经济，"强调国有资本、集体资本、非公有资本等交叉持股、相互融合的混合所有制经济，是基本经济制度的重要实现形式，有利于国有资本放大功能、保值增值、提高竞争力。这是新形势下坚持公有制主体地位，增强国有经济活力、控制力、影响力的一个有效途径和必然选择"。[①] 随着大多数人的利益得到保障，生产关系将不再是外在于人的，压迫、剥削和奴役他人的手段。私人利益和公共利益之间的对立和分裂进而逐步消除，和谐社会的追求成为一种现实的可能。公民道德建设，坚持公平、平等的人际交往原则，营造团结互助、平等友爱的社会氛围，均需要生产力的巨大发展。换言之，只有生产力的提升才有可能逐步消除私人利益和公共利益之间的对立和分裂，才能有条件使人本身的活动对人来说不再成为异己的、对立的力量；只有发展生产满足群众利益、紧紧依靠人民，调动一切积极因素，才能形成社会和谐人人有责、和谐社会人人共享的生动局面。

第三，社会各系统的和谐需要经济支撑。中国特色社会主义是一个有机整体，而社会各系统的和谐发展，是建立在经济整体健康、高速运行的基础上，是建立在国家有足够的经济实力和财力可支撑的基础上的。新时代中国特色社会主义要实现经济、政治、社会、文化、生态文明等诸多系统的和谐运转需要强大的经济作为支撑。脱离社会经济的发展阶段，抽象谈论社会和谐没有实际意义。新时代我国社会经济发展已经步入了新发展阶段，经济发展由量的积累逐步向质的提升转化，这为和谐的区域发展、和谐社会的构建奠定了基础。在现代化建设的实践中，要继续坚持以经济建设为中心，通过改革开放建立起社会主义市场经济体制，为生产力的发展开辟广阔的空间，为社会的全面进步提供雄厚的物质基础。和谐社会是以经济的巨大增长和高度发展为前提的。只有经济的充分发展、物质财富的源泉涌流，才能为人的全面发展提供充分的物质财富，保证社会一切成

---

① 《十八大以来重要文献选编》（上），中央文献出版社，2014，第500~501页。

员有充裕的物质生活，才能达到真正和谐的社会。

（三）社会和谐稳定促进经济平稳运行

和谐稳定的理念能够为经济平稳运行提供有力的精神保障。新时代高举精神旗帜、传承精神基因、强化精神纽带，增强道路自信、理论自信、制度自信、文化自信，确保经济始终沿着正确道路稳步前进。

第一，社会和谐促进经济的合作发展。冲突社会把人与人的关系看成竞争、对立、斗争甚至敌对的关系，把他人视为对自己的威胁和挑战。马克思在《德意志意识形态》中所批判的施蒂纳的观点就是这种生活观的极端表达："在我看来，任何人也不是一个值得尊重的人，甚至连我的亲人也是如此；任何人都只和别的东西一样，只是我所关心或不关心的对象，有意思或者没意思的对象，有用或者无用的主体。"[①] 而和谐社会就是要大力弘扬爱国主义、集体主义、社会主义思想，唱响主旋律、传播正能量、弘扬真善美、树立新风尚，这有利于削弱利益主体之间的对抗和冲突以达成共识。在社会和谐理念的影响下，人们的觉悟和高度自觉性，可以把自己的兴趣同社会的需要相协调，在一定程度上能够破解诸如利益差距、利益缺失、利益矛盾或利益冲突等问题，消除由诸多对抗性矛盾造成的社会不平等和两极分化、人的畸形发展和异化等弊端。

第二，社会和谐促进经济的协调发展。资本主义文明是在种种不和谐的矛盾中产生和运行的，资本主义社会存在着不可克服的矛盾。社会主义精神文明的突出特点就是人民当家作主，并享有各方面的权利，这有助于解决市场经济运行中资源和财富占有与分配的不均衡问题。社会主义社会，由于推翻了剥削阶级，人与人之间建立了一种同志式的、平等的、互助友爱的关系。人民是国家的主人，干部是人民的公仆。这种大公无私、积极工作，毫不利己、专门利人，不怕苦、不怕死的精神，在一定程度上有利于促进经济的协调发展。在这样的社会和谐氛围之下，"我们有信心在改革发展稳定之间，以及稳增长、调结构、惠民生、促改革之间找到平

---

① 《马克思恩格斯全集》第 3 卷，人民出版社，1960，第 478 页。

衡点，使中国经济行稳致远"。①

第三，社会和谐稳定促进经济的平稳发展。社会和谐有助于克服"以物为本"价值观的负面效应。"以物为本"的价值观，一方面忽略了把人作为价值评价的主体，致使价值观和道德观混乱，理想信念缺失，政治信念失落；另一方面滋生了"见物不见人"的错误政绩观，主要表现为把人看成经济发展的手段，把发展目的看成GDP的增加，这是生态破坏的思想根源。社会关系的和谐，说到底乃是利益和谐。在实践层面，它突出了人在经济和社会发展中的核心地位，把人的发展作为社会发展的本质、发展的目的、发展的动力和发展的标志，把满足人的全面发展作为根本出发点和落脚点。这种"以人为本"的价值观遏制了短平快的发展模式，促进经济的平稳、持续发展。

三　用经济改革创新彰显社会精神文明

在中国特色社会主义进入新时代的背景下，我国精神文明建设面临重大挑战，为应对前所未有的挑战和考验，实施了经济领域的改革和创新，调整了经济的体制机制与结构。这不仅极大地促进效率和生产力的提高，带来了收益递增效应，还激活了人民的思维创新，促进了整个社会新精神风貌的形成。

（一）社会活力彰显精神文明

党的十八届三中全会提出在资源配置中市场起决定性作用的论断，增强了经济发展的活力，这在一定程度上也彰显了社会主义精神文明。文化事业全面繁荣、文化产业快速发展、优秀传统文化传承弘扬，是社会主义精神文明建设的必由之路。要进一步深化文化体制改革，实施重大文化工程，完善公共文化服务体系、文化产业体系、文化市场体系，使中国特色社会主义文化制度更加成熟更加定型。推动基本公共文化服务标准化、均等化发展，引导文化资源向城乡基层倾斜，创新公共文化服务方式，基本

---

① 《习近平关于社会主义经济建设论述摘编》，中央文献出版社，2017，第7~8页。

建成覆盖城乡、便捷高效、保基本、促公平的现代公共文化服务体系。推动文化企业建立有文化特色的现代企业制度，推动文化产业结构优化升级，发展骨干文化企业和创意文化产业，培育新型文化业态，扩大和引导文化消费，推动文化产业成为国民经济支柱性产业。①

市场改革催生社会活力，社会活力彰显精神文明。社会主义市场经济改革，促使精神产品不断地、持续地"卖出去"，这有时候比"送出去"更容易被海外接受。新时代我国采取了有力措施，完善政策保障，进一步扶持文化出口重点企业和重点项目，支持更多有经济实力、有贸易经验的民营企业从事文化贸易，通过国际文化产业博览交易会等国际性展会，不断扩大我国文化产品和服务在国际市场的份额。针对国外受众文化特点和消费习惯，开发既有中国风格又适销对路的文化产品，为文化产品走出去搭建翻译平台，努力打造一批具有国际影响力的文化品牌，通过国际文化产品交易平台和国际营销网络建设，更好地展示中华文化的独特魅力。

在社会主义市场经济条件下搞精神文明建设，遵循市场经济规律和文化发展规律，重视发挥市场在资源配置中的决定性作用，调动各方面参与精神文明建设的积极性，丰富精神产品创作生产的形式和载体，拓宽精神产品传播消费的渠道和空间，更好地满足人民群众多方面、多层次、多样化的精神文化需求。可以说，没有相应产业的发展，我国社会主义精神文明就不可能真正发展，社会主义精神文明引领风尚、教育人民、服务社会、推动发展的作用就不可能充分发挥出来。

（二）经济改革释放精神活力

党的十八大以来，习近平总书记指出："可以说，改革是由问题倒逼而产生，又在不断解决问题中得以深化。"② 经济领域的改革更是对精神文明建设带来直接影响。新时代"我们面临的困难和问题，确实同国际金融危机这一外因的影响有直接关系，但内因是起决定性作用的，内因就是我

---

① 黄坤明：《推动物质文明和精神文明协调发展》，《人民日报》2015年11月12日。
② 《习近平关于全面深化改革论述摘编》，中央文献出版社，2014，第8页。

们正面对着深刻的供给侧、结构性、体制性矛盾"。① 为此，我们解放思想、锐意改革、大胆创新，在政策上作出前瞻性安排，加大结构性改革力度，矫正要素配置的扭曲，扩大有效供给，提高供给结构适应性和灵活性，提高全要素生产率等系列改革措施。在经济改革的实践锤炼中，诸多社会精神，如敢为人先的创新精神、不畏艰难的进取精神、担当负责的奋斗精神、清正廉洁的奉献精神等，得到释放和张扬。

第一，解决精神领域出现的各种拜物教问题。市场经济以市场作为调节资源的根本手段，很容易使人们的社会关系在一定程度上沦为物的关系，这种物的关系体现在精神领域就是各种拜物教，如商品拜物教、货币拜物教、资本拜物教。社会主义精神文明建设"树立以人民为中心的工作导向"，它说到底是为人民的利益服务的，是为了实现人的自由和全面发展这一社会主义的最高价值理想。党的十八大之后，我国的一系列经济改革就是要实现劳动者对劳动产品的共享，防止劳而不获、不劳而获。这些改革让社会各阶层意识到建设中国特色社会主义是全体人民的共同事业。同时，深化收入分配制度改革，建立公平、公正、合理、有序的收入分配格局，彰显的是社会公平的价值理念。坚持和完善以按劳分配为主体、多种分配方式并存的分配制度，健全劳动、资本、技术、管理等生产要素按贡献参与分配的制度，初次分配和再分配都要处理好效率和公平的关系，再分配要更加注重公平，使社会成员各得其所、各得其利，实现了发展为了人民、发展依靠人民、发展成果由人民共享的格局。所以，在深化改革，统筹各方面的经济利益关系的同时，充分调动人们的积极性，使他们共同参与到社会主义现代化建设中来，最终实现人的全面发展。

第二，重塑社会主义理想信念。一个不容回避的事实是，随着我国经济的巨大发展和人们物质生活水平的大幅提高，一些人理想信念丧失、思想道德滑坡、精神追求缺失、民族传统文化精神淡薄甚至丢弃的现象比较严重。应当说，这个问题我们过去思考得比较少，那时我们所遇到的这样的问题还不突出。但是，在改革开放和向市场经济转轨的过程中不可避免会出现诸多问题，干扰着现代化建设的顺利进行，损害着人民群众的切身

---

① 《十八大以来重要文献选编》（下），中央文献出版社，2018，第74页。

利益。例如一些领域道德失范，拜金主义、享乐主义、极端个人主义滋长；封建迷信活动和黄赌毒等丑恶现象沉渣泛起；假冒伪劣、欺诈活动成为社会公害。所有这些都令广大人民群众深恶痛绝。正如邓小平同志会见新西兰总理朗伊时所说："对贪污、行贿、盗窃以及其他乌七八糟的东西，人民是非常反感的。"① 党的十八大之后，我们党不断完善社会主义初级阶段的基本经济制度，建立充满活力的社会主义市场经济体制，通过一系列改革，加强非公有制经济组织的精神文明建设，让民营科技企业的技术人员、个体户、私营企业主、中介组织的从业人员、自由职业人员等都成为"有中国特色社会主义的建设者"，在新的时代条件下着重发挥他们的积极性、主动性和创造性，培养他们的共同理想意识，同时革除危害大多数人民的利益，危害现代化建设的大局的不良风气，带动了社会整体精神风貌的改善。

第三，增强竞争意识、激活社会思想。长期以来，社会主义公有制经济饱受"干与不干一个样""干好干坏一个样""干多干少一个样"的诟病。新时代经济体制机制的改革在很多方面扭转了这一局面。就领导干部而言，领导干部增强了创新精神和担当意识，突破原有的制度樊篱和利益格局，革除消极应对改革、不愿意承担责任的陋习，过去"不干不出错、越干错越多"的逆向选择得到扭转；就舆论宣传而言，国有企业往往考虑到保护商业秘密和个人隐私，而倾向于"不发声、不宣传、不推广"，甚至当舆论宣传建构出国有企业负面形象后，往往采取回避、拖延甚至是封杀、对抗的态度进行处理。经济改革特别是社会奖惩制度明确"要全面调动人的积极性、主动性、创造性，为各行业各方面的劳动者、企业家、创新人才、各级干部创造发挥作用的舞台和环境"。② 过去因激励不足导致的偷懒行为、对公有制的刻板印象得到改变，整个社会呈现出积极向上的精神风貌。

总之，为了更好地应对市场剧烈竞争的风险、提高经济发展质量、维

---

① 《邓小平文选》第3卷，人民出版社，1993，第156页。
② 习近平：《在省部级主要领导干部学习贯彻党的十八届五中全会精神专题研讨班上的讲话》，人民出版社，2016，第25页。

护生态环境、承担社会责任、保障社会稳定等任务,我国通过深化经济体制机制改革对各行各业工作人员在精神层面相较以往提出更高的标准要求。经济领域的体制机制改革为精神文明建设提供了不竭动力。党的十八大之后通过全面深化改革,经济领域创造出更多的社会财富,而社会财富是人的力量的展现,所以生产的发展实质上是人的发展,人的思想认识的发展以及精神世界的丰富,清理了之前社会上较为盛行的奢靡之风、享乐主义,坚定了人民的思想立场,提振了社会的精神状态,通过精神文明建设从而为进一步推动经济发展提供坚实的思想保证。

(三) 经济创新催生精神活力

社会精神的活跃度、创新度是精神文明的一个重要指标。实施创新驱动发展战略是一项系统工程,涉及各方面的工作。中国"创新驱动发展战略"的"创新"主要是指以我国自身力量为基点的自主创新,特别是科学技术领域方面的创新。其中,最紧迫的是要进一步解放思想,加快科技体制改革步伐,破除一切束缚创新驱动发展的观念和体制机制障碍。党的十八大以来,习近平总书记围绕创新驱动发展战略问题,提出了很多新思想、新论断,初步形成一套完整的创新驱动发展思想体系,这在一定程度上增强了社会的精神活力。

第一,有利于养成尊重知识、尊重人才的社会风气。众所周知,技术虽然没有国界,但是最先进的技术买不来,不掌握核心技术,没有自主知识产权,国家的发展就会受制于人。经济创新发展关键是人才,人才是自主创新的核心因素。习近平总书记提出:"政府要加快转变职能,做好自己应该做的事,创造更好市场竞争环境,培育市场化的创新机制,在保护产权、维护公平、改善金融支持、强化激励机制、集聚优秀人才等方面积极作为。对看准的、确需支持的,政府可以采取一些合理的、差别化的激励政策,真正把市场机制公平竞争、优胜劣汰的作用发挥出来。"[①] 经济创新推动了人才的完善发展,其中涉及的内容很多,重要的是要在自主创新育好人、用好人、帮助人、引进人等方面催生精神活力。关于育好人,就

---

① 《习近平关于社会主义经济建设论述摘编》,中央文献出版社,2017,第83页。

是要提升教育质量,培养更多创新人才。也就是要"深化教育改革,推进素质教育,创新教育方法,提高人才培养质量,努力形成有利于创新人才成长的育人环境"。关于用好人,关键是要实现创新人才的优化配置。因此,也就要"建立更为灵活的人才管理机制,打通人才流动、使用、发挥作用中的体制机制障碍"。关于帮助人,就是"要最大限度支持和帮助科技人员创新创业",要创造条件支持创新人才的再培训、再教育,帮助创新型人才解决后顾之忧。关于引进人,就是要广引海内外优秀人才,为我所用。因此,也就要"制定更加积极的国际人才引进计划,吸引更多海外创新人才到我国工作"。① 经济创新促使创新型人才在攻坚克难中成为爱国奉献、崇德向善的自觉践行者,成为社会主义核心价值观的自觉践行者,使得社会主义核心价值观的引领作用得以最大限度的发挥。

第二,有利于增强我国人民的自力更生精神。在新时代中国特色社会主义大背景下,我国提出一系列创新驱动的战略:"实施创新驱动发展战略,不能'脚踩西瓜皮,滑到哪儿算哪儿',要抓好顶层设计和任务落实。顶层设计要有世界眼光,找准世界科技发展趋势,找准我国科技发展现状和应走的路径,把发展需要和现实能力、长远目标和近期工作统筹起来考虑,有所为有所不为,提出切合实际的发展方向、目标、工作重点。"② "要坚持走中国特色自主创新道路,以全球视野谋划和推动创新,提高原始创新、集成创新和引进消化吸收再创新能力,更加注重协同创新。"③ 除了自力更生,抢占科技前沿,习近平总书记还提出强化工人阶级的主体地位。2013年7月在武汉考察时提出,工业是我国立国之本,要塑造我们自己的核心竞争力,推动国家繁荣富强,需要工人阶级把这个历史责任承担起来。在创新驱动发展的新阶段,再次肯定了我国工人阶级的先进性和历史地位,正确把握社会历史大方向,破除将创新单纯归因于"企业家精神"的新老自由主义的错误倾向。

第三,有利于推动中华文化走出国门走向世界。新时代中国特色社会

---

① 《习近平关于社会主义经济建设论述摘编》,中央文献出版社,2017,第129~130页。
② 《习近平关于社会主义经济建设论述摘编》,中央文献出版社,2017,第128~129页。
③ 《十八大以来重要文献选编》(上),中央文献出版社,2014,第17页。

主义不断创新对外传播方式,构建技术先进、传输快捷、覆盖广泛的现代传播体系,形成独具中国特色、能与国际交流的对外话语体系,传播好中国声音。创新对外文化交流方式,构建多主体、多层次、多形式的交流格局,打造重点品牌,支持社会力量参与,组织新闻发言人、国际新闻评论员、专家学者、文化交流使者、出境公民等主体,共同讲好中国故事。创新对外文化贸易方式,发挥企业主体作用,把优秀影视剧、图书作为拳头产品,努力提高国际文化市场占有率,更好地展示中华文化的独特魅力。经济的创新有利于展示中华文化精神内涵、传播当代中国价值观念、让中国形象不断树立和闪亮起来。

全面推进理念创新、体制创新、手段创新、工作创新,是增强精神文明建设针对性、实效性和感染力,开创新局面的必由之路。主动适应经济社会发展变化,积极探索有利于解放和发展文化生产力、有利于破解工作难题的新举措、新办法和新载体、新途径,加快文化机制内容、业态、形式等方面的创新步伐,是引领时代潮流和时代风气的必然选择。①

四 经济发展丰富人民精神生活

习近平总书记关于精神文明建设的一系列论述,关于推进思想道德建设和科学文化建设的指示精神,是在新时代背景下对人民精神需求与日俱增的现实回应和感召。精神文明建设和物质文明建设的协调发展,其本质上也是通过物质文明的提高,从而满足人民群众多样化的精神文化生活需求。

(一) 精神生活是精神文明的重要载体

精神生活是人类区别于动物的根本点,精神生活的丰富程度决定了精神文明的发展程度。如果精神生活无实际内容,精神文明便无所依附。精神生活指人们为生存和发展而进行的精神生产和精神享受的活动,例如理想、情操、志趣、信念、社交、学习以及各种各样的文化娱乐享受等。每

---

① 黄坤明:《推动物质文明和精神文明协调发展》,《人民日报》2015年11月12日。

个时代的人们，在创造物质生活的同时，并不安于纯粹的衣食住行的享受，而总是要去追求符合他们那个时代经济基础的精神生活，以满足自身发展的需要。可以说在一定程度上，精神生活是精神文明的重要载体。人们在改造客观世界的同时，主观世界也得到改造，社会的精神生产和精神生活得到发展，这方面的成果就是精神文明。它表现为教育、科学、文化知识的发达和人们思想、政治、道德水平的提高。精神文明是人类宝贵的精神财富，跟一切愚昧、无知、野蛮、落后、腐朽、堕落是不能共容的。历史发展的趋势是，人们的物质生活越丰富，相应的精神生活也就越完善，创造的精神文明也就越高级。

精神生活的思想自觉、实现形式和实现程度，体现着精神文明的高度。在资本主义条件下，人的精神受到牵制和抑制。马克思特别关注在资本主义占主导生产方式的社会中劳动者的精神状态，由马克思起草的《国际工人协会共同章程》认为，"劳动者在经济上受劳动资料即生活源泉的垄断者的支配，是一切形式的奴役，社会贫困、精神屈辱和政治依附的基础"。① 马克思将"精神屈辱"、"社会贫困"和"政治依附"看作劳动者生存境遇的核心问题。社会主义精神文明作为社会主义的上层建筑和意识形态，是对人类历史上一切优秀精神文明的继承和发展。社会主义精神文明以集体主义精神为出发点，要求人们团结一切可以团结的力量建设社会主义，坚决反对形形色色的个人主义。② 人民修养的提升、心态的适度、身心的平衡，都是精神文明的重点课题。

新时代中国特色社会主义背景下，人民的精神生活更为丰富与深刻，显示出社会主义精神文明的新高度。第一，新时代精神文化活动更加丰富、更具品位。新时代人民群众在闲暇时间的精神生活丰富多彩，既希望不同精神需要的满足，也希望精神活动品位的提升，表明了人民审美性需要的觉醒和发展。第二，新时代精神生活有着更高层次性、发展性和长远性。人民群众身处多元发展的时代洪流中，在个人理想信仰的认识与选择、充实自我完善自身方面都具有了更高层次、更加长远的认识。第三，

---

① 《马克思恩格斯选集》第2卷，人民出版社，1995，第609页。
② 何海兵：《精神生活的四重维度》，《沈阳日报》2020年10月27日。

精神需要亟待体现超越性。高层次的精神生活能够以一种超越性的力量指引人的发展朝着全面自我实现和超越自我的方向不断前进，从而实现精神生活质量的跃升。[①]

（二）经济发展对人民精神生活品质的提升

中国特色社会主义进入新时代，人们的精神文化需求日益旺盛，多样化、差异化特征日益明显。物质财富的快速增长有助于把满足需求与提高素质结合起来，更好地把服务人民与引导群众结合起来，进而提升人民精神生活品质。

一方面，经济发展可以充实人民精神文化生活。当前，人们的文明素质和社会的文明程度虽得到了最基本的保障，但仍存在诸多问题。习近平总书记在2013年12月12日的中央城镇化工作会议上指出："现代化的本质是人的现代化，真正使农民变为市民并不断提高素质，需要长期努力，不可能一蹴而就。"[②] 要提升人民的思想觉悟和精神生活品质，就要实现经济发展，就要坚持社会主义基本经济制度，加快建设现代化经济体系，实现高质量发展。比如，我们充分发挥公有制经济的主体地位和国有经济的主导作用，有助于弘扬人民的主人翁精神；完善政府职能，厘清政府和市场、政府和社会的关系，使市场主体更加积极主动，有助于形成个人的发展和集体的发展结合起来的思想；引导贫困地区脱贫、减贫，有助于激发人民艰苦奋斗、勤劳致富的热情；把创新、协调、绿色、开放、共享的新发展理念始终贯穿于经济结构调整的全过程，有助于推动人民在眼界上、思想上、知识上达到新的水平。

另一方面，经济发展可以提升人民的精神境界。精神的充盈、个性的彰显只能以高度发达的社会生产力为基础。"我们的市场经济是社会主义市场经济，这与资本主义市场经济是有本质区别的。我们的市场经济强调'达己也达人'，资本主义市场经济是'损不足而奉有余'。我们的市场经

[①] 廖小琴、孙文文：《新时代人民美好生活需要及实现对策》，《山西师大学报》（社会科学版）2021年第2期。
[②] 《十八大以来重要文献选编》（上），中央文献出版社，2014，第594页。

济强调公平性，强调按照公平的国际规则进行贸易，使经济全球化更加公平合理，而资本主义市场经济强调自身利益最大化，往往是采取双重标准，有利于自己的就执行，不利于自己的即使是自己制定的也拒绝执行。"[①] 社会主义市场经济的发展促进了人民精神境界的提升。经济发展让人民有更高的收入、更宽敞的住所、更便捷的出行，享受到更好的教育、医疗、社会保障，增强了人民的获得感、幸福感、安全感，人民对社会的认可度提升，对世界的认知更加全面，精神境界也因此得到升华。

所以，实现好、维护好、发展好最广大人民的根本利益，是精神文明建设的根本出发点和落脚点。只有不断推动经济发展，发挥人民在精神文明建设中的主体作用，切实保障人民群众基本文化权益，坚持精神文明建设成果由人民共享，才能更好地提升人民群众日益增长的精神文化生活品质。

（三）经济发展对人民精神生活方式的优化

现在学界有"中国奇迹"这一说法，原来是指我国在经济上取得的备受世人瞩目的巨大成就。事实上，这种成就不单体现在经济领域，也体现在精神领域。改革开放以来，我国在物质生产上不断创造奇迹的同时，也深刻革新了人们的精神生活，在精神文化上书写了新的辉煌。

经济发展必然带来精神生活方式的优化。比如，党的十八大以后我们实施乡村振兴战略、精准扶贫战略，特别重点扶持民族地区、边疆地区、革命老区、连片特困地区，不仅旨在提高这些贫困程度深、扶贫成本高、脱贫难度大的地区的物质水平，同时旨在通过解决贫困地区的经济落后问题，提升这些地区的精神生活水平。物质生活水平的提升有助于人民精神生活状态的改善。所以，我们要讲中国梦，必须让人们从自己的物质生活水平的不断提高上，从自己的切身感受上理解、认同国家富强、民族振兴、人民幸福；我们讲社会主义公平正义的价值理念，必须让我们的发展成果更多地惠及全体人民，才能让人们感受到我们朝着公平正义的方向

---

① 辛向阳：《以成熟定型的制度满足人民对美好生活的向往》，《思想理论教育导刊》2020年第6期。

前进。

2017年10月25日,习近平总书记在党的十九届一中全会上的讲话中指出:"在新时代的征程上,全党同志一定要抓住人民最关心最直接最现实的利益问题,坚持把人民群众关心的事当作自己的大事,从人民群众关心的事情做起,多谋民生之利,多解民生之忧,在幼有所育、学有所教、劳有所得、病有所医、老有所养、住有所居、弱有所扶上不断取得新进展,不断促进社会公平正义,不断促进人的全面发展、全体人民共同富裕。"[①] 2018年4月23日,在中央政治局第五次集体学习时,习近平再次强调,要着眼于满足人民日益增长的美好生活需要,不断提高人民生活品质、生活品位,促进社会公平正义,"在幼有所育、学有所教、劳有所得、病有所医、老有所养、住有所居、弱有所扶上不断取得新进展,不断朝着全体人民共同富裕迈进"[②]。为实现这"七有",国家基本公共服务制度体系,尽力而为,量力而行,注重加强普惠性、基础性、兜底性民生建设,保障群众基本生活。可见,社会成员间各种利益关系的协调与均衡,包含社会各阶层的利益需求得到满足,受到尊重,蕴含着社会主义精神建设的价值准则,也是我们正在扎扎实实地推进的奋斗目标。

综上,站在"两个一百年"奋斗目标历史交汇的关键节点,国内外环境发生了深刻而复杂的巨变,必须推动社会主义精神文明和物质文明协调发展。只有经济体量不断扩大,经济质量不断提升,才能助推社会主义精神文明建设。同时需要看到,在国际上,经济发展所面临的不确定因素大幅增加,贸易保护主义、单边主义抬头,前所未有的机遇和挑战相互交织;在国内,思想观念、价值取向日益多元,彼此对话、碰撞的频率不断增加,同时西方敌对势力对我国的意识形态渗透从未停歇。这种情况要求我们在新时代继续推动两个文明协调发展,不断增强"两手抓、两手都要硬"的行动自觉。

---

① 习近平:《在党的十九届一中全会上的讲话》,《求是》2018年第1期。
② 《习近平在中共中央政治局第五次集体学习时强调:深刻感悟和把握马克思主义真理力量,谱写新时代中国特色社会主义新篇章》,《人民日报》2018年4月25日。

第三章 政治发展对精神文明建设的保障作用

社会主义精神文明是在社会主义经济基础之上的社会意识形态的重要载体,是继资本主义社会之后出现的新的文明形态,是人类精神文明发展的新阶段,也是与过去任何社会精神文明不同的崭新文明,在中国特色社会主义建设过程中发挥着精神动力、智力支持和思想保证作用。在中国特色社会主义实践进程中,政治发展对社会主义精神文明建设具有根本性的保障作用。

一 牢牢把握中国特色社会主义政治方向

社会主义精神文明不同于以往一切剥削制度基础上衍生的精神文明,其具有自身独特的属性和形态。人类从原始社会的蒙昧时代开始,经过原始社会的野蛮时代进阶到奴隶社会,而后又历经封建社会、资本主义社会再到社会主义社会,不同阶段都有自己的精神文明形态。社会主义精神文明建立在社会主义生产资料公有制基础之上,本质上是属于无产阶级和最广大人民群众的文明,其成果为广大人民群众所享用。

(一) 中国特色精神文明是社会主义的精神文明

根据马克思主义经典作家们的阐释,文明是一个与蒙昧、野蛮相对立的历史概念,是人类社会发展到一定阶段的进步状态。纵观人类社会的演进史,从原始社会的蒙昧时代发端,中经原始社会的野蛮时代进阶到奴隶社会,始此迈入文明时代,而后又历经封建社会、资本主义社会再到社会主义社会，不同阶段都有自己的精神文明形态，累积起巨量的精神财富。精神文明作为人类发展过程中取得的精神成果的总和，既有人类社会的共通性，也有不同形态社会各自的特殊性。社会主义精神文明是人类精神文明发展的重要阶段，因地域、民族、历史传统等因素的不同又呈现出不一样的面貌。中国是社会主义性质的国家，其精神文明形态首先是社会主义精神文明。它建立在社会主义生产资料公有制基础之上，本质上是属于无产阶级和人民大众的文明，其成果为广大人民所享用。所以，社会主义精神文明的基本特点之一就是人民性。它坚持以服务无产阶级和人民大众为基本原则，在精神文明建设的过程中始终围绕广大人民来开展工作，时刻关注人民的福祉，满足人民群众不断增长的精神文化需求，推动人民群众的精神生活迈上新台阶。社会主义精神文明的基本特点之二是平衡性。它强调在发展生产力，促进物质财富极大丰富的同时，以历史唯物主义为理论依据，把握物质文明与精神文明的平衡，以辩证、全面、平衡的观点处理物质文明和精神文明之间的关系。

  中国共产党历来重视社会主义精神文明建设的政治方向。自1979年中共十一届四中全会上最早明确提出建设社会主义精神文明以来，我们党就将其视为社会主义现代化的重要目标和实现"四个现代化"的必要条件；1982年，邓小平同志又在中央政治局会议上提出建设社会主义精神文明是坚持社会主义道路的"四项必要保证"之一。1996年中共十四届六中全会通过的《中共中央关于加强社会主义精神文明建设若干重要问题的决议》明确指出，社会主义精神文明建设以马克思主义、列宁主义、毛泽东思想和邓小平建设有中国特色社会主义理论为指导思想，坚持党的基本路线和基本方针，始终坚持精神文明建设的社会主义方向。改革开放之后中国社会出现了一些新变化，在经济腾飞的同时，道德滑坡、贪污腐败以及各种犯罪现象增多，针对可能导致改革开放"跑偏"的严重问题，邓小平同志指出："我们要建设的社会主义国家，不但要有高度的物质文明，而且要有高度的精神文明。"[①] 他在系列讲话中提出的"两手抓，两手都要硬"思想既解决了社会主义精神文明建设的基本路线问题，也是建设有中国特色

[①] 《改革开放三十年重要文献选编》（上），中央文献出版社，2008，第170页。

社会主义的一项战略方针。党的十八大以来,以习近平同志为核心的党中央高度重视社会主义精神文明建设,把精神文明建设放在统筹推进"五位一体"总体布局和协调推进"四个全面"战略布局的重要位置,牢牢掌握意识形态工作的领导权、管理权、话语权,大力培育和践行社会主义核心价值观,提高全民族思想道德水平,推动文化事业全面繁荣和文化产业快速发展,为实现中华民族伟大复兴的中国梦提供思想保证、精神力量和道德滋养。习近平总书记指出:"中国特色社会主义是物质文明和精神文明全面发展的社会主义。一个没有精神力量的民族难以自立自强,一项没有文化支撑的事业难以持续长久。"① 他不仅强调要以"辩证的、全面的、平衡的"观点对待社会主义精神文明建设,更在意社会主义精神文明建设"以人民为中心"的导向。新时代的精神文明建设将人民对美好生活的向往作为奋斗目标,坚持以人为本,紧紧围绕促进人民福祉来进行,不断满足人民群众多样化多层次多方面的精神文化需求。同时,它又遵循共建共享原则,把广大人民纳入精神文明建设的主体队伍中,群策群力,吸引和依靠群众广泛参与如文明城市、文明村镇、文明单位、文明校园、文明家庭等创建活动,办实事、讲实效,切实保障人民群众基本文化权益,不断增强人民群众的幸福感、获得感。这些都表明中国的精神文明不仅是社会主义性质的,而且是中国特色社会主义社会不可或缺的一个重要方面。

中国的精神文明生长于五千多年悠久历史的土壤之上,别具中国特色。一些学者越来越倾向于将中国视为一个"文明型国家"(civilization state),而不是一个西方语境中的民族国家(nation state)。② 人类的精神文明所来有自,历史传统便是其最初的文化渊源,随着时间的推移而赓续绵延,形成文明的历史传承和精神的脉络谱系。中华文明作为一个提供过"天下大同"理想社会叙事的文明体,其深厚的底蕴为社会主义精神文明的成长提供了源头活水。从文明型国家的角度来说,中国是一个政治—文明共同体,既有制度典章的政治连续性(如郡县制、科举制等),更有宗

---

① 《十八大以来重要文献选编》(上),中央文献出版社,2014,第280页。
② 张维为:《中国超越:一个"文明型国家"的光荣与梦想》,上海人民出版社,2014,第215页。

教、语言和礼乐风俗（如汉字、民本主义等）的文明一贯性，这些都凝结在中国社会主义精神文明之中，彰显其鲜明的中国特色。这是社会主义精神文明民族性特征的体现。中国的历史文化传统兼具开放性，在漫长的时间之流中不断因历史条件和社会实践的变化而增添新的内容，如诞生于革命时代的红色文化、长期的民族交流与融合形成的边疆文化、应对自然灾害事件中生发并汇聚而成的时代精神，都为社会主义精神文明积聚新的精神成果，提供持续繁荣的养料，凸显其中国底色。习近平总书记曾指出，"中华优秀传统文化是中华民族的精神命脉，是涵养社会主义核心价值观的重要源泉，也是我们在世界文化激荡中站稳脚跟的坚实根基"。[①]

社会主义精神文明是继资本主义社会之后出现的新的文明形态，是人类精神文明发展的新阶段，也是与过去任何社会精神文明不同的崭新文明。社会主义社会比资本主义社会优越，不仅表现在社会主义社会的经济和政治方面，而且反映在社会主义社会的思想道德文化，即精神文明建设方面。因此，社会主义精神文明与资本主义精神文明相区别。社会主义精神文明具有兼收并蓄的品格，批判地吸收以往人类文明发展的全部成果，并在社会主义制度的基础上创造新的更高的文明。

（二）政治制度的性质决定着精神文明的属性

社会主义精神文明区别于以往其他精神文明形态的决定性因素是它建立在社会主义生产资料公有制基础之上，而生产资料公有制是社会主义制度的根本特征。经济基础决定上层建筑，后者是建立在一定经济基础上的社会意识形态以及与之相适应的政治法律制度和设施等的总和，即由思想上层建筑和政治上层建筑两个部分组成。思想上层建筑和政治上层建筑是相互联系、相互制约的，思想上层建筑为政治上层建筑提供思想理论根据，政治上层建筑为思想上层建筑的传播和实施提供重要的保证。

马克思主义认为，在上层建筑中，政治处于主导地位，国家政权是上层建筑的核心。虽然政治上层建筑作为思想的"物质附属物"是通过人们

[①] 《习近平关于全面建成小康社会论述摘编》，中央文献出版社，2016，第121页。

的意识自觉建立的，但它一经形成就强烈影响思想上层建筑，要求一定的思想上层建筑与它相适应。恩格斯曾指出，国家政权是"第一个支配人的意识形态力量"，"国家一旦成了对社会来说是独立的力量，马上就产生了另外的意识形态"。[①] 就此而言，政治上层建筑决定着思想上层建筑的基本属性。

如果说国家政权是上层建筑的核心，实际上是说政治制度是上层建筑的支柱，因为国家权力的最终归属决定了政治制度的形式。从政治哲学的角度来说，人都是有差异的，具有不同的禀赋、财富、地位和主张，因而会产生冲突。冲突是政治生活的基本特征之一。为避免政治生活的分崩离析和政治共同体的解体，需要人们之间达成某种妥协，因而，妥协也是政治生活的基本特征。在政治冲突或争论中，政治共同体内部的权力归属——谁应当统治，或何种妥协才是最好的解决方案，亦即，什么样的政治秩序才是最好的秩序——是最核心的问题。在共同体中，不同集团竞逐政治权力的结果决定了政治共同体内部的结构即政治制度安排。

政治制度是一种秩序和形式，它赋予社会以特性。个体的生活有各自的目的，社会生活则指向某个只有社会才能追求的目的，也就是作为社会全面目标的一个特定目标。为了追求这一目标，必须以一种与此目标相符的方式来建构和组成社会，而这意味着掌握权力的人须与这一目标品性相同，因此，政治制度的安排是一种特定的生活方式。马克思主义认为，在阶级社会，上层建筑具有阶级性。同一社会形态存在着不同阶级的政治组织和意识形态，它反映着社会经济基础的复杂性和经济关系的对立性。支配着物质生产资料的阶级，同时也支配着精神生产资料，统治阶级的思想则是该社会占统治地位的思想。

政治制度既然从整体上赋予一个社会以特性，因此，它也能决定一个社会的国家形式、政府形式、法律精神、生活形式、生活风格及道德品位。政治制度具有多样性，封建社会的君主专制不同于资本主义社会的自由民主制，资本主义社会的自由民主制也不同于社会主义社会的人民代表大会制，它们各自的国家形式、生活风格、道德品位也有明显的差异。因

[①] 《马克思恩格斯选集》第4卷，人民出版社，2012，第259~260页。

此，政治制度的性质决定着精神文明的属性。中国特色社会主义的根本政治制度是人民代表大会制度，这决定了社会主义的精神文明本质上是属于无产阶级和人民大众的文明，服务于广大人民，在精神品格上是追求科学、进步、高尚的文明。社会主义精神文明建设以培养"有理想、有道德、有文化、有纪律"的社会主义新人，促进人的全面发展为自己的根本目标和根本任务。

（三）精神文明彰显中国特色社会主义政治优势

社会主义精神文明是社会主义社会的基本特征。它以马克思主义科学理论为指导，形成能促进社会主义事业健康发展的思想、政治、道德观念和社会风貌，在建设中国特色社会主义过程中发挥着精神动力、智力支持和思想保证作用。

社会主义精神文明保证了社会主义意识形态牢牢占据社会意识形态主流，使得中国特色社会主义建设具有了统一思想的优势。中国共产党始终坚持马克思主义在意识形态领域的指导地位，联系中国国情和实际，与时俱进，推进马克思主义中国化、时代化、大众化，发展当代中国马克思主义，形成了习近平新时代中国特色社会主义思想，成为全党全国人民为实现中华民族伟大复兴而奋斗的行动指南。在错综复杂的国际局势下，中国共产党抵御住了外部敌对势力在意识形态领域对中国的攻势，有效应对了来自意识形态领域的挑战和考验。中国共产党始终高举共产主义远大理想和中国特色社会主义共同理想旗帜，坚持弘扬社会主义核心价值观，不断提升治国理政的能力和国家治理的绩效，增进人民对党的领导和社会主义制度的政治认同；及时回应经济社会发展的时代要求，尤其是人民日益增长的美好生活需要，把民族复兴的中国梦和公民个人的幸福梦有机统一起来，牢牢掌握意识形态工作的领导权，有力地保持了社会稳定有序和人心凝聚团结的局面，维护了中国社会思想上的团结统一。与此对照，苏联和东欧的一些国家则在意识形态领域自乱阵脚，放任西方意识形态泛滥和长期渗透，大批民众不辨是非，被裹挟进舆论乱流，最终引致政权垮台、政治失序及社会动荡。这些殷鉴不远的系列教训使得中国民众倍加珍惜政治稳定、社会安宁的大好局面，统一思想，凝心聚力谋发展成为中国社会的最广泛共识。

社会主义精神文明反映了社会主义社会整体的生活风格和道德品位，是追求科学、进步、高尚的文明，体现了中国共产党领导的制度优势。中国共产党是中国工人阶级的先锋队，同时是中国人民和中华民族的先锋队，代表中国先进生产力的发展要求，代表中国先进文化的前进方向，代表中国最广大人民的根本利益。中国共产党领导下的社会精神风貌总体是积极向上的，倡导爱国主义，尊重和保护普通公民的权利，坚持公民权利和义务相统一。在社会生活领域，通过集体主义原则的弘扬，用颂英雄、树典型、奖模范等方式引导民众追求高尚生活目标，不像资本主义社会那样崇尚个人主义和极度张扬个体自由，导致道德堕落，社会伦理底线不断被拉低。中国共产党不仅引领着先进文化的前进方向，并且依靠其高度的组织性，保证全国的集中统一领导，集中力量办大事。党以政治建设为统领，全面推进党的政治建设、思想建设、组织建设、作风建设、纪律建设，使党的中央机构、党的地方组织和基层组织、全体党员共同构成有机的统一整体，让党具备强大政治领导力、思想引领力、群众组织力和社会号召力，担负起领导中国人民实现社会主义现代化和中华民族伟大复兴的历史使命。党的十八大以来，以习近平同志为核心的党中央大力培育和弘扬社会主义核心价值观，弘扬中华传统美德，打造中华民族赖以维系的精神纽带，构筑社会和谐的思想道德基础，为治国兴邦凝魂聚力。尤其是社会主义核心价值观的24个字系统地阐明了我们要建设什么样的国家、构建什么样的社会、培育什么样的公民，这成为全体人民的共同价值追求和百姓日常的行为准则，有效整合社会意识，提升了国家的文化软实力，不断引导广大人民群众增强中国特色社会主义道路自信、理论自信、制度自信、文化自信。

社会主义精神文明是属于无产阶级和人民大众的文明，因此，人民不仅是中国特色社会主义事业的评判者，也是中国特色社会主义事业的推动者。人民广泛参与社会主义精神文明建设也体现了中国特色社会主义深厚的群众基础和社会动员能力优势。中国共产党依靠广大人民群众取得了新民主主义革命的胜利，建立了中华人民共和国，拥有了执政党的地位。在过去几十年的中国特色社会主义实践中，党不断从人民群众中汲取智慧，开创改革发展新局面。邓小平同志指出,"改革开放中许许多多的东西,都是群众在实践中提出来的"①,乡镇企业、家庭联产承包责任制等都是"群众的智慧,集体的智慧"。人民群众智慧的彰显过程,实质上就是社会主义精神文明的建设过程,体现出中国特色社会主义事业在推进过程中强大的社会动员能力优势。中国社会通过中国共产党这个高度组织化的强有力核心被组织起来,经由中央到地方各级党组织的有效管理,实现了社会力量的充分整合,让社会朝着既定的宏伟目标迈进。

二 始终高扬人民民主的光辉旗帜

民主是精神文明的重要表征。相较于资本主义民主,社会主义民主具有更广泛的代表性、真实性和不间断性,是超越资本主义民主的精神文明建设成果。党的十八大以来,以习近平同志为核心的党中央高度重视社会主义精神文明建设,始终高扬人民民主的光辉旗帜,把民主政治建设作为社会主义精神文明建设的牛鼻子,推进精神文明建设不断迈向新高度。

(一) 人民民主是社会主义精神文明的重要表征

社会主义精神文明建设主要包括两个方面的内容:一是思想道德建设,主要解决整个民族的精神信仰、精神动力、精神支撑问题;二是科学文化建设,主要解决整个民族的科学文化素质问题,为社会主义现代化建设提供智力支持。也就是说,社会主义精神文明建设的根本目标和根本任务,是适应社会主义现代化建设的需要,培养有理想、有道德、有文化、有纪律的社会主义公民,促进人的全面发展,提高整个中华民族的思想道德素质和科学文化素质。其中蕴含的重要理念是人民民主,即中华人民共和国公民都受到平等的尊重,其生存和发展的权益受到国家普遍的承认和保护。

人民民主的前提是社会平等,不仅有形式上的权利平等和机会平等,也包括旨在促进实质平等的资源平等,如"公共服务均等化"及对老、

---

① 《邓小平年谱(一九七五——一九九七)》(下卷),中央文献出版社,2004,第1350页。

少、边、穷地区的教育政策倾斜和教育资源投入等。人民民主作为现代民主制度的基本类型之一，成为近现代以来在列国竞争中处于弱势而面临现代主权—民族国家建构任务的中国有识阶层的必然选择，是因为只有将"民族"（整体性）与"人民"相等同，才能实现最广泛的社会动员，完成建立独立主权国家的政治任务。关于"人民"在中国历史舞台上的登场，有学者做了细致严谨的考证。1935年，中国共产党及其领袖毛泽东同志在瓦窑堡会议上克服了此前关门主义的错误，系统地提出了关于建立抗日民族统一战线的理论和策略，提出了自己的人民观。"人民"概念囊括了工人、农民、城市小资产阶级、其他阶级（包括民族资产阶级）中愿意参加民族革命的分子，他们占到全国人口的"最大多数"即超过90%，是"革命的动力"，其主体是占全民族人口的80%~90%的工人、农民。自此以后，"人民"成为中国共产党核心的政治概念之一，其地位逐渐上升为国家至高无上的主人。①

在中国共产党的领导下，依靠"人民"的无穷力量，1949年10月，毛泽东构想的人民共和国终于实现了。新生的政权充分彰显、处处体现其人民性，1954年颁布的宪法更是规定，新中国所有国家机构名称前皆需冠以"人民"二字。所以，有学者指出，毛泽东时代最大的一个成功便是找出了一个这样的概念或理念，那就是"人民"：人民中国、人民警察、人民海军，人民法院、人民检察院，一切都是人民。在那段时期，"人民"是个中心性的概念，而且深入人心。② 人民民主的核心价值是平等，它是由引领社会发展潮流的社会进步阶级组成的政党来贯彻的。人民民主作为民主制度的一种类型，其国家理念是由进步阶级（它代表全体人民的利益）作主，由进步阶级来确定社会的平等、自由和公义。在中国，它意味着由中国共产党来代表。党的群众路线和"三个代表"是人民民主理念的实践体现。党的十八大以来，以习近平同志为核心的党中央组织开展的群众路线教育实践活动再次用实际行动表明了党对人民民主理念的坚持。"我们

---

① 王绍光：《人民至上："人民""为人民""人民共和国"》，《中央社会主义学院学报》2021年第2期。
② 甘阳：《中国道路还是中国模式》，《文化纵横》2011年第5期。

党来自人民、植根人民、服务人民,党的根基在人民、血脉在人民、力量在人民。失去了人民拥护和支持,党的事业和工作就无从谈起。"① 随着党领导人民不断推进政治建设,人民民主也不断扩展和落实,民主制度体系日益健全,民主渠道越发畅通,民主形式更加丰富,民主参与更加有序,发展为全过程人民民主。

党的十九大报告提出了中国发展新的历史方位——中国特色社会主义进入了新时代。新时代,我国社会主要矛盾已经转化为人民日益增长的美好生活需要和不平衡不充分的发展之间的矛盾。因应这种形势的变化,习近平总书记指出,"发展是解决我国一切问题的基础和关键","必须坚持以人民为中心的发展思想,不断促进人的全面发展、全体人民共同富裕"。② 以人民为中心的发展思想是对人民民主理念与时俱进的阐释和升华,也是践行人民民主理念的基本方略。它体现了习近平新时代中国特色社会主义思想的人民主体观,人民是历史的创造者,是决定党和国家前途命运的根本力量,只有依靠人民,才能创造历史伟业。它体现了习近平新时代中国特色社会主义思想的人民宗旨观。人民是社会物质和精神财富的创造者,是物质资料和生活资料的生产者,也是社会物质和精神生活的享用者、社会物质资料和生活资料的消费者。习近平总书记强调,中国共产党所做的一切,就是为中国人民谋幸福、为中华民族谋复兴、为人类谋和平与发展。中国共产党人坚持不忘初心、继续前进,坚持一切为了人民,就是要不断把为人民造福事业推向前进。它还体现了习近平新时代中国特色社会主义思想的文化使命观。人民对美好生活的向往,不仅表现在物质方面,也表现在精神方面。满足人民群众的精神文化需要,就要推动社会主义文化的繁荣兴盛。因此,中国共产党担负着树立和坚定文化自信,坚持中国特色社会主义文化发展道路,建设社会主义文化强国的文化使命。

社会主义精神文明建设的成果为广大人民所享用,其目标在于提高人口素质,促进人的全面发展。要实现这样的目标,必须坚持以人民为中心的发展思想,始终不移贯彻人民民主理念,因而,人民民主也成为社会主

---

① 《习近平谈治国理政》,外文出版社,2014,第367页。
② 《习近平谈治国理政》第3卷,外文出版社,2020,第15~17页。

义精神文明的重要表征。

（二）找到最大公约数是人民民主的真谛

民主程度表征着精神文明水平，找到最大公约数，既是人民民主的真谛，也是社会主义精神文明建设的客观要求。现代国家的治理事务变得越来越复杂，一国的公民并不是通过全员参与的直接民主形式来表达自己的利益诉求，而是无一例外地采取了间接民主的形式。西方国家大多采行代议制民主形式，而中国的人民民主实践则采取了代表制民主形式。人民不仅可以选举人大代表组成权力机关来实现和维护自己的利益，而且可以通过政协代表来表达和主张自己的利益要求。因此，人民政协是人民民主的重要形式，社会主义协商民主是中国社会主义民主政治的特有形式和独特优势，是寻求最大公约数的有效方式，是中国共产党的群众路线在政治领域的重要体现。

社会主义协商民主经过了一个较长的发展过程。新中国成立初期，中国共产党与各民主党派及无党派人士为奠定新中国的政治社会秩序形成了政党之间的政治协商机制，它在某种意义上是毛泽东同志《论联合政府》中的政治构想的实现。新中国成立后，伴随政治体制和社会结构变革所引发的社会阶级格局的变迁，新中国的协商体制开始转型，人民政协的主要功能从原来的政党协商建国逐渐转变成参政议政、政治协商、民主监督。进入 21 世纪后，随着改革日渐深化和个体权利意识的增长，不同群体间利益格局的不同造成的纠纷愈益增多，诸种社会矛盾开始暴露，在此背景下，能打破科层制的樊篱，沟通政府与人民，拓展体制包容性与开放性的协商民主被重视起来。协商民主与选举民主相结合，能拓展社会主义民主的深度和广度，通过充分的政治协商，尊重多数，又照顾少数，最大限度地实现人民民主，促进社会和谐发展，成为新时代中国特色民主政治的重要特点。

协商民主中的"协商"，是指在治国理政时在人民内部各方面进行广泛商量。它的前提在于承认社会中不同个体、不同群体的利益差异，同时着眼于社会发展的整体利益、根本利益、长远利益寻求利益共识，是差异基础上的协调一致。和而不同，求同存异。作为协商民主的制度载体，人民政协不断推进理论创新、制度创新、工作创新，丰富和完善民主形式与程序，畅通民主渠道，有效组织各党派、各团体、各民族、各阶层、各界人士共商国是。在协商的范围上，根据协商事务涉及的利益范围作出相应安排，正如习近平总书记在庆祝中国人民政治协商会议成立65周年大会上的讲话中所指出的："涉及全国各族人民利益的事情，要在全体人民和全社会中广泛商量；涉及一个地方人民群众利益的事情，要在这个地方的人民群众中广泛商量；涉及一部分群众利益、特定群众利益的事情，要在这部分群众中广泛商量；涉及基层群众利益的事情，要在基层群众中广泛商量。"①

中国的民主制度是中国共产党自上而下的领导和中国人民自下而上的参与相结合的"纵向民主"，协商则是上下联结的重要渠道。政治实践中的协商有利于对决策的事先审视与预先评估，通过民主决策、科学决策以保证决策的合理性，从而在集思广益的基础上形成权威的政治决断。现代社会的复杂性、劳动分工的细化以及社会转型带来的利益格局的调整，使得民主表达的过程不可能达到普遍全体的一致，只有借助协商机制广泛商量，做到有事好商量，众人的事情由众人商量，才能找到全社会意愿和要求的最大公约数，推动实现广泛有效的人民民主，进而建构立足人民民主的高水平的精神文明。

（三）发扬人民民主才能凝聚全社会的智慧和力量

中国共产党章程规定，党领导人民发展社会主义民主政治。坚持党的领导、人民当家作主、依法治国有机统一，走中国特色社会主义政治发展道路。国家也通过精心的制度安排来落实人民当家作主的政治理念。中国共产党与各民主党派及无党派人士通过精诚合作实现了政党协商建国，形成了中国共产党领导下的多党合作与政治协商制度。政治协商会议中的各派别联系着各自所代表的政治力量，因其对建立现代独立主权国家的贡献而在党的领导下分享政治权力，政协代表则是政治代表，代表其所属的政治力量参与国家事务。1954年新中国第一部成文宪法采取形式化的法律文

---

① 《习近平谈治国理政》第2卷，外文出版社，2017，第292~293页。

本完成"法律立国"。"法律立国"针对的对象是公民个体，以公民选举代表组成代议机关即人民代表大会的形式行使国家权力。公民依据选举权选举出来的人大代表是法律代表，他们联系的是社会力量。无论是政协代表还是人大代表，都因其广泛的阶级和群众基础而足以构成"人民主权"，从而将人民当家作主的政治理念真正落到实处。

人民代表大会的根本制度，多党合作与政治协商、民族区域自治、基层群众自治的基本制度等共同构成中国特色社会主义政治制度的体系，它们广泛代表全社会不同阶层、不同群体的利益。在这一制度体系下，中国共产党不断扩大和巩固执政基础，兼顾群众性、阶层性，在协调不同社会群体利益诉求、整合兼顾不同社会群体利益当中发挥了领导与引导作用，真正做到了来自人民、依靠人民、全心全意为人民。通过系列精心的制度设计，不仅在政治实践中贯彻了人民民主，而且能够广泛而充分地汲取和凝聚全社会的智慧与力量，提高决策的科学化民主化水平，既通过广纳群言、集思广益提高了决策的科学性，也保证了议而能决、决而能行的决策效率。

前已述及，中国的民主过程是中国共产党自上而下的领导和中国人民自下而上的参与相结合。随着改革的逐渐深入和社会的转型，中国进入全面深化改革阶段，提出了推进国家治理体系和治理能力现代化的目标，地方和基层、市场和企业、学者、记者、律师等各种社会力量更多地参与到国家治理活动中，使得中国民主实践过程中自下而上的力量与自上而下的力量趋于一定的平衡，共同围绕社会发展的整体利益、根本利益、长远利益，寻求社会问题的多方案解决。反观西方的竞争性民主政治体制，不同社会群体间的对立和社会分化日益严重，不仅各种政治力量相互博弈以致造成政治僵局，而且各种社会力量也因其在种族、阶层、职业、地域、性别、语言、肤色、性取向等社会生活各方面的偏好差异不断爆发冲突，出现政治领域决策效率低下、各方掣肘内耗的弊端，滋生社会领域族群对立、文化对峙及冲突频发的乱象，如"占领华尔街"运动反映出"99%"的普通大众与"1%"的金融精英阶层之间的对立，法国农民的抗议活动，英国脱欧运动中各党派的斗争等，不一而足。

社会主义精神文明建设的领域包括思想建设、道德建设、文化建设、教育事业、科技发展，它们最终服务于广大人民，又依靠人民群众的力量来获得发展。人民群众是历史的创造者，是社会变革的决定性力量，在改造客观世界的过程中，创造出物质文明和精神文明。因此，建设社会主义精神文明，就是要激发人民群众的精神文化需求，引导群众积极参与思想道德和科学文化建设。在中国特色社会主义建设过程中，人民群众的首创精神不断涌现出来，创建文明城市、文明行业、和谐社区、五美家庭等活动，都是人民群众追求健康向上精神文化生活的生动体现。人民群众在参与活动的过程中，弘扬社会主义道德风尚，学习科学文化知识，进行自我教育和服务，提升了思想道德素质和科学文化素养，推动了社会精神风貌向善向好。社会主义精神文明建设也通过充分尊重群众、依靠群众，顺应群众的喜好与意愿，源源不断地从中汲取群众的智慧和力量。

三 用制度文明促进精神文明

制度文明是精神文明的集中彰显。如果说只有真正为人民服务的制度才是文明的制度，那么只有文明的制度才能塑造文明的人，制度文明与文明的制度是相辅相成的。制度带有根本性、全面性、稳定性和长期性，以习近平同志为核心的党中央高度重视制度建设，把权力关进制度的笼子，不断完善和发展中国特色社会主义制度，用制度文明推进社会主义精神文明建设。

（一）文明的制度是为人民服务的制度

党的十九大报告明确提出要"把我国建成富强民主文明和谐美丽的社会主义现代化强国"[①]，形成物质文明、政治文明、精神文明、社会文明、生态文明五位一体的文明建设格局。其中，政治文明是指人类社会政治生活的进步状态和政治发展取得的成果，主要包括政治制度和政治观念两个层面的内容。在政治制度层面，主要表现为经济基础和阶级力量对比关系的变化所引起的国家管理形式、结构形式的进化发展，如国体或政体、政

---

① 《习近平谈治国理政》第3卷，外文出版社，2020，第23页。

治体制或机制等方面发展变化的成果。

人类步入文明时代以后，除了政治共同体或国家性质的变化，也出现过各种政治制度。古希腊政治学家亚里士多德根据统治者的目的和人数两项主要标准，把政体分为"两类""六种"。两类是指正宗政体和变态政体。在前者，统治者的目的是促进公共利益；在后者，统治者的目的是牟取私利。六种是指君主政体、贵族政体、共和政体、平民政体、寡头政体和僭主政体。前三种属于正宗政体，后三种属于变态政体。在中国古代政治思想中，有王道政治和霸道政治之分，前者强调血缘伦理、道德和仁政，后者以国家利益为重，强调以政治宣传、纵横术、重农重兵手段保护和实现国家利益。人类进入文明社会之后，政治共同体成员身份的范围不断扩大，也就意味着其保护和服务的对象群体在增加，由此可以说每一类社会的政治制度相对于前一类社会的政治制度都有所进步和发展。但纵观人类社会发展史，从奴隶社会到资本主义社会，其政治制度始终代表的是特定阶级集团的利益，具有阶级局限性。尽管在不同时期，统治集团都会打着"人民"的旗号来施政，甚至实际也在一定程度上照顾到不同阶级和阶层的利益，但其维护只占社会少数的特定阶级利益和统治地位的宗旨不会改变。即使到了资本主义社会，人类有了代议制民主、政党制度这些现代政治文明的成果，但其政治制度始终代表和维护资产阶级利益，以至于其早期具有一定进步性的民主政治发展到今天，已逐渐演变为金钱政治。

民主政治制度的建立是政治制度文明发展的最重要成果。现代民主发端于西欧资本主义社会，并且随着社会成员政治资格范围的扩大，民主参与的程度也在提高。但是，西方的民主是自由民主，它的内核是具有"天赋人权"的个体，充分肯定个体的自由意志和自我选择能力。也恰恰因为这一点，使得西方社会面临着一个棘手的问题，即过于尊重和相信个体的理性选择能力，在全社会无法形成伦理总体性或一体化力量，进而使社会难以开展整体协调一致的行动，也难有政策的持续性和发展目标的长远性。社会主义的民主是人民民主，它强调人民"全体"，且由社会的进步阶级代表人民利益，维护社会公平正义。因此，相较于资本主义的民主政治，社会主义民主政治具有更广泛的代表性，是真正为人民服务的政治制度，因而更为文明和进步。

第三章　政治发展对精神文明建设的保障作用

中国特色社会主义政治制度之所以是为人民服务的制度，主要因为其制度的建构者是代表人民利益的中国共产党。马克思主义唯物史观强调人民群众是历史的创造者，人民群众不仅是物质财富和精神财富的创造者，而且是社会变革的决定性力量，在推动社会变革的过程中要密切联系和积极发动群众。中国共产党正是通过广泛的社会动员把亿万群众纳入革命的队伍，确立了人民在国家中当家作主的政治地位。1935年瓦窑堡会议通过的《中共中央关于目前政治形势与党的任务的决议》庄严宣示："共产党不但是工人阶级的利益的代表者，而且也是中国最大多数人民的利益的代表者，是全民族的代表者"，"中国共产党是中国无产阶级的先锋队。……同时中国共产党又是全民族的先锋队"。[1] 毛泽东曾告诫全党，"应该使每个同志明了，共产党人的一切言论行动，必须以合乎最广大人民群众的最大利益，为最广大人民群众所拥护为最高标准"。[2] 党的七大正式把"为人民服务"的思想写进党章，第一次明确了"全心全意为人民服务"是中国共产党的根本宗旨，使之成为共产党人一切行动的指南。新中国成立后，"为人民服务"这五个金光闪闪的大字写在了中南海新华门——党中央国务院办公所在地正门，庄严地昭示了党和政府对全国人民的郑重承诺。改革开放以后，为人民服务的理念得到进一步深化，邓小平同志要求我们做任何事情，要看"群众高兴不高兴，满意不满意，拥护不拥护"，江泽民同志强调要"以是否符合最广大人民的根本利益为最高标准"，胡锦涛同志强调"权为民所用、情为民所系、利为民所谋"，习近平总书记则系统阐释了"以人民为中心"的思想。实现全体人民共同富裕，让人民过上美好生活，成为中国政治制度的终极性目标追求。

2020年，面对突如其来的新冠肺炎疫情，中国共产党坚持人民至上、生命至上理念，坚持把人民生命安全和身体健康放在第一位，果断采取防控措施，调集一切资源，科学防治，精准施策，不遗漏一个感染者，不放弃一位患者，坚决遏制疫情蔓延，经受住了一场艰苦卓绝的历史大考，取

---

[1] 《建党以来重要文献选编（一九二一——一九四九）》第12册，中央文献出版社，2011，第547页、第549页。
[2] 《毛泽东选集》第3卷，人民出版社，1991，第1096页。

得了抗击新冠肺炎疫情斗争重大战略成果，有力彰显了我国国家制度和国家治理体系的优越性。反观西方国家在抗击新冠肺炎疫情中的表现，由于迷恋自由主义公民文化，造成制度失灵、管理失效、社会失序，出现了感染人数激增的混乱局面，资本主义"制度优势"成为空谈，"人权"也成为虚幻的装饰。由此可以说，尽管资本主义社会带来了比封建制度更为广泛的民主和更为精巧的制度设计，但只有社会主义的民主政治制度才把绝大多数人民置于中心位置。

（二）文明的制度才能塑造文明的人

如果说只有真正为人民服务的制度才是文明的制度，那么也只有文明的制度才能塑造文明的人，制度的目的和条件是相辅相成的。社会主义精神文明建设所要达到的根本目标和完成的根本任务是提高全民族的思想道德素质和科学文化素质，培育有理想、有道德、有文化、有纪律的公民，促进人的全面发展，也就是要培养、塑造、成就文明的人。要达到和实现这一目标，就只有通过恰当的制度设计来润物化人。

如前所论，政治制度从整体上赋予一个社会以特性，决定着其生活形式、生活风格、道德品位、法律精神等方面。《中国共产党章程》总纲指出，中国共产党领导人民发展社会主义民主政治。坚持党的领导、人民当家作主、依法治国的有机统一，走中国特色社会主义政治发展道路。党的领导是人民当家作主和依法治国的根本保证，人民当家作主是社会主义民主政治的本质特征，依法治国是党领导人民治理国家的基本方式，三者统一于我国社会主义民主政治的伟大实践。

人的文明程度首先体现在其生活目标的设定上。按照马斯洛的需求层次理论，人的需要由生理的需要、安全的需要、归属与爱的需要、尊重的需要、自我实现的需要五个等级构成。在人的这些需求中，又分低级需要和高级需要。如果人仅仅停留在满足自己低级需要的层次，无异于兽类；如果只是一味追求自认为的高级需要，则意味着超凡脱俗，近乎神祇。事实上，每个人都有不同层次的需要，但低级需要和高级需要在个人生活追求中所占比重的不同可以显示出人的层次差异。中西古典思想对人的生活目标都提出了比较高的期待，体现出对人的高级需要的重视。儒学典籍

《大学》开篇第一句就讲"大学之道,在明明德,在亲民,在止于至善"。古希腊思想家柏拉图教人通过辩证法去追求真正的真理和正义,指出"没有经过省察的生活是不值得过的";亚里士多德认为人在城邦中的真正目的是过一种良善的有德性的生活。因此,在政治制度设计上,中西古典思想家都主张"贤良政制",即让品德优秀又兼具智慧的人来掌握权力。中国古典思想家提出了"王道政治",尽管王道政治以君主权力为中心,但它在理想上坚持任人唯贤的标准,通过如"察举"、科举制等方式选拔德才兼备的人来掌握和运用权力。柏拉图提出了"哲学王"治国的政治理想,希望用理性与智慧实现城邦的有效治理。无论"王道政治"也好,"哲学王"治国也罢,其根本目的都在于通过"贤良政制"的制度设计来塑造和培养高尚的人,鼓励人们去追求高级需要以实现人的价值。

中国共产党作为中国特色社会主义事业的领导核心,是中国工人阶级的先锋队,同时是中国人民和中华民族的先锋队,因此,与一般意义上的政党不同,它不是特殊的利益集团,而是从根本上代表中国最大多数人民的利益,其作为执政党谋求的不是短期的、局部的利益和肤浅的政治目标,而是承担着伦理政治使命,即最终目标是把我国建设成为富强、民主、文明、和谐、美丽的社会主义现代化强国。中国共产党致力于引领人民的价值追求,致力于引导人民成为文明的人。作为以马克思主义为指导思想的意识形态政党,中国共产党建构起了一套制度伦理,它规约了现代中国社会生活的形式及其价值取向,提供了调节具体社会环境的道德秩序,以及衡量个人行为善恶的价值尺度,彰显了政治制度对普通公民文明素质培养的基础意义。与此对照,西方政治制度在生活目标上的核心理念是自由,它有范围的限制,但没有内容的确指,无论是人的低级需要还是高级需要,只要个人乐意,不侵犯他人平等诉求,个人都有正当与合理的选择自由。其实践结果是,把少数人的特殊需要普遍化,如色情行业合法化、特殊毒品交易合法化、拥枪合法化等,导致放纵的平等主义和道德堕落。由此展露出西方社会奇葩的面相,一面是发达的科学、教育和文化,一面是背离道德常识的社会乱象。究其原因,正是其政治制度设计无益于引导公民的价值追求,无益于文明公民的塑造和培养。

中国特色社会主义政治制度以宪法保障公民参与政治的基本权利,以基层群众自治制度保障公民参与管理本地方的社会事务，在实践中锻炼政治技能，提高政治智慧，家庭联产承包责任制、基层治理中的浙江"枫桥经验"、农村土地流转改革中的"塘约模式"都是基层民众在实践中生发和总结出来的政治智慧。随着现代社会治理事务的日益庞杂，党的十八大以来，中央提出全面深化改革，推进国家治理体系和治理能力现代化的目标，把各种社会力量吸纳为国家治理的主体，既提升了国家治理的有效性，又推进了国家治理的民主化、法治化、科学化水平，在广泛和切近的政治实践中促进了国民的现代化，让人民群众在现代文明的轨道上步入更高层次。

（三）把权力关进法律和制度的笼子

政治文明不仅指涉政治制度的进化和发展，也包括政治观念的转变与普及。政治观念文明也是精神文明的重要组成部分，它与精神文明的其他部分一起，为政治文明的发展提供强大的精神动力和智力支持。把权力关进法律和制度的笼子，既是政治的文明，也是精神的文明。

在中西古典时期，因为对人的生活目标有着较高的期待和要求，投射到政治共同体的制度安排上，就有了"贤能政治"的高贵理想，因而更为强调政治担纲者阶层的"以德治国"，以至于在处理政治事务时带有较多的人治色彩，"君权神授"，"朕即国家"，君子"替天行道"，施仁政，得民心，安天下。这些政治思想是人们在特定环境中的政治思考，表达了人类对于理想政治的追求，也对当时的政治实践有建设性指导作用。随着人类政治社会形态的演进，既往的政治观念逐渐表现出不适应时代要求的一面，逐渐被新的政治观念所替代，社会的政治价值观、政治信念和政治情感均发生历时性变化，其中，民主、自由、平等、人权、正义、共和、法治等思想观念的形成、普及和发展，以及人们政治参与意识的普遍增强等，表征着政治观念变化带来的政治文明的历史进步。

人类从传统的君权时代或神权社会进入现代民主社会，意味着政治权力运行的范围和边界的改变。在现代民主社会，民主、法治成为政治生活的常识和基本要求，政党则在政治生活中扮演着中心的角色，这些都构成现代政治文明的基础和主题。现代政治文明的发展表现为：现代政治意识和政治观念已经形成广泛的社会共识，成为指导人们从事政治活动、参与政治生活的基本准则；政府结构及其功能的专门化以及政府治理社会能力的提高；社会政治参与渠道的扩大以及民众政治参与的普遍性和有效性。具体而言，这意味着人类社会的政治状态从暴力政治走向协商政治，从权力政治走向权利政治，从无序政治走向有序政治，从垂直政治走向平面政治。简单来说，就是现代政治社会更加尊重个体的权利，尊重公民个体通过民主参与的渠道和程序表达利益诉求，依照法治的要求，通过民主协商的方式来处理解决纠纷和社会问题。因此，现代政治社会与古代政治社会不同，前者更加尊重和保护公民权利，强调民主和法治。

因应现代政治文明的发展要求，就意味着必须对政治权力的运行进行限制，把权力关进法律和制度的笼子。法治本身有两层含义，一是法律本身是良好的法律，做到有法可依；二是法律必须得到严格的贯彻执行，做到执法必严，违法必究。随着中国特色社会主义事业的发展，中国已经构建了一套内容比较完整的法律体系，现阶段人们关注更多的是个体权利的实现和维护，以及公平正义在社会层面的彰显。在此背景下，中国正在由"法制中国"走向"法治中国"。党的十八大以来，以习近平同志为核心的党中央提出一系列全面依法治国新理念新思想新战略，全面推进依法治国，把全面依法治国纳入"四个全面"战略布局，为中国特色社会主义建设提供法律保障；坚持依法治国、依法执政、依法行政共同推进，法治国家、法治政府、法治社会一体建设，运用制度和法律治理国家，提高党科学执政、民主执政、依法执政水平。在全面依法治国的战略部署中，又特别强调依宪治国的重要性，肯定国家根本大法宪法在政治生活中的重要地位。任何公民、社会组织和国家机关都必须以宪法法律为行为准则，依照宪法法律行使权利或权力，履行义务或职责，都不得有超越宪法法律的特权。

国家不仅为权力的规范运行划定法律的边界，同时也不断加强制度建设防止权力的滥用。党的十八大以来，我国逐步健全和完善国家监督体系，强化对权力运行的制约和监督。除了继续加强国家权力机关、行政机关、司法机关的监督和党的监督，越发突出政协民主监督的重要性，还随着时代的变化强化社会监督的作用，比如近些年日见功效的舆论监督、网络监督。2018年第十三届全国人民代表大会第一次会议审议通过了《监察法》，并设立中华人民共和国国家监察委员会，使得权力的实际行使者即各级政府官员既面临着纪律检查委员会主管的党内监督，也面临着越来越严密和完善的行政监督，加上政党协商、社会层面和公民个人的党外监督，从而使得权力运行更加制度化、规范化、程序化。通过这样的法律和制度建设，不仅能锤炼各级官员的政治技能和政治智慧，提高党治国理政的水平，也让民众通过制度化、规范化的政治参与接受现代政治观念，为精神文明建设营造良好环境。

四 在政治实践中走向精神文明

文明是社会实践的产物。马克思主义认为社会存在的本质是实践的，作为社会意识范畴的精神文明，根源于社会存在的生产和变化的过程，特别是政治实践的生产和变化的过程。在新时代中国特色社会主义背景下，政治实践与精神文明建设是叠合统一的，政治实践过程就是精神文明建设的过程，政治实践生产精神文明并检验精神文明建设的成效。

（一）政治实践过程是精神文明建设过程

马克思主义认为，社会存在决定社会意识，社会意识是社会存在的反映，社会存在的性质和变化决定社会意识的性质和变化。社会存在最主要的形式是经济基础与上层建筑，后者是指建立在经济基础之上的政治、法律、宗教、艺术、哲学等观点，以及适应这些观点的政治、法律等制度。很显然，精神文明作为社会意识的范畴，根源于社会存在的生产和变化的过程，精神文明是人类社会发展到一定阶段的产物。

如果说人类从奴隶社会开始才进入文明时代，实际上相当于说人类有了政治活动之后才更为开化，变得文明起来。尽管马克思和恩格斯根据美国人类学家摩尔根的科学考察，认为政治起源于人类原始社会的氏族公社阶段，但政治概念最早出现于人类文明史上的奴隶社会时期。在中国古代典籍中，《尚书》有云："道恰政治，泽润生民。"在西方，政治一词来源于古希腊。古希腊思想家柏拉图在西方思想史上第一次将思考的中心从自然、宇宙拉到人类社会本身,并在其经典著作《理想国》中探讨了政治的核心问题,即政治共同体的权力结构。另一位思想家亚里士多德是政治学的开山鼻祖,他认为社会性是人的本质属性,因为"人是天生的政治动物"。由于人天生有别,有各种需要,又因社会性而谋求共同生活,人们在资源稀缺的背景下必然面临各种矛盾和冲突,这是人类政治生活固有的困境之所在。为了解决人们之间的矛盾和冲突,让人们在社会生活中各得其所,和平共存,对裁决矛盾与冲突的第三方权威的需要就产生了,政治也应运而生。因此,政治也就意味着决断和价值(资源)的权威性分配。相应地,谁掌握最终的政治决断权及价值分配的权威就是最核心的政治问题。

在政治权威的争夺中,不同的人都会提出自己的要求,有"好人"与"坏人"、富人与穷人、有权人与无权人等,其中,富人与穷人的斗争是政治舞台上最常见也是最显眼的一幕。一般而言,能征善战的军事将领、廉洁公正的法官、德能兼备的官员,最为人们推崇,由他们掌握政治权威也比较少争议,尽管现实的政治结构并非如此。政治权威争夺的结果与其说是由不同人群或集团所能集结的物质力量来决定,毋宁说是由他们展现的生活方式、道德品格、价值观念、远景目标等因素来决定。如同古希腊民主政治的公共辩论所展现的那样,"话语比赛的赛场就是广场,这是意见相左的人们在口才、论据、推论和分析方面的智力比赛,其背后实为政治比赛。意见世界本身就暗含政治性,意见一旦进入比赛,其政治性就充分显示出来而从根本上区别于其他比赛。至少在价值观问题上,意见的对抗往往是不可和解的,因为缺乏可共度的标准,不可和解就奠定了政治的敌对性质"。政治比赛的胜负,或者说"政治问题的解决,最后终究要落实为心灵的占领与殖民"。[①] 所有的胜利,最终都是价值观的胜利。

由是观之,不仅政治活动的展开取决于精神层面斗争的结果,一旦权力结构定型,精神文明建设的过程亦由此展开。在政治权威争夺中获胜的集团为了维护和巩固自己的地位,获得民众的合法性认同与支持,必然会推广自己所信守的理想信念、政治立场、道德原则、纪律条令,并通过教

---

① 赵汀阳:《城邦、民众和广场》,《世界哲学》2007年第2期。

育部门、社会团体等机构使之社会化，为社会成员所接受和认可。秦汉大一统时期，君主都通过一系列的文化政策来宣扬自己的政治原则、道德观念，同时借助一套文教礼制来强化统治集团的价值观，如秦朝焚书坑儒，推崇法家权术；汉武帝推行"罢黜百家，独尊儒术"，使孔子圣人化、祭孔仪式国家化、儒学典籍经学化、选举制度和儒学传播制度化、政治和法律制度儒学化，儒学意识形态与君主政制相互支持，成为两千多年中国传统文化的正统和主流思想。在古希腊城邦奴隶制时期，居民分公民、外邦人和奴隶三类，公民又分为贵族和平民两个等级，贵族拥有大量土地和奴隶，享有政治特权，农民与手工业者备受贵族的压迫和剥削。虽然古希腊雅典城邦以民主政治闻名，但其实际上是一种等级制下的有限民主，因此，整个城邦的生活形式、道德风格、理想信念也以人数不多的公民为中心，由此决定了城邦整体的精神风貌。可见，政治权威争夺的结果最终由观念层面的较量来决定，由此形塑了政治共同体的权力结构，获胜的集团又会通过一系列举措来强化自己的政治理念，形成政治架构和意识形态相互支撑的局面。

由此可以说，政治实践过程就是精神文明建设过程。所以，优化中国特色社会主义政治实践，完善社会主义政治体制，提升党的治国理政能力，增强国家公职人员服务意识与提高其管理水平，通过改善人民生活获得人民信任，以善政达致善治，既是新时代社会主义政治文明建设的需要，也是新时代社会主义精神文明建设的必然选择。

（二）政治实践检验精神文明建设成效

实践是检验真理的唯一标准。特定社会的精神文明内容，是科学的还是愚昧的，是进步的还是落后的，是高尚的还是腐朽的，需要在社会实践层面接受检验。社会主义精神文明作为服务于人民大众的文明，旨在提高全民族的思想道德素质和科学文化素质，实现国民的现代化，继而为中国特色社会主义建设提供充足的人才储备和智力支持，为实现中华民族伟大复兴源源不断地提供精神动力，其建设成效也要通过实践来检验。中国特色社会主义政治实践就是检验社会主义精神文明建设成效的重要尺度。

首先，政治实践可以巩固党的群众基础和执政基础。习近平总书记深刻指出,"巩固党的群众基础和执政基础,不能说只要群众物质生活好就可以了,精神上丧失群众基础,最后也要出问题"。① 在十八届中央政治局常委同中外记者见面时,他曾用平实的话语庄严承诺,"人民对美好生活的向往,就是我们的奋斗目标"。② 人民所向往的美好生活,不仅是仓廪实衣食足的物质文明生活,也是知礼节明荣辱的精神文明生活。党的十八大以来,我国在精神文明建设领域下了很大的功夫来增强人民群众的获得感和幸福感。推进文明城市创建,营造美丽整洁的生活环境、规范有序的社会秩序、便捷高效的公共服务,提升市民文明素质、城市文明程度、城市文化品位和群众生活质量;打造美丽乡村,开展移风易俗、整治村容村貌、促进农民就业增收,让一个个村镇既有绿水青山的"颜值",又有"金山银山"的价值;推动文明单位、文明家庭、文明校园创建活动,让文明之风吹染到人们日常生活的各个领域。在文艺工作上,提倡"深入生活,扎根人民",为群众提供接地气的精神食粮;构建公共文化服务体系,通过农村广播电视村村通和户户通工程、农村电影放映工程、农家书屋工程、农村数字文化工程,为群众提供丰富多样的文化产品,保障人民群众的基本文化权益。这一系列举措,让人民群众真切感受物质生活水平的提高和精神生活品质的提升,进而增强对国家和党的领导的认同感。

其次,政治实践可以成为凝聚共识、增进团结的纽带。习近平总书记强调指出,"人心向背、力量对比是决定党和人民事业成败的关键"③,要"找到最大公约数,画出最大同心圆"。④ 当前,随着社会转型和个体权利意识的增长,精神文化领域日益呈现出多元、多样、多变的态势,主流文化与亚文化并存共生,精英文化与大众文化各有领地,传统文化与现代文化互竞互逐,民族文化与外来文化碰撞融合,各种社会思潮洪波涌起,各种观念交相杂陈,各种价值取向交锋激荡,使得精神文明建设面临着相当复杂的局面。在此背景下,党和国家以培育和践行社会主义核心价值观为根本,把"富强、民主、文明、和谐"的国家价值目标与"自由、平等、

---

① 《习近平关于总体国家安全观论述摘编》,中央文献出版社,2018,第99页。
② 《习近平关于社会主义社会建设论述摘编》,中央文献出版社,2017,第4页。
③ 《习近平关于社会主义政治建设论述摘编》,中央文献出版社,2017,第128页。
④ 《习近平谈治国理政》第3卷,外文出版社,2020,第31页。

公正、法治"的社会价值愿景，和"爱国、敬业、诚信、友善"的个人价值追求联系起来，构成一个不可分割的有机整体，既使国家梦、民族梦的实现与个人的理想奋斗有机结合，让梦想有生命和根基，也把公民个体的人生理想与价值追求融入社会进步和国家繁荣的历史过程之中，从而帮助人民群众树立价值观自信，在个人、社会和国家之间建立起赖以维系的精神纽带，构筑共同的思想道德基础。

最后，政治实践有助于提升国家的文化软实力。有人说，一个国家如果硬实力不行，可能一打就垮；而没有软实力的话，则可能不打自垮。软实力概念由美国学者约瑟夫·奈（Joseph Nye）提出，软实力是国家综合国力的重要组成部分，主要指一个国家依靠政治制度的吸引力、文化价值的感召力和国民形象的亲和力等释放出来的无形影响力。综观当今世界，综合国力竞争既表现为以经济科技为核心的国家硬实力的直接较量，也体现在以精神文明为引领的国家软实力的深度角逐。特别在当前全球化、信息革命和网络时代的大潮下，软实力的重要性显而易见，它具有超强的扩张性和传导性，超越时空，对人类的生活方式和行为准则产生巨大的影响。自2004年起，中国开始在国外开办"孔子学院"，增进世界各国（地区）人民对中国语言文化的了解，加强中国与世界各国教育文化交流合作，发展中国与外国的友好关系，取得了巨大的成效，展现了中国良好的国际形象。然而，有一个事实不容忽视，即党带领人民不懈奋斗，基本解决了"挨打""挨饿"这两个问题，但"挨骂"问题还没有得到根本解决。国际话语权薄弱是当前中国在应对国际事务时所面临的一个重大问题。党的十八大以来，国家大力发展文化产业，顺应"互联网+"时代的新科技发展推动文化产业的转型升级，且不断走向国际市场，增强了中国在国际上的文化竞争力和影响力。同时，通过创新文化发展与宣传策略，努力展示中华文化独特魅力，塑造中国的国家形象，在国际舞台上讲好中国故事、传播好中国声音，向世界展现真实、立体、全面的中国，客观上提高了国际话语权。

此外，无论是中国特色社会主义的政治实践和政治发展，还是社会主义精神文明建设工作的具体推进，都要顺应信息传媒技术不断发展更新的时代趋势。习近平总书记特别强调："互联网等新技术新媒介日新月异，我们要审时度势、因势利导，创新内容和载体，改进方式和方法，使精神文明建设始终充满生机活力。"① 因此，在中国特色社会主义政治实践中，必须重视现代信息传媒技术的应用，充分发挥互联网技术和新媒体技术在传播、引导、塑造先进文化、主流意识、核心价值观过程中的作用，贴近时代、贴近生活、贴近群众，如此才能站在时代前沿，引领风气之先，切实提升精神文明建设成效。

---

① 《习近平谈治国理政》第 2 卷，外文出版社，2017，第 324 页。

第四章　在高度的文化自信中推进精神文明建设

文化是人类独有的生存方式。文化作为一种具有客观力量，塑造和规约着生活于其中的人们的价值观、善恶观及审美观等，文化如同"黏合剂"，可以最大限度地凝聚社会共识，进而维系对社会与民族共同体的认同。当前我们正经历经济体制的深刻变革、社会结构的深刻变动、利益关系的深刻调整、思想观念的深刻变化，各种社会矛盾日益凸显，统筹兼顾各方利益难度加大。社会转型的急剧变化，也是价值观发生裂变和思想文化迅速分殊化的时期。随着市场经济、民主政治和个人自由的不断生成和发展，人们的自主性、独立性、选择性也在不断增强，必然产生多样的价值取向和文化诉求，这本质上需要在高度的文化自信中进一步推进精神文明建设。

一　用社会主义核心价值观凝魂聚力

没有中华文化繁荣兴盛，就没有中华民族伟大复兴。一个民族的复兴既需要强大的物质力量，也需要强大的精神力量。这种精神力量是促进和实现人的全面发展的重要内容，是社会主义的重要特征和优越性的表现。党的十九大报告指出："社会主义核心价值观是当代中国精神的集中体现，凝结着全体人民共同的价值追求。"[①] 社会主义核心价值观是社会主义精神文明的支柱，积极培育和践行社会主义核心价值观，用社会主义核心价值

---

① 《习近平谈治国理政》第3卷，外文出版社，2020，第33页。

观凝魂聚力,是精神文明建设的基本路径。

(一) 社会主义核心价值观是精神文明之魂

什么东西价值最高、对谁价值最高、如何获得最高价值的东西?这些问题实质上包含了人们对核心价值的思考。人的需求多样性注定了人有许多价值观,但这些价值观并不平行,在选择具体行为前,人们总是围绕核心价值观进行价值排序,两利相权选其重,两害相权选其轻。居于首位的决定其他价值顺序的价值观就是核心价值观。核心价值观决定人的精神进而决定人的行为,如果不了解人的价值观排序,就无法理解人的言行,只有通过人的言行,才能了解人的核心价值观。就社会而言,核心价值观最能体现一个社会的精神文明性质,是精神文明的决定因素。

社会主义核心价值观体现了社会主义精神文明的本质。党的十八大报告明确提出"富强、民主、文明、和谐,自由、平等、公正、法治,爱国、敬业、诚信、友善"的社会主义核心价值观,围绕以人为本的核心价值定义了社会主义精神文明,把文明与野蛮、是与非、真善美与假恶丑区别开来。社会主义核心价值观是社会主义精神文明建设的核心和主要着力点。建设社会主义国家人民的精神家园,就要有长成精神大树的土壤和种子,社会主义根本制度就是社会主义精神文明的土壤,社会主义核心价值观就是充满活力的能够内生文明精神的种子,人民在精神家园中播下这样的种子,就能够在主观能动性作用下生成新的文明精神。社会主义核心价值观是能够生成"新的价值观"的价值观:在国家层面,富强、民主、文明、和谐的价值观一旦在人民的精神家园中扎根,就必然生成爱国情感,激发人民为实现社会主义共同理想而奋斗;在社会层面,自由、平等、公正、法治的价值观一旦深入人心,就必然产生对社会利益和自然环境的关心,积极投入和谐社会的构建。在个人层面,爱国、敬业、诚信、友善的价值观不仅是国家、社会的需要,而且是个人幸福的核心内容。爱国使人的精神有所寄托,敬业使人的生存基础结实,诚实使人格完善统一,友善产生安全、信赖和温暖。可以说,核心价值观为社会主义精神文明注入了活的灵魂,为社会主义精神文明建设提供了价值指引和原生动力。

（二）核心价值观是文明进步最深沉的力量

一个民族的文明进步，一个国家的发展壮大，需要一代又一代人接力努力，需要很多力量来推动，核心价值观是其中最持久最深沉的力量。核心价值观"是一个社会中居统治地位、起支配作用的核心价值理念，是能够体现社会主体成员的根本利益、反映社会主体成员的价值诉求，对社会变革与进步起维系和推动作用的最根本的思想观念、道德标准和价值取向等的集中表现，是一个社会必须长期普遍遵循的基本价值准则和追求的价值共识，具有相对稳定、引领现实和指向未来的特点"。① 人类社会发展的历史表明，对一个民族、一个国家来说，最持久、最深层的力量是全社会共同认可并努力践行的核心价值观。

中国传统价值观萌生孕育于伏羲时期。伏羲氏"仰则观象于天，俯则观法于地，观鸟兽之文，与地之宜，近取诸身，远取诸物，于是始作八卦，以通神明之德，以类万物之情"②，同时，"因夫妇，正五行，始定人道"，开启了中华文明的端绪。伏羲氏观物取象，不仅奠定了中国文字的创造原则，而且成为中国人价值思维的伦理法则，开启了中国人体天道以成人道，以人道匹配天道的价值自觉。尧舜时期"敬敷五教"，"教以人伦"，使中华文化"惟精惟一"，出现了唐虞之治，堪称"以道设教，圣德达于天"的时代。尧舜以自己崇德向善的义举建立了一个德化的世界，使中华伦理文明在它的早期即吐露出某种"早熟"或达于某种高峰的基质，后来人们无不把"尧舜世界"看作"圣人在兹"的清朗世界。孔孟儒家以"祖述尧舜"为自己基本的价值追求，毛泽东同志也有"春风杨柳万千条，六亿神州尽舜尧"的诗句礼赞，表明尧舜在培育践行中国传统价值观方面的功德达于"敦化"的境地。

中国传统价值观形成于周初，其标志是"敬德保民"价值观念的确立，它是与制礼作乐的制度建构紧密联系在一起的。王国维在《殷周制度

---

① 王泽应：《核心价值与民族魂魄——从中国传统价值观到中国特色社会主义核心价值观》，《湖南师范大学社会科学学报》2015年第6期。
② 阮元校刻《十三经注疏》，中华书局，1980，第86页。

论》中指出，中国政治与文化之变革，莫剧于殷周之际。周人制度所以纲纪天下，其旨则在纳上下于道德，而合天子、诸侯、卿、大夫、士、庶民以成一道德之团体。① 周公制礼作乐彰显了"敬德保民"的伦理价值观。诚如徐复观所言，周人建立了一个由"敬"所贯注的"敬德""明德"的观念世界，来照察、指导自己的行为，对自己的行为负责，这正是中国人文精神的最早出现，此种人文精神，是以"敬"为其动力的，这便使其成为道德的性格，与西方所谓人文主义有最大不同的内容。春秋时期的孔子和老子，可谓中国轴心时代的两大圣人。他们面对"礼崩乐坏"的社会现实，从学理和价值观建构层面，对自尧舜以来中华民族的思想文化传统予以系统的梳理、总结，并提出了自己的核心价值观。孔子倡扬"志于道，据于德"，提出仁爱学说，并对孝悌、忠信以及如何为政、为学等作出了自己的阐释，老子主张"尊道贵德"，提出"道法自然"的思想，崇尚"生而不有，为而不恃，长而不宰，功成弗居"的"玄德"，和"治大国若烹小鲜"的"无为而治"。以孔子为代表的儒家和以老子为代表的道家奠定了德性主义和自然主义的价值基础，直接影响了传统中国的精神文明建构。

1840年以来，传统价值观面临着向近代价值观的转型。历史证明，中国资产阶级无法锻铸出为民族民主革命所需要的国魂与民魂，价值观建构的重任历史地落到了中国共产党人身上。以毛泽东同志为代表的第一代中国共产党人总结近代以来中国人向西方寻求救国救民真理而屡告失败的历史教训，在五四运动以后成功地实现了从民主主义向共产主义的观念转型，把马克思列宁主义当作自己战斗的旗帜，并与中国革命的具体实践相结合，创造性地走出了一条中国革命的正确道路。在毛泽东思想的理论体系中，核心价值观的寻求、建构与培育始终是其重要的组成部分。在中国共产党第七次全国代表大会的开幕词中，毛泽东同志提出，中国共产党人信奉的核心价值观就是要"建设一个光明的新中国，建设一个独立的、自由的、民主的、统一的、富强的新中国"。② 以邓小平、江泽民、胡锦涛、

---

① 王国维：《殷周制度论》，载《王国维儒学论集》，四川大学出版社，2010，第242页。
② 《毛泽东选集》第3卷，人民出版社，1991，第1026页。

习近平同志为代表的当代中国共产党人,致力于把马克思主义的普遍真理与中国现当代具体实践相结合,在马克思主义中国化过程中越来越清醒地认识到核心价值观建构的战略意义和引领功能。邓小平同志提出了"两个文明一起抓、两手都要硬"的价值理念,主张把我国"建设成为现代化的、高度文明、高度民主的社会主义国家"。① 党的十六届六中全会提出建设社会主义核心价值体系,形成全民族奋发向上的精神力量和团结和睦的精神纽带。党的十七大报告提出弘扬中华文化,建设中华民族共有精神家园,建设社会主义核心价值体系,增强社会主义意识形态的吸引力和凝聚力。党的十八大以来,以习近平同志为核心的党中央高瞻远瞩,审时度势,主张把培育践行社会主义核心价值观与弘扬中华优秀传统文化、继承中华传统美德有机地结合起来,强调社会主义核心价值观与讲仁爱、重民本、守诚信、崇正义、尚和合、求大同的中华传统价值理念的密切关联、一脉相承。可以说,社会主义核心价值观建构的是走向伟大复兴的国魂和民魂,也是中国特色社会主义道路、理论和制度在价值观层面的集中体现。

中华民族有着五千多年的悠久历史和灿烂文化,中华文明从远古一直延续发展到今天,很重要的一个原因,是我们民族有一脉相承的精神追求、精神特质、精神脉络。社会主义核心价值观,渊源于五千多年中华文明的历史发展,承载着中华民族的精神追求和价值认同,是文明绵延与文明进步最深沉的、最持久的力量。

(三) 核心价值观是评判是非曲直的价值标准

社会转型的急剧变化时期,也是价值观发生裂变和思想文化迅速分化的时期。随着市场经济、民主政治和个人自由这三个现代型社会的标志性特征的不断生成,人们的自主性、独立性、选择性也在不断增强,这必然产生多样的价值取向和文化诉求。精神文化多元化可以激发人们的积极性和创造性,为人的自由全面发展开拓广阔的空间,为丰富充实社会主义精神文明提供丰茂的植被。但是,社会思想文化的多元化还存在盲目、逆

---

① 《十二大以来重要文献选编》(中),人民出版社,1986,第644页。

反、无序的阶段性特征,并会直接或间接地加剧现实社会矛盾,影响社会和谐稳定。所以在鼓励"百花齐放、百家争鸣"的同时,还要以统一的、主导的思想文化价值观引领和整合"多元化",形成全社会的精神向心力和凝聚力的纽带,使社会思想文化健康有序和谐地发展。

习近平总书记指出:"核心价值观,承载着一个民族、一个国家的精神追求,体现着一个社会评判是非曲直的价值标准。"① 社会主义核心价值观是当代中国的价值共识,是中国人民在价值取向上的最大公约数。正如习近平总书记所指出,"只要是中国人,就应该自觉培育和践行社会主义核心价值观"。② 现在人们思想认识多元多样,会有不同的价值取向和价值观念,但在核心价值观上应该是统一的。核心价值观不能搞多元化,要求全体社会成员都应该统一到核心价值观上来,就要求必须用社会主义核心价值观统一思想、凝聚共识。作为价值标准,社会主义核心价值观提供了社会评价的统一价值尺度。统一价值尺度,是指社会主义核心价值观是我们用来评判社会是非曲直的唯一标准。当代中国在价值观念上的对与错、是与非、曲与直、正与误、好与坏,评判标准只能看其是否符合社会主义核心价值观,而没有别的什么评判标准。我们不能用西方的价值观评判当代中国人民的价值观念,不能把"普世价值"当作评判中国人民价值观念的标准,不能陷入"西方价值陷阱"。

发挥好社会主义核心价值观的价值标准作用,具有十分重要的意义。价值观多样化是生活需求多样化的必然结果,是社会发展的产物,但核心价值观"普遍的混乱必然要引起道德的败坏更甚于智识的衰退"③,"当没有一种原则是重要的或者能有稳固的胜利机会时,就不需要坚持一种原则了;当唯唯诺诺混日子才能苟全性命与财产的时候,就没有要拥护真理的理由了"。④ 社会主义核心价值观正是整合其他价值观的重要原则,践行社会主义核心价值观的人将"有稳固的胜利机会",将有"拥护真理的理由",社会主义核心价值观依靠源于社会主义制度的内在真理力量,可以

---

① 《十八大以来重要文献选编》(中),中央文献出版社,2016,第2页。
② 《习近平关于社会主义文化建设论述摘编》,中央文献出版社,2017,第119页。
③ 〔英〕罗素:《西方哲学史》,何兆武、李约瑟译,商务印书馆,2010,第131页。
④ 〔英〕罗素:《西方哲学史》,何兆武、李约瑟译,商务印书馆,2010,第131页。

把各种价值观整合起来，把人心凝聚起来，让社会文明起来。

（四）把核心价值观要求变成日常行为准则

社会主义核心价值观被认可、赞同、接受，并成为人们内在的信念、信仰和行为的指南，这是社会主义核心价值观引领社会思潮的先决条件。社会主义核心价值观只有获得广泛的社会认知和认同，才能增强其自身的凝聚力和感召力。用社会主义核心价值观引领精神文明建设，需要与国民教育和群众日常生活有机融合、协调发展，使之成为人民通俗易懂、日常化、生活化的价值理念，要加强社会主义核心价值观的教育和宣传，让其转化为社会大众的执着追求。

一是要把社会主义核心价值观融入国民教育全过程。青少年是祖国的未来，是社会主义核心价值观教育的重点对象。各级各类学校要承担起培育和践行社会主义核心价值观的重任。将核心价值观的内容转化成广大师生的理想信念，根植于脑、内化于心、规范于行。教育主管部门和相关职能部门要把社会主义核心价值观与国民教育总体规划相结合，有的放矢地将社会主义核心价值观体现到各级各类学校教学过程中，融贯到课外活动和学校的日常管理中，将社会主义核心价值观用生动有趣的故事、简明扼要的图画、通俗易懂的文字写进教材，带进课堂，融进学生的头脑。

二是要把社会主义核心价值观融入群众性精神文明创建活动之中。群众性精神文明创建活动是群众自己改造社会、移风易俗的有效方式，是传播社会主义核心价值观的有效途径。社会主义核心价值观融入群众性精神文明创建活动，要加强"文明素质工程"建设，积极开展"争做文明人"活动，把社会主义核心价值观中的家、国、社会的价值要求与公民文明规范和文明精神相结合，进行全方位、全过程的渗透；把社会主义核心价值观融入社会公德、职业道德、家庭美德、个人品德建设之中，引导人们从自己做起，从身边事情做起，从一点一滴做起，形成知荣辱、讲正气、树新风、促和谐的文明风尚；把社会主义核心价值观融入"创建新农村、新农民、新生活"之中，实行文化科技卫生"三下乡"、科教文体法律卫生"四进乡镇"，积极开展各种献爱心送温暖活动，增强公民的道德意识、法制意识和权利意识。

三是要把社会主义核心价值观融入大众传媒之中。大众传媒作为意识形态传播的载体,是社会主义核心价值观教育和宣传的主要途径和手段。报纸、杂志、广播、电视以及网络等必须牢牢把握正确舆论导向,确保各种媒体报道、专题文章、节目、广告以及网络信息都要与社会主义核心价值观的价值取向相一致,达到媒体和舆论全覆盖,大力弘扬先进文化、宣传科学理论、弘扬社会正气、塑造美好心灵,给人以正能量。各级管理部门要重点发挥传统媒体、网络媒体的优势,在日常宣传及现实生活报道中要重点宣传、抓住主流,将社会主义核心价值观的理念融入生活、融入社会。

社会主义核心价值观要真正发挥作用,必须要融入人们的日常生活中,像空气一样,无处不在无时不有。培育和践行社会主义核心价值观,必须从人们的日常生活中的点点滴滴抓起,以小见大、从细处入手。"把主观意图分散在若干细小的事物中,把主要目的渗透在若干活动的细节中,将主要精神糅进若干过程中,把主要要求融化在若干常被人们熟视无睹的工作中"①,集小成为大成。要号召全社会行动起来,通过教育引导、舆论宣传、文化熏陶、实践养成、制度保障等,使社会主义核心价值观内化为人们的精神追求,外化为人们的自觉行动。

二 用优秀传统文化铸就文化软实力

文化是一个国家、一个民族的灵魂,文化兴国运兴,文化强民族强。文化自信是更基本、更深沉、更持久的力量,没有高度的文化自信,没有文化的繁荣兴盛,就没有中华民族的伟大复兴。

(一) 优秀传统文化是精神文明建设的沃土

中国优秀传统文化,是中国传统文化的精华所在、精神所在、气魄所在,是体现民族精神的价值集成。优秀传统文化在中华民族发展历程中,

---

① 陈新汉、邱仁富:《坚持社会主义核心价值体系研究中的问题意识》,上海大学出版社,2014,第203页。

在中国思想文化发展历史上,曾经起过积极的作用,迄今仍有合理价值,能够为中华文化的现代传承和创新发展起到积极作用,能够促进社会进步和民族发展,是构筑当代中国精神的历史底蕴。

习近平总书记指出:"抛弃传统、丢掉根本,就等于割断了自己的精神命脉。"① 这句话深刻揭示了中华传统文化与当代精神文明建设的内在逻辑关系。在漫长的历史长河中,中华民族为了满足自身生存与发展的需要,不断改造生存环境和推动生产力进步,在创造了无数的物质财富的同时积淀了丰富的文化资源。中华传统文化资源蕴含着中华民族丰富的历史经验、睿智的哲学思想、深远的人文精神和卓越的政治智慧,正如习近平总书记指出的那样:"中华民族在几千年历史中创造和延续的中华优秀传统文化,是中华民族的根和魂。"② 中华优秀文化具有独特悠久的历史传统,蕴含着睿智深远的思想和哲理,它不仅体现了中华民族最深层、最根本的精神追求,也锻造和锤炼了中华民族的优秀独特的精神基因。千百年来,中华民族在长期生产生活实践中所凝练形成的思维模式、道德情感和价值取向等,早已深深烙在民族的基因深处,持续而深刻地影响着人们的行为方式与价值判断,这些优秀的基因正是中华民族生生不息的根本,赋予了中华民族安身立命的根基。在我国精神文明建设过程中,无论是思想道德建设还是科学文化建设,都必须融入中华民族优秀的传统文化,用它指引精神文明建设,筑牢社会主义核心价值观。

其一,独具特色的中华传统伦理道德文化是建设社会主义精神文明的沃土。中国文化拥有一种典型的伦理本位特质,西方历史哲学的奠基人之一黑格尔在其所著的《历史哲学》中,秉持理性主义的文化传统和西方中心论的观点剖析了中国社会的伦理特征。他认为,传统中国社会纯粹建立在一种"道德的结合上,国家的特性便是客观的'家庭孝敬'。中国人把自己看作属于他们家庭的,而同时又是国家的儿女。在家庭之内,他们不是人格,因为他们在里面生活的那个团结的单位,乃是血统关系和天然义

---

① 《习近平关于总体国家安全观论述摘编》,中央文献出版社,2018,第110页。
② 习近平:《在庆祝澳门回归祖国15周年大会暨澳门特别行政区第四届政府就职典礼上的讲话》,《人民日报》2014年12月21日。

务。在国家之内,他们一样缺少独立的人格;因为国家内大家长的关系最为显著,皇帝犹如严父,为政府的基础,治理国家的一切部门"。① 这种特质,固然因其现代性的缺失而产生了种种弊端,但同样应该看到的是,在中国漫长的历史进程中影响深远的、以儒家学说为主导的思想道德体系在今天依然具有生命力,理应在当今时代的文明建设中发挥积极的作用。

以仁爱精神为例。中国传统伦理道德观倡导仁爱学说,以"忠恕"之道作为立身处世原则,这对于现代生活中培养社会成员的道德义务感,建立和谐人际关系与良好社会秩序有着积极影响。② 仁爱思想是以儒家学说为代表的中国传统伦理道德观的重要组成部分。从孔孟等儒学先哲的系统论述来看,"仁"作为一种道德意识,首先是指"爱亲"之心,强调孝悌是仁的基础,然后进一步由己推人,由近及远,达到"泛爱众"(《论语·学而》)的道德境界。孔子高度重视"仁"的社会意义和作用,把它提高到治国治民的高度来认识,并初步形成了以人为主体和中心的仁学思想体系,这是儒家道德观的十分可贵之处。能够充分认识到人的宝贵,关心人的基本权利,以友爱亲善的态度去调整人和人的关系,这是人类文明进步的表现,也是世人得以和谐相处的重要前提。

为了行"仁",孔子进而提出"忠恕"的原则,作为仁爱的基础。《论语》中将其概括为"己欲立而立人,己欲达而达人""己所不欲,勿施于人"。"忠恕"之所以为人看重,就在于它把儒家"仁"的道德理想追求化作了具体而实际的道德行为规范,通过实行"忠恕"而体现"爱人"的原则,便可达到人与人之间的相互尊重和宽容,实现仁爱和谐的社会境界。当然,儒家仁爱、"忠恕"学说的出发点是建立在承认别人也是与自己一样的人,即承认世人皆有道德属性,人人都有道德人格,应该互相尊重这样一个基础之上的,它反映了先哲博爱、宽厚的情怀和古朴的人道主义精神。今天看来,传统伦理道德观中的这部分内容,除了对于弘扬团结互助、关心他人、"博施济众"的友爱精神,促进社会风气的好转有

---

① 〔德〕黑格尔:《历史哲学》,王造时译,生活·读书·新知三联书店,1956,第165页。
② 田桂民:《论中国传统伦理道德观对现代文明建设的积极影响》,《天津大学学报》(社会科学版)2000年第9期。

着明显的积极意义外，同时它也包含着一种既尊重自己的主体意识，又尊重他人的主体意识，应妥善合理地处理社会生活中利己与利人辩证关系的积极用世态度。在实践过程中，它有利于激发人们的社会责任感，相应地也有助于培养社会成员最基本的道德义务感。

其二，以人文主义为核心的传统文化精神是建设社会主义精神文明的重要支撑。有的学者认为，中国文化长期发展的思想基础，可以叫作中国文化的基本精神，文化的基本精神是文化发展过程中的精微的内在动力，即是指导民族文化不断前进的基本思想。中国文化的基本精神就是中华民族在精神形态上的基本特点[1]。中国文化价值系统的确立，以及基本精神和主体内容的嬗变，始终以人生价值目标和意义的阐明及其实践为核心，以心性修养为重点。因此，从总体上看，中国文化的基本精神是以人文主义为内核的。有学者将其总结为坚韧不拔的从道精神、贵和尚中的和谐理想、"文化中国"的包容意识、守成创新的进化意识以及崇德重义的价值追求。[2]

中国传统人文思想，作为中华民族整体智慧的结晶，作为人类文明的重要组成部分，对于当下社会主义精神文明建设有着特殊的意义。传统人文思想是中国传统文化基本精神的体现，应当而且必然反映着中国文化的健康发展方向，能够激发人们的民族自尊心和自豪感，理所当然地成为维系民族统一体存在、发展、壮大的精神力量，成为推动民族进步的思想源泉。"文化中国"的包容意识，激励着人们不断发展自己的民族文化，突破狭隘的地域界限，包容更多的差异文化，在品质提升中迈向更高的文明。贵和尚中的和谐理想，引导人们努力创造和谐融洽的局面，反对偏激，做事适度，"保合太和"，不以无谓的斗争为荣，而以有条件、有原则的让步换取统一、和谐的状态，从而在维护整体利益的同时，更好地保存自己、发展自己。坚韧不拔的从道精神、崇德重义的价值追求，对于价值理性的弘扬，对于人的精神境界的升华，都有无可替代的濡染、催化

---

[1] 张岱年：《论中国文化的基本精神》，载《张岱年全集》第5卷，河北人民出版社，1996，第419页。

[2] 李宗桂：《中国文化导论》，广东人民出版社，2002，第263~283页。

作用。

其三，多元一体的文明格局是社会主义精神文明建设的重要背景支撑。中国传统文化中的地域文化以及其中反映出的自然环境特色和社会人文特色，构成了传统文化的多元性，对新时期的精神文明建设有着不可替代的作用。中国传统文化在多元一体的格局下发展起来，齐鲁文化、巴蜀文化、荆楚文化、吴越文化、岭南文化、燕赵文化、三秦文化等，都是中国人民在长期的历史实践中，在特定的地域环境里，通过艰苦探索创造出的具有特色的文化样态。这些地域文化，各有其自然环境特色和社会人文特色，反映着不同的价值观念，具有鲜明的个性化特征。同时，这些地域文化又都包含着刚健自强的奋斗精神、中华一体的认同意识、理想至上的从道精神，体现着不同之中的"大同"，具有价值取向上的一致。正是在这种共同理想、共同精神的催化下，多元发展的地域文化逐步走向融合，成为中华民族整体文化的重要成分。同时，不同地域文化被纳入中华民族文化的整体框架之后，原本分别存在于各个地域文化之中的各种文化基因，仍然继续存在，有的还被思想家们发掘、提炼，转化为全民族的共同精神财富。①

以改革开放前沿阵地广东为例。广东地处岭南地区，在长期的社会实践中，广东人民创造出灿烂的、独特的岭南文化，为改革开放的实践探索奠定了坚实的精神文明根基。

岭南文化在历史发展过程中，以地理区域为基础，形成了包括广府文化、客家文化和潮汕文化在内的三大支系。三大支系文化同根同源又各有特点，共同构成了异彩纷呈的岭南文化。根据"广东人精神丛书"所论：广府人文精神表现为以"乐天务实"为核心的"敢为人先，生猛不拘""实干兴业，重商崇利""海纳百川，雅俗一体"的精神；客家人文精神表现为以"厚德载物"为核心的"勤劳勇敢，强悍正义""崇文重教，耕读为本""民风朴实，精诚团结""开放兼容，务实创新"的精神；潮汕人文精神表现为以"自强不息"为核心的"拼争与重商""求精又求美""奇特且儒雅""古朴兼淳厚"的精神；等等。

---

① 孙华：《传统人文精神的现代化转型》，《人民论坛》2018年第33期。

整体而言，历史上的岭南文化有着重商性、开放性、兼容性、多元性、享乐性、直观性和远儒性等特点。① 对中原文化和海外文化的大胆吸收，反映了岭南文化具有很强的开放性和兼容性。正是这种开放性和兼容性，岭南文化不断地进行变革，使其从最初的落后状态逐渐成为中华文化中的重要组成部分。岭南文化之所以在各种强大的文化（如中原文化、西方文化）的冲击中"凤凰涅槃"般地获得新生，并显示出强大的生命力，就在于它以开放兼容的姿态不断吸收异质文化，以求实现自我变革、自我完善，岭南文化正在演绎着广东这个经济大省的"老兵新传"。②

改革开放四十多年来，广东继续传承着岭南文化"开放兼容、勇于变革"的历史传统，在中国特色社会主义进入新时代的背景之下，结合中国特色社会主义新的发展阶段和我国社会主要矛盾的新变化，将新时代精神融入传统的岭南文化中，使广府文化、客家文化和潮汕文化的发展呈现新气象，焕发出新的生机与活力。

（二）在创造性转化中承继优秀传统文化

中国特色社会主义文化，源自中华民族五千多年文明历史所孕育的中华优秀传统文化。坚持中国特色社会主义文化发展道路，建设社会主义精神文明，需要在创造性转化中传承弘扬优秀传统文化。

一是要善于阐发优秀传统文化精髓。对中国优秀传统文化的评价标准是：适应时代要求，推动社会发展，经受实践检验，有助文化认同，促进民族团结，提供精神支撑，助力民族复兴，有益世界文明。③ 习近平总书记指出："推动中华优秀传统文化创造性转化、创新性发展，继承革命文化，发展社会主义先进文化，不忘本来、吸收外来、面向未来，更好构筑中国精神、中国价值、中国力量，为人民提供精神指引。"④ 这段论述深刻指明，结合新时代要求，对中华优秀传统文化进行创造性转化与创新性发展，构筑当代中国精神是新时代中国特色社会主义文化建设的重要内容。

---

① 李权时主编《岭南文化》，广东人民出版社，1993，第 22 页。
② 孔菲菲：《文化大省演绎着"老兵新传"》，《民营经济报》2007 年 9 月 25 日。
③ 李宗桂：《试论中国优秀传统文化的评价标准》，《社会科学战线》2017 年第 8 期。
④ 《习近平谈治国理政》第 3 卷，外文出版社，2020，第 18 页。

中华优秀传统文化的创新发展直接关涉中国人的文化自信。因为，当代中国人的文化自信，是建立在对中华民族文化传统真切认识的基础之上的，亦奠定在近、现代中国发展出的现代文化传统的基础之上。①

中华优秀传统文化是构筑当代中国精神的历史底蕴。习近平总书记指出："中国特色社会主义文化，源自于中华民族五千多年文明历史所孕育的中华优秀传统文化。"② 习近平总书记的论断，既表明中华优秀传统文化是中华民族五千多年文明历史的智慧结晶，又指出了中华优秀传统文化和新时代中国特色社会主义文化的历史渊源。当前推动中国特色社会主义文化繁荣兴盛的核心内容就是培育和践行社会主义核心价值观。无论是国家层面的富强、民主、文明、和谐，还是社会层面的自由、平等、公正、法治，或是个人层面的爱国、敬业、诚信、友善，均体现出深厚的优秀文化传统，如"大道之行，天下为公"的大同追求，"仁者，爱人"的仁爱精神，"民为贵，社稷次之，君为轻"的民本思想，"天行健，君子以自强不息"的奋斗精神，"诚者，天之道也"的诚信主张，"中庸之为德也，其至矣乎"的尚中思想，"礼之用，和为贵"的贵和传统等。除此之外，优秀传统文化的核心理念，如"五常"（仁、义、礼、智、信），"八德"（孝、悌、忠、信、礼、义、廉、耻），"己欲立而立人，己欲达而达人"，"己所不欲，勿施于人"，"老吾老以及人之老，幼吾幼以及人之幼"，"亲亲而仁民，仁民而爱物"，天理人心、良知良能、知行合一、天人合一、道法自然③等，都为社会主义核心价值观和当代中国精神的构筑提供了丰富的历史文化启示。

二是要善于把优秀传统文化融入现实的生产生活。融入生产生活是指注重优秀传统文化的实践养成，通过形式与内容的不断创新，把优秀传统文化融入社会生产与日常生活。优秀传统文化既可作为精神的土壤和思想的基础，作为独特的文化氛围而存在，又可成为社会发展的动力与价值取

---

① 吴根友：《试论当代民族文化自信与传统优秀文化的内在关系》，《新东方》2015年第3期。
② 《习近平谈治国理政》第3卷，外文出版社，2020，第32页。
③ 郭齐勇：《优秀传统文化的传承与发展》，儒家网，2017年7月20日，https://www.rujiazg.com/article/11827。

向。① 2014年教育部印发了《完善中华优秀传统文化教育指导纲要》，要求把中华优秀传统文化融入课程和教材体系，有序推进中华优秀传统文化教育，许多地方进行了有益尝试并产生了较好的效果。一些学校在我国中医药抗击新冠肺炎疫情发挥重要作用的背景下，开展中医药文化进校园试点，将中医药传统文化融入校园特色课程，让学生了解传统文化魅力，增强学生的民族文化认同感；一些学校将古诗词、书法和非遗项目等融入校园课程，利用校报和校园公众号等平台，展示传统文化的丰富多彩，激发学生学习传统文化的兴趣，提升学生对传统文化的感悟力；还有不少学校通过举办活动月形式推动传统文化进校园，如在中国传统佳节较为集中的9～10月举行传统文化月活动，通过中秋节、重阳节等节日活动，让学生认知民族文化习俗，感受民族文化氛围，感知民族文化的生命力、吸引力和创造力。可以说，中华优秀传统文化历经数千年的发展和传承，好比一座丰厚的宝藏，为当下中国特色社会主义精神文明建设提供了不竭的文化资源。在肯定中转化，在发展中创新，在新时代下继续传承，是推进新时代中国特色社会主义文化事业繁荣发展的必然选择。

三 用红色文化引领中国文化自信

红色文化是全国各族人民在中国共产党领导下，在争取中华民族独立和人民自由解放的长期革命实践中所形成的，并在社会主义建设和改革开放以来不断发展的伟大革命精神、革命传统及其载体。红色文化是抵制历史虚无主义、增强文化自信的底气所在，是传承红色基因、坚定理想信念的重要载体，是社会主义精神文明建设的重要源泉。

（一）红色文化蕴含中国革命精神

红色文化是中国共产党成立以来，在革命、建设和改革开放时期带领广大人民群众走出半殖民地半封建社会，进入社会主义社会的历史过程中形成的宝贵精神财富。红色文化是植根中华文化沃土、承载着中华优秀传

---

① 梁凤莲：《岭南文化的历史与现实视界》，《暨南学报》（哲学社会科学版）2003年第5期。

统文化基因、代表着中国未来的中华文化。红色文化赋予了中华优秀传统文化以生机与活力,是对中华优秀传统文化的继承与发展,丰富了中华民族优秀文化宝库,为实现中华民族伟大复兴提供了新方法和新经验,为马克思主义中国化、时代化提供了历史养料和文化支撑。

红色文化记载了中国共产党伟大的奋斗历程,是中国共产党完成近代中国反帝反封建历史重任,实现中华民族独立富强的精神财富。不论是农民阶级和地主阶级改良派,还是资产阶级维新派和革命派,都曾在近代中国历史上进行了艰苦的尝试,展示了代表本阶级的政治力量。然而,农民阶级自身的狭隘性、地主阶级改良派本身的腐朽性、资产阶级维新派和革命派的软弱性和妥协性,加之缺乏科学理论的指导,必然导致他们不能承担起民族解放的历史重任。五四运动让无产阶级登上历史舞台,十月革命一声炮响让马克思主义传入中国,从此,中国共产党在马克思主义指导下,将中国从半殖民地半封建社会的深渊中解放出来,完成了新民主主义革命,让中国人民站了起来;完成了社会主义革命,实现了生产资料所有制的深刻变革,在中国确立了社会主义制度;进行改革开放的伟大实践,让中国人民富起来,综合国力得到显著提高。红色文化正是中国共产党在同各种主义、思潮的斗争实践中积累升华而成,是马克思主义中国化的重要文化表达。红色文化的形成过程表明,中国共产党是近现代历史发展的选择,是人民群众的必然选择,红色文化所承载的历史事实是中国人文化自信的坚实基础。

在我国革命、建设和改革开放的不同时期,红色文化被赋予不同时代内涵,但却始终是激励人们前进的精神力量,是中华民族精神和国家软实力的重要组成部分。红色文化见证了中国共产党人不畏强敌、勇于斗争、不怕牺牲、团结奋斗、开拓创新、热爱和平的精神风貌和时代追求,是对历史虚无主义、民主社会主义和民粹主义等错误思潮进行批判的最有力证据。民主革命时期的建党精神、井冈山精神、延安精神、红岩精神,新中国成立后的抗美援朝精神、大庆精神、雷锋精神、"两弹一星"精神,再到改革开放后的载人航天精神、抗洪精神、女排精神,等等,都是红色文化的弘扬和延伸。红色文化由许多形象鲜明、情节动人、内涵深刻的鲜活故事构成,不仅带有民族文化烙印和先进文化的光辉,还具有极强的时代价值。红色文化蕴含的精神是社会主义核心价值观的集中体现,对提高人民群众道德素质,激发爱国情怀,树立正确的世界观、人生观、价值观,具有重要意义。在经济全球化、文化多样化及思想多元化的今天,红色文化越来越多地释放出强大的精神动力,不断绽放出新时代光芒,成为增强文化自信的精神滋养。

(二) 红色文化昭示中国梦想

红色文化是"中国共产党在领导中国人民实现民族的解放和自由以及建设社会主义现代中国的历史实践过程中凝结而成的观念意识形式"。[①] 追求人类自由解放,既是马克思主义的核心价值追求,也是共产党人始终不忘的初心。中国共产党领导人民进行艰苦卓绝的斗争,就是为了消除剥削与压迫,让人民过上美好生活,最终实现人民的自由全面发展。正因为如此,红色文化昭示着中国梦想,蕴含着崇高的共产主义理想和坚定的社会主义信念,体现出热爱祖国与热爱人民的深厚情怀,展示出努力奋斗去实现美好生活的乐观主义生活态度。

中国梦是人民梦,红色文化的出发点和落脚点均聚焦于人民。红色文化的人民性主要体现在以下三个方面。一是红色文化的发展依靠广大人民群众。不同历史时期的广大人民群众是红色文化发展壮大的主体,他们不仅是红色文化革命实践的参与者,同时也是红色文化革命精神的传播者。在新民主主义革命时期,中国共产党最大限度地联合了工农兵学商、少数民族、民主党派、人民团体等各个被压迫阶级以及世界范围内的华侨和其他爱国分子,组成了声势浩大的统一战线最终推翻了国民党的反动统治,因此,人民是红色文化的真正缔造者。二是红色文化的发展充分体现广大人民群众的意志。无论是在新民主主义革命时期,还是在社会主义革命时期,以及社会主义的建设时期,红色文化的发展总是时时刻刻、最大限度地体现广大人民群众的根本意志,没有半点含糊。中国共产党是广大人民群众根本利益的代表者,这就决定了她所领导创建的红色文化必须回应广

---

① 赖宏、刘浩林:《论红色文化建设》,《南昌航空工业学院学报》(社会科学版) 2006 年第 4 期。

大人民群众的利益诉求，必须同广大人民群众的思想意识和价值观念高度契合。三是红色文化的发展始终为了人民利益。红色文化在每一个发展阶段都体现出为人民服务的宗旨。毛泽东同志《在延安文艺座谈会上的讲话》中确立了文艺要面向工农兵的根本原则，强调文艺要为广大人民群众服务。在新民主主义革命时期，中国共产党坚定不移地秉持和贯彻全心全意为人民服务的根本宗旨，努力把红色文化建设同广大人民群众迫切的精神文化需求相对接，使深受奴役压迫的广大人民群众获得思想文化上的新启迪、新觉醒，实现了从文化客体向文化主体、从文化被动接受者向文化主动创造者的身份的历史性转换，推动了思想的自由和人格的独立，为人的解放提供了良好的文化条件。

改革开放以来，我们党把传承和弘扬红色文化的实践运动指向了社会主义"四有新人"培育，把红色文化建设同广大人民群众的根本利益全面结合起来，充分发挥广大人民群众在红色文化建设中的主体作用，使红色文化的发展始终体现中国梦的内在本质要求。红色文化是否能够始终坚持、能够在多大程度和多大范围内坚持以人民为中心的核心理念，红色文化是否能够始终代表、能够在多大程度和多大范围内代表最广大人民群众的根本利益，红色文化是否能够始终赢得、能够在多大范围和多大程度上赢得人民群众的认同，对于广大人民群众基本文化权益的保障、精神文化素养的提升以及社会主义先进文化的深入人心具有决定性的作用。红色文化只有坚定立足中国梦想，始终坚守人民本位，才能保持永久生命力。

（三）从红色文化中汲取精神动力

在伟大革命实践中所锻造的红色文化具有先进的、跨越时空的特质，具有十分重要的当代价值。在今天，红色文化依然是建设社会主义精神文明、实现中华民族伟大复兴的精神动力和思想保障。

红色文化是一种在曲折中不断发展的、充满时代气息的、闪耀着人性光芒的先进文化。时至今日，红色文化之所以能够呈现出稳定而强烈的发展势头，就在于红色文化承载了无产阶级广大人民群众对美好生活的憧憬，对未来的合理期望。红色文化蕴含和交织着争取民族独立的精神品质、维护人民利益的制度保障、引领革命胜利的路线方针以及抵制错误思想的理论武器。当前,红色文化的时代价值在更大的范围、更深的领域得到了多方面的拓展和彰显,其在新时代推进马克思主义进一步中国化、时代化、大众化,进一步加强党的思想建设、组织建设、作风建设,以及推动人的自由全面发展和提升我国社会主义文化综合实力等方面,发挥着日益突出的重要作用。必须充分做好红色文化建设工作,以期更好地服务于具有中国特色的社会主义精神文明建设。

随着改革开放的全面深化,中国已经成为名副其实的政治大国、经济大国和文化大国,中国模式、中国道路、中国经验等已经成为国际社会所热议的话题。中国的发展,不应当仅仅局限和满足于国民经济总量的增长,从更深层次和长远的战略意义的角度来讲,整个中华民族思想文化层面的全面崛起才是根本意义上的发展。着力培育和全方位打造中华民族的中国精神,是一项意义重大的寻根铸魂、凝心聚力的系统化的政治工程。作为红色文化发展方向的中国精神,集中体现了整个中华民族的文化精神、文化气质、文化做派,这种文化精神是整个中华民族昂扬奋进的重要精神动力。

四 用丰富文化作品记录精彩中国生活

社会主义核心价值观融入精神文明建设,精神文化产品是必不可少的有效载体。改革开放以来,中国文化作品的生产从精英走向大众,从"手工作坊"进入产业化时代,文化市场、文化产业从无到有、从弱到强。文化产业既是重要产业门类和国民经济新的增长点,又是精神文明建设的重要话语方式,文化作品的价值导向直接影响着、反映着精神文明建设的现状。

(一) 文化作品是精神文明的话语方式

文化作品既是精神文明的重要载体,也是精神文明的话语方式,从文化作品中,我们可以展示特定时代的精神生活,直观特定时代的精神风貌,了解特定时代的精神品质。其中,尤以文艺作品对社会精神文明的诠释最为生动。

第四章　在高度的文化自信中推进精神文明建设

文艺是人类独特的审美意识形态。文艺深深融入人民生活,事业和生活、顺境和逆境、梦想和期望、爱和恨、存在和死亡,人类生活的一切方面,都可以在文艺作品中找到启迪。文艺对人尤其是年轻人的吸引力最大,影响也最大。马克思主义认为,意识是现实存在于人的头脑中的反映,又反作用于现实存在。一般来说,意识可被视为人的知、情、意的统一体。"知"指认识,即主体对客体的反映;"情"指情感,即主体在对客体认识评价过程中灌注的喜、怒、哀、乐;"意"指意向,即主体认识评价客体后的信念和追求。社会越发达,人类越文明,则主体对客体反映的意识就越多样、复杂、深刻。人类不可或缺地以文艺方式把握世界形成文艺意识,人类的文艺作品,既与"知"相关,更重"情"的表达,尤在"意"的取向。文艺创作作为人类把握世界的情感意向活动,是真真切切的审美过程,其宗旨在于化人养心,坚守人类神圣的独特的精神家园,塑造国民的高尚人格。

文艺是精神文明的火炬。"要改造国人的精神世界,首推文艺。"[①] 举精神之旗、立精神支柱、建精神家园,都离不开文艺。新中国成立以来特别是改革开放以来,我国文艺创作既产生了大量脍炙人口的优秀作品,同时也产生了一些是非不分、粗制滥造的次品。总结正反两方面的经验,我们深切感到,社会需要更多有筋骨、有道德、有温度的文艺作品,引导精神文明建设更上一层楼。任何一个国家、民族,都不能没有道德,正所谓"礼义廉耻,国之四维,四维不张,国乃灭亡"。任何一种文艺,都不能离开道德支撑。我国古代思想家早就提出过文与道、德与艺的范畴,认识到二者水乳交融的关系,逐步形成了文以载道、崇德尚艺的文化传统,重视文艺善民心、正风俗、补察时政、导泄人情等功用,主张通过文艺激浊扬清、褒美贬丑,推动道德教化和社会进步。在社会主义社会,道德与文艺更是难解难分。很难想象,没有正确的道德准则,社会主义社会能够健康发展;同样也很难想象,没有文艺火炬的引领,整个社会能形成良好的风气。优秀的文艺作品总是反映时代的道德要求,反映文艺家的高尚品德和理想情操,从而达到以优秀作品教育人、引导人、鼓舞人的作用。文艺的

[①] 《十八大以来重要文献选编》(中),中央文献出版社,2016,第122页。

这些特性，要求文艺创作要把自由与道德很好地统一起来，把真善美统一起来。

丰硕的文化作品可以营造出精神文化生活的浓厚氛围，形成巨大的精神凝聚力，为社会发展提供强大精神动力。党的十九届五中全会对社会主义文化建设高度重视，从战略和全局上对文化建设进行了规划和设计，将"建成文化强国"作为2035年基本实现社会主义现代化远景目标之一。具有独特人文效能的文化作品，作为文化建设的重要方面，其繁荣发展既是文化兴盛的重要指标，又是推进文化强国建设的强劲动力。刘勰在《文心雕龙》中主张"原道心以敷章"，他说："故知道沿圣以垂文，圣因文而明道，旁通而无滞，日用而不匮。《易》曰：'鼓天下之动者存乎辞。'辞之所以能鼓天下者，乃道之文也。"① 这就表明，一方面文能绘道、明道，鼓振天下；另一方面，道是文的内质和动力，道对于文发挥着根本性的充实和支撑作用。在称赞德国画家许布纳尔一幅画的宣传作用时，恩格斯断言："从宣传社会主义这个角度来看，这幅画所起的作用要比一百本小册子大得多。他画的是一群向厂主交亚麻布的西里西亚织工，画面异常有力地把冷酷的富有和绝望的穷困作了鲜明的对比。"② 在当今日益发达的新媒体时代，一部文艺作品的影响力或宣传作用可想而知。这就要求文艺工作者更加关注内容建设，重视文艺作品"载道""贯道""明道"功能，既要增强坚持马克思主义指导地位、坚定文化自信、弘扬核心价值观的责任感和使命感，也要懂得马克思主义指导、文化自信与核心价值观弘扬对于文艺创作所具有的重要的强筋壮骨的意义，以使我们的文艺能够在文化强国建设中发挥更好、更积极的作用。

（二）用文化作品言说生动中国故事

"中国故事"是属于中国人的故事。中国故事中凝聚的是中国智慧与中国力量，包含的是中国改革开放以来的功绩与收获，尤其是内含了中国特色社会主义的伟大实践。因此，阅读、聆听中国故事，可以从"中国故

---

① 刘勰：《文心雕龙》，郭晋稀注译，岳麓书社，2004，第7页。
② 《马克思恩格斯全集》第2卷，人民出版社，1957，第589页。

事"中了解中国历史,掌握中国现代化进程,把握中国特色社会主义道路与方向。2018年8月,习近平同志在全国宣传思想工作会议上指出:"要推进国际传播能力建设,讲好中国故事、传播好中国声音,向世界展现真实、立体、全面的中国,提高国家文化软实力和中华文化影响力。"① 用文化作品言说中国故事,通过文化作品展示时代风貌与中国特色,是社会主义精神文明建设的重要举措。

"文章合为时而著,歌诗合为事而作。"衡量一个时代的文化成就关键要看文化作品。推动文化繁荣发展,最根本的是要创作生产出无愧于我们这个伟大民族、伟大时代的优秀文化作品。只有优秀文化作品,才能真正深入人的精神世界,触及人的灵魂、引起人们的思想共鸣。在中国特色社会主义新时代,文化作品应该理所当然地成为"中国故事"的讲述者。文化作品可以通过"中国故事"的讲述,实现中国元素的呈现,中国形象的传播,中国精神的弘扬。

文化作品要讲好"中国故事",必须坚持走群众路线。从群众中来,到群众中去,是文化作品生命力的源泉。伟大的文化作品,总是对人民群众真实生活的叙事与反思,体现出对人民群众生存境遇的关注,对人民美好生活的向往。比如,莫言的作品获得了诺贝尔文学奖,其作品有着深厚的群众基础,反映出对人民群众现实生活的深刻思考。第五代导演张艺谋、陈凯歌等人的电影作品,之所以能够深入人心,同样在于坚持走群众路线,用生动"中国故事"呈现群众日常生活,给观众以特殊的精神抚慰与人生思考。

文化作品言说"中国故事",表达方式上要与时俱进。文化作品绝对不能故步自封,而要顺应历史发展趋势,把握历史运动脉搏,尤其在表达方式上,要敏锐关注时代信息,本着"诗无达诂"的态度,任何可以运用到文化作品中的形式,均可以尝试利用,让文化作品呈现出时代魅力。讲述好"中国故事",只有在表达方式上与时俱进,推陈出新,才能够顺应历史大势,不断为文化创作注入新的活力,带动文化事业的兴盛与繁荣,生产出更多更好的文化作品。

---

① 《习近平谈治国理政》第3卷,外文出版社,2020,第312页。

讲好"中国故事",文化作品要在内核上凝神聚魄。没有灵魂的文化作品,往往没有生命力。如何凝聚精气神,这是文化作品讲述"中国故事"必须面对的现实问题。文化作品的精神,体现的是中国精神,将社会主义核心价值观贯注于文化作品,是讲好"中国故事"的前提。以电影电视作品为例,从《舌尖上的中国》播出覆盖100多个国家和地区,到《媳妇的美好时代》风靡非洲,再到《湄公河行动》《战狼2》等主旋律大片崛起影坛,传播实践告诉我们,打动人的好故事,不是高大上的生硬呈现,而是接地气、有温度的灵性之作;不是粗制滥造、炒作概念的残次品,而是精益求精、追求品质的良心之作;不是自说自话、自娱自乐的摆设,而是融通中外、沟通世界的创新之作。"我们有本事做好中国的事情,还没有本事讲好中国的故事?我们应该有这个信心!"① 中国不乏史诗般的实践,这是中国故事生生不息的源泉。今天的中国,正在发生前所未有的历史性变革,蕴藏了许许多多精彩的故事。这些故事,永远需要优秀文化作品的精彩讲述。

(三)用文化作品留存美好中国记忆

做好文化创作、推出优秀文化作品,是繁荣社会主义文化的重要内容,是满足人民群众日益增长的精神文化需求的迫切需要,是实现文化跨越式发展的必然要求。2016年,习近平总书记在中国文联十大、中国作协九大开幕式上的讲话中,向文艺界工作者提出希望:"用文艺的力量温暖人、鼓舞人、启迪人,引导人们提升思想认识、文化修养、审美水准、道德水平,激励人们永葆积极向上的乐观心态和进取精神。"② 用形态多样的文化艺术为人民服务、为社会主义服务,是党在十一届三中全会以来一直坚持的文化政策。新时代中国特色社会主义精神文明建设,始终把人民群众作为文化的服务对象,坚持把不断满足人民群众日益增长的精神文化需求作为繁荣文化的根本出发点和立足点,把专业创作和丰富多彩的群众文化活动更紧密地结合起来,推动文化作品惠及全体人民。可以说,优秀文

---

① 《习近平关于总体国家安全观论述摘编》,中央文献出版社,2018,第115页。
② 《习近平关于社会主义文化建设论述摘编》,中央文献出版社,2017,第179页。

化作品,既是中国人民奋斗历程的生动记录,也是中国人民美好生活的历史记忆。

文化记忆是"包含某特定时代、特定社会所特有的、可以反复使用的文本系统、意向系统、仪式系统,其'教化'作用服务于稳定和传达那个社会的自我形象。在过去的大多数(但不是全部)时间内,每个群体都把自己的整体性意识和特殊性意识建立在这样的集体知识的基础上"。在时间层面,文化记忆具有连续性和指向性。"文化记忆通过文化形式(文本、仪式、纪念碑等),以及机构化的交流(背诵、实践、观察)而得到延续"[1],因此,文化记忆是借助多元的媒介从过去延续到了当下、未来,甚至有些内容可以脱离物质媒介,稳定地存续至今。同时,文化记忆具有指向性,是记忆主体根据当下的社会需求对过往进行选择性建构,具有主观性、服务当下和未来需求的色彩。

文化作品对生活记忆的留存具有多种形式,其中,作为文化作品的非物质文化遗产尤其具有典型性。

非物质文化遗产是中华民族优秀传统文化的重要组成部分。千百年来,勤劳勇敢的各族人民在适应周围环境、与自然和历史的互动中,秉持天人合一、崇德向善、人与自然和谐共处等思想理念,共同创造了体系庞大的非物质文化遗产。我国非物质文化遗产赓续传承,既为文化自信奠定坚实基础,也为文化自信提供丰厚滋养,成为中华民族独特的文化身份和精神标识,成为联结民族情感的纽带和维系国家统一的基础,成为激励各族人民奋勇前进的强大精神力量。

非物质文化遗产包括语言、表演艺术、社会实践、仪式、节庆活动、有关自然界和宇宙的知识和实践、传统手工艺等,其均可以通过文化作品的形式加以呈现。非物质文化遗产以丰富多彩的方式阐释、弘扬着核心价值观,满足着人民大众的物质需求和精神需求,为各族人民带来认同感。例如,二十四节气——中国人通过观察太阳周年运动而形成的时间知识体系及其实践,成熟于汉代,成为我国两千多年来特有的时间制度,指导着人民大众的农业生产、衣食住行、民俗活动等,进而融入并丰富了中华民

---

[1] 简·奥斯曼、陶东风:《集体记忆与文化身份》,《文化研究》2011年第1期。

族顺天应时、道法自然、崇尚和谐的人文精神；又如中国剪纸是民间艺人用剪刀或刻刀在纸上剪刻花纹的传统技艺，具有广泛的群众基础。它起源于汉代，自唐朝开始盛行，并流传全国，既在刺绣、制衣、雕花、建筑等领域具有"打样"的实用功能，也能满足装点生活或者配合其他民俗活动的审美和社交需要，表达了中华民族祈福纳祥、和合美满的精神追求。我国1372项国家级非物质文化遗产代表性项目（其中39项入选联合国教科文组织各类名录名册，位居世界第一），13087项省级非物质文化遗产代表性项目，成为城镇乡村、社区群体沟通交流协作的"共同语言"，成为各族人民"记得住的乡愁"和"回家之路"。

从2001年昆曲入选联合国教科文组织"人类口头和非物质遗产代表作"开始，我国由政府主导推动的非遗保护工作已走过了20多个年头。20多年来，在党中央、国务院的高度重视下，经过各级文化行政部门和社会各界的共同努力，我国非遗保护工作取得瞩目成就。2005~2009年，我国第一次大规模开展了全国性的非遗普查活动，普查出非遗资源总量近87万项，较为全面地了解和掌握了各地区、各民族非遗资源的种类、数量、分布情况、生存和传承状况。在此基础上，我国建立了国家、省、市、县四级非遗名录体系。截至2017年，国务院批准公布了四批共1372项国家级代表性项目，各省区市批准公布了13087项省级代表性项目。国家命名了四批1986名国家级代表性传承人，各省区市命名了14928名省级代表性传承人。为了强化对非遗及其发展环境进行区域性整体保护，自2007年闽南文化生态保护实验区设立以来，我国先后在非遗项目集中、特色鲜明、内容和形式保持完整的区域设立21个国家级文化生态保护实验区（以下简称"生态区"），努力推动各个生态区成为遗产丰富、氛围浓厚、特色鲜明、民众受益的区域。[1]

文化作品对中国记忆的留存，客观上促进了中国文化的承继与传播。习近平总书记指出，要使中华民族最基本的文化基因与当代文化相适应、与现代社会相协调，以人们喜闻乐见、具有广泛参与性的方式推广开来，

---

[1] 王学思：《开创非遗当代传承发展的生动局面——党的十八大以来我国非遗保护工作综述》，《中国文化报》2017年10月18日。

把跨越时空、跨越国度、富有永恒魅力、具有当代价值的文化精神弘扬起来，把继承优秀传统文化又弘扬时代精神、立足本国又面向世界的当代中国文化创新成果传播出去。在这方面，广东进行了有益的尝试。

广东岭南风情浓郁，有着丰富多彩的民间艺术、民间口头文学、民间工艺和民间习俗，非物质文化遗产项目繁多，且富有特色，非物质文化遗产是岭南文化不可或缺的重要组成部分。2009年10月，粤剧被联合国教科文组织列入"人类非物质文化遗产代表作名录"。2011年7月29日，根据《中华人民共和国非物质文化遗产法》等有关法律、法规，结合广东省实际，广东省第十一届人民代表大会常务委员会第二十七次会议通过了《广东省非物质文化遗产条例》（以下简称《条例》），《条例》对继承和弘扬优秀传统文化，加强对非物质文化遗产的保护、保存工作提出了明确的要求，广东的非物质文化遗产传承和保护工作发展到新的阶段。

从2008年起，在广东省委宣传部和南方出版传媒股份有限公司的共同策划之下，广东教育出版社分批出版了"广东非物质文化遗产丛书"。丛书共50册，涵盖粤剧、咸水歌、瑶族耍歌堂、广州说书、中山醉龙舞等民间表演艺术及牙雕、玉雕、刺绣、剪纸、石湾陶瓷等民间工艺和广州迎春花市、瑶族盘王节、观音诞等民间习俗。编辑出版"广东非物质文化遗产丛书"的宗旨，不仅在于系统地梳理广东的非物质文化遗产，更在于挖掘和展现岭南文化的深厚底蕴与优秀精华。有助于进一步传承、保护和研究岭南文化，开发岭南文化资源，弘扬与传播优秀的传统文化，亦带来关于如何更好保护广东非物质文化遗产的进一步思考。

概括而言，对非物质文化遗产的合理保护和产业化开发，可增强文化软实力，形塑文化记忆，有助于社会主义先进文化的进一步丰富和发展。

第五章　社会发展是精神文明建设的有力支撑

精神文明建设不是无源之水、无本之木，精神文明建设必须具备一定条件，依靠一定的载体，体现在社会发展的方方面面。精神文明建设的根本目标就是要创造一个更为和谐文明的社会，保障人民身心健康，为人民群众提供优质教育资源，让人民群众共享改革发展成果，实施有序的社会治理，是一个文明社会发展的基本要求，更是社会主义精神文明建设的条件和支撑。

一　人民健康是社会文明进步的条件

精神文明建设要以诸多条件的实现为基础，其中人民健康便是极其关键的核心因素。经济发展不仅是一个国家的财富和经济机体的量的增加和扩张，而且还意味着其质的方面的变化，即经济结构和社会结构的创新、社会生活质量的提高。换言之，经济发展就是在实现经济总体发展的基础上，一个国家或地区经济结构和社会结构持续高级化的创新过程。健康作为人的基本权利，日益成为经济、社会发展进步的重要标志之一。健康是生命存在的最佳状态，是确保生活质量的基础，是人类自我觉醒程度的重要表现，具有丰富的伦理道德意蕴。人民健康是社会发展的基础，是国家富强、民族兴盛的重要标志，是社会文明进步的重要条件和精神文明建设的直接彰显，是实现人的自由和全面发展的必然要求。

(一) 身心健康是文明生活的基本前提

身心健康是相对于疾病而言的。疾病是人类进化和发展过程中极大的苦难。它不仅会威胁和剥夺人的生命，而且影响和破坏经济的发展，乃至政治、法律和文化等上层建筑的发展，延缓人类文明的进步。健康是决定人类社会发展的重要因素，人类特定历史阶段的健康状况直接反映人类预防和控制疾病的能力，它不仅反映经济、社会的发展水平，而且反映人类对疾病的理论认知和技术干预能力。[①] 人类社会早期，由于生活水平低下，人的身体成为各类疾病攻击的对象，疾病被普遍视为一种超自然的力量，巫术是身患疾病的人们寻求帮助的唯一方式，对于那些无法收到预期效果的原始人群，聊以自慰的只能是灵魂的不朽。农耕社会时期，生产生活水平的提高为人类抵御各类疾病的侵袭提供了必要的物质基础。生产生活实践中积累了大量的诊治疾病的经验，中西方社会都逐渐发展出了自己的医学，对提高人们的健康水平作出了重要贡献。随着生产力的提高、近代科技和生物医学的发展，一方面营养的充足和居住条件的改善极大地提高了人类抵御各种疾病侵袭的能力；另一方面，人类对疾病有了更为科学和理性的认识，产生了以医院为中心的临床医疗体制，极大地提高了抗击疾病的能力，降低了世界人口的非自然死亡率。20世纪以后，全球普遍建立了医疗社会保障制度，不断增加公共卫生投入，为人类健康水平的提高提供了根本动力和基本保障，这是人类文明发展进步的直接彰显。

随着近百年经济社会发展和科技进步，人类整体健康水平得到不断提高。传统的健康观念仅仅是指个体生理功能状况良好，没有疾病或病症的侵扰，但现在，人们对健康的理解程度和需求程度也越来越高。根据世界卫生组织对健康概念的重新定义，"健康是身体上、精神上和社会适应上的完好状态，而不仅仅是没有疾病或者不虚弱"。[②] 这表明作为社会上的人，我们在诊断和治疗疾病的过程中，不仅需要考虑身体的情况，还需要考虑社会、心理、精神和情绪等因素对人健康状况的影响。近年来，追求

[①] 刘远明：《健康价值、行为与责任》，中国广播电视出版社，2009，第114页。
[②] 仲凤行：《健康中国规划健康幸福》，《中国卫生》2016年第3期。

和实践健康生活方式逐渐成为一种全球性的潮流,健康生活方式在保障人们健康状况中的作用越发凸显。在健康价值观念的影响下,健康消费成为人们生活消费中的重要内容,欧美发达国家在这方面表现得尤为突出,我国经济较为发达地区也在逐年跟进。例如,以广州为代表的一线城市,近几十年来人们的饮食结构不断优化,更加注重营养的合理搭配,市民在医疗保健上的支出相对全国其他地区亦要高出许多,并普遍重视体育锻炼和娱乐健身活动。随着健康价值观念的增强和人们对健康价值的追求,健康经济已经成为现代社会重要的经济形式,健康价值观的嬗变深刻反映了社会文明的进步。同时,健康权成为一种基本的人权在世界范围内得到确立。它体现了个人责任和社会责任的互补与平衡,一方面,健康权强调个人有权利维护自己的身心健康;另一方面强调社会有责任维护公民的身心健康,在公民需要的时候提供可能得到的医疗卫生保健。[1] 对个人而言,健康是其成长和享受美好、幸福生活的前提;对一个国家而言,健康是其富强和开创美好未来的根基;对一个民族而言,健康是其自尊和屹立世界民族之林的力量。[2] 总之,身心健康是文明生活的基本前提,健康价值的提升程度彰显了社会文明发展、进步的程度。

(二) 把人民健康放在优先发展战略地位

实现"人的自由而全面发展"是马克思主义的最高价值追求。"人的全面发展根本在于人的劳动能力的全面发展,既包括人之体力和智力的全面发展,又包括人之道德的发展。"[3] 人的健康不仅是人的劳动能力全面发展的基础,而且是人的美好生活需要的内在组成部分。"全部人类历史的第一个前提无疑是有生命的个人的存在。"人首先必须满足吃、喝、住、穿等生理性的需求,才能从事政治、科学、艺术和宗教等更高层次的活动。有生命的个体是人类历史、人类社会存在和发展的根本前提。人民是

---

[1] 刘远明:《健康价值、行为与责任》,中国广播电视出版社,2009,第114页。
[2] 曹永福:《"健康中国"国家战略的伦理意蕴——生命伦理学的视角》,《中国医学伦理学》2017年第2期。
[3] 谷正、马瑞超:《习近平关于人民健康重要论述的价值意蕴》,《新疆师范大学学报》(哲学社会科学版)2020年第6期。

历史的创造者,是推动社会和历史发展进程的决定性力量。马克思从现实的个人、实践活动和物质生活条件三大因素阐述了人类社会发展的过程。现实的人必须以实践活动为载体才能生存;实践活动的主体只能是现实的人;而物质生活条件不仅是人的实践活动的结果,而且是人类生存和发展的现实基础。① 人的问题是马克思分析历史发展、社会发展、个人与社会发展之间关系的根本前提,可见,身心健康是现实的人进行生产和实现发展的必然要求。离开人的健康不仅无法实现自身的发展,而且无法从事实践、推动历史进程的根本任务。

人的健康问题一直以来都是人们关注的重要问题,具有深厚的历史和文化传统。身、心、德是中华优秀传统文化阐述人的身心健康问题的三个主要层面。从身体或生理健康的维护方面来看,中华优秀传统文化主要通过强调加强锻炼、合理饮食和敬畏自然等来保障身体健康。从身心健康的培育方面来看,中华优秀传统文化主要强调修身养性,儒家强调内圣外王,道家主张"恬淡虚无"和"精神内守"。从道德健康的培育方面来看,儒家强调道德修养对人寿增长的影响,如孔子主张"仁者寿",朱熹主张"大德必寿"等健康理念。诸如此类的各个方面或维度无不指引着精神文明建设的方向和核心关切。党的十八大以来,以习近平同志为核心的党中央始终践行"以人民为中心"的价值理念,国家经济社会发展的各项战略部署充分彰显了对"人的自由而全面发展"的价值追求。习近平总书记指出:"人民既是历史的创造者、也是历史的见证者,既是历史的'剧中人'、也是历史的'剧作者'。"② 他认为,一切成就都应属于人民,一切荣耀都应属于人民。根据习近平总书记人民观的深刻论述,新时代社会主义精神文明要真正发挥凝心聚力的重要功能,同样应该坚持"以人民为中心"的价值理念,增进广大人民的福祉,促进人民在身、心、德等方面的全面进步。中国特色社会主义进入了新时代,中国特色社会主义步入了新发展阶段,社会主要矛盾已然转化为人民日益增长的美好生活需要与不平

---

① 谷正、马瑞超:《习近平关于人民健康重要论述的价值意蕴》,《新疆师范大学学报》(哲学社会科学版) 2020 年第 6 期。
② 《习近平谈治国理政》第 2 卷,外文出版社,2017,第 314 页。

衡、不充分的社会发展之间的矛盾,美好生活需要不仅包括物质方面的满足,而且包括精神方面的需求,其中人的身心健康是实现美好生活需要的重要内容和题中之义。国务院制定颁布的《"健康中国2030"规划纲要》序言指出:"健康是促进人的全面发展的必然要求,是经济社会发展的基础条件。实现国民健康长寿,是国家富强、民族振兴的重要标志,也是全国各族人民的共同愿望。"① 在社会主义精神文明建设进程中把人民健康放在优先发展的战略地位,直接关系到社会主义现代化的建设和发展。身心健康不仅是人们从事生产生活实践的根本前提,而且是人们享有尊严生活的基本保证。对个人来说,身心健康是追求和享受幸福生活的保障;对国家来说,人民健康是民族昌盛国家富强的重要标志,全面健康是实现民族延续的现实保障,是实现"两个一百年"奋斗目标的根本支撑。因此,在全面推进社会主义现代化国家的新征程上,我们要把人民健康放在优先发展的战略位置,这不仅关乎14亿人民的共同心愿,而且关乎中华民族伟大复兴中国梦的最终实现。随着社会文明不断发展和"人的自由全面发展"的不断进步,人们的精神性需求的层次不断提升,需求类型日益多样化,这就要求新时代精神文明建设要不断契合人民的需要,以更个性化和多样化的要求塑造人,使人民群众德、智、体,以及知、情、意诸方面健康、和谐发展,充分彰显人的主体性,真正满足人民群众对美好生活的向往,实现人的自由而全面发展。

(三) 在健康中国建设中推动社会文明进步

在中国特色社会主义步入新时代的背景下,要善于抓住"健康中国2030"建设的契机来推进社会的文明进步。

一是要以人民健康为中心作为健康中国建设的价值原则。健康中国战略是党中央从国家和民族长远发展的全局出发作出的一项极其重要的战略安排。健康中国内容广泛,人民健康是其中的核心内容。人民群众是历史唯物主义的主体内核,马克思主义高度强调人民在社会历史发展进程中的重要地位,人的健康发展实质上是马克思主义关于人的全面发展的重要内

---

① 《"健康中国2030"规划纲要》,《人民日报》2016年10月26日。

容。习近平总书记强调:"要把人民健康放在优先发展的战略地位。"① 人民不仅是健康的主体,而且是健康的受体。人民健康是国家治理体系和治理能力现代化的重要内容,它不仅是民生问题,而且是社会政治问题。在新时代,我国的社会主要矛盾已经转化为"人民日益增长的美好生活需要和不平衡不充分的发展之间的矛盾"。就健康而言,我们要满足人民群众对健康的多元化、多层次的需求,提升人民群众的幸福指数,真正满足人民对美好生活的向往。因此,我们要坚持"将健康融入所有政策"的工作原则,坚持以人为本的大健康理念,不断推进健康中国建设。只有把人民的健康作为健康中国建设的核心任务,才能真正动员全社会的力量,保障人民健康这个系统工程,为精神文明建设提供根本的价值原则,为实现"两个一百年"的奋斗目标凝聚磅礴之力。

二是要把健全和优化全民医疗保障制度作为推进健康中国建设的制度基础。党的十九大报告强调:"深化医药卫生体制改革,全面建立中国特色基本医疗卫生制度、医疗保障制度和优质高效的医疗卫生服务体系,健全现代医院管理制度。"② 这不仅为未来我国医疗卫生体制改革指明了方向,而且为健全、优化全民医疗保障制度指明了路径。实现人人享有基本医疗卫生服务不仅是我国医药体制改革的目标,也是习近平总书记就我国医药卫生事业发展提出的基本要求。③ 虽然我国目前通过缴费型医疗保险模式已经基本实现了全民医保目标,基本实现了医疗卫生资源的合理配置,但相较于健康中国建设总目标而言,缴费型医疗保险模式还略显不足,无法充分保障健康中国建设的全面推进。为保证健康中国建设的顺利推进,需进一步健全和优化全面医疗保障制度。一方面要整合职工基本医保和城乡居民基本医保,构建覆盖全民的国民基本医疗保险制度。当前的医保制度表现为人群、地区和城乡分割,有违公平正义的原则,且管理分离和资源分散。例如,城市务工的农民工及其子女因户籍和工作地分离导致无法享受就近医保政策,严重影响其医保权益和健康维护。另一方面要

---

① 《习近平谈治国理政》第2卷,人民出版社,2017,第370页。
② 习近平:《决胜全面建成小康社会 夺取新时代中国特色社会主义伟大胜利——在中国共产党第十九次全国代表大会上的报告》,人民出版社,2017,第48页。
③ 《习近平关于全面建成小康社会论述摘编》,中央文献出版社,2016,第132页。

以家庭为单位参保和退休者缴费等方式完善社会医疗保险参保形式。以家庭为单位参保可以完全覆盖家庭中的无收入来源人员，而退休人员参保可以应对人口老龄化带来的医保压力。简而言之，在健全和优化全民医疗保障制度更好推进社会文明进步方面，我们还有很长的路要走。

三是坚持人与自然和谐共生为健康中国战略提供生态保障。2020年突如其来、肆虐全球的新冠肺炎疫情，严重威胁人类的生存和发展，激发人们思考生态健康和人民健康的内在关系。"人与自然不仅是共融共生的生命共同体，更是休戚与共的命运共同体。"① 人因自然而生，人与自然是一种共生、共存的关系，对自然的任何伤害最终反过来会伤及人类自身。恩格斯曾经指出："我们不要过分陶醉于我们人类对自然界的胜利。对于每一次这样的胜利，自然界都对我们进行报复。"② 工业化、市场化导致了土地沙化、湿地退化、水土流失等严重的生态问题，以及水、土、空气遭到严重污染问题和野生动物遭到前所未有的捕杀问题。伴随这些问题而来的必然是环境污染严重、生态系统退化和人的身心健康退化，社会的文明进步遭到了重大挑战。健康中国战略是应对这一挑战的重大战略举措。推进健康中国必须遵循人类文明发展规律，树立尊重自然、顺应自然和保护自然的根本理念，秉持人与自然和谐共生的实践逻辑。一方面我们要在尊重自然的过程中推进健康中国建设。对于自然，人类应该怀有敬畏之心、感恩之情，尊重自然界所赋予我们的一切。我们要摒弃人类中心主义，应充分认识到人与自然之间的平等性，人不是自然的奴隶，也不是自然的主宰，人是大自然不可或缺的组成部分。另一方面我们要在顺应自然的过程中推进健康中国建设。顺应自然就是尊重自然界的客观规律，按照自然规律从事改造自然的实践活动，以制度化的方式约束人类违背自然规律的各种功利化行为。最后，我们要善于在保护自然的过程中推进健康中国建设。保护自然就是充分发挥人的主观能动性，积极承担起人自身的责任。我们在索取自然，谋求自身发展的同时，还应该呵护自然、保护自然的生态系统。总之，在坚持人与自然和谐共生

---

① 《毛泽东思想和中国特色社会主义理论体系概论》，高等教育出版社，2018，第238页。
② 《马克思恩格斯选集》第3卷，人民出版社，2012，第998页。

中推进健康中国战略,这不仅是社会建设、生态文明建设的基本要求,而且也是社会主义精神文明建设的题中应有之义。

二 让教育发展成果更公平惠及全体人民

教育是精神文明建设的基础。人类的文明史就是一部人类的教育发展史,人类文明的发展正是通过教育而不断推进智慧、道德和精神进步的过程。教育是一种培养人的社会实践活动,其精神实质就是实现个体的社会化和社会的个性化,其本身就是使人类的交往不断摆脱野蛮、敌对,走向文明自由的过程。在某种意义上而言,教育既是通向文明的现实之路,更是社会文明发展的集中彰显。立德树人是社会主义教育的本质,是社会主义精神文明建设的根本支撑和必然要求。

(一) 教育是通向文明自由的现实之路

文明是一个具有相对意义的词语,其所涵括的范围异常广泛,从其词源学意义来看,文明一词的英文词"Civilization",来自拉丁语"Civilidas",意为国家。因而文明一词是"表示人类交际活动逐渐改进的意思,它和野蛮无法的孤立完全相反,是形成一个国家体制的意思"。[①] 这就是说,文明狭义上是指不断摆脱野蛮状态而逐步前进的过程和状态。交往是人之为人的本性,它是人们突破家庭内部的局限,逐渐走向外部人群的过程。为了自我保存和追求幸福的天性,摆脱人人为敌的自然状态,人们便制定法律、订立契约,国家由此产生。可见,国家的形成过程便是人类交往逐渐避免争斗,走向文明、自由的过程。文明的状态是人们身体安康快乐、道德高尚,是人的安乐和精神的不断进步,这是通过人的智德取得的。因此,"文明可以说是人类智德的进步"。[②]

在实现人的智德进步的过程中,教育扮演着非常重要的角色。教育狭义上一般指系统组织的学校教育,广义上指影响人的身心发展的社会实践

[①] 〔日〕福泽谕吉:《文明论概略》,北京编译社译,商务印书馆,1982,第30页。
[②] 〔日〕福泽谕吉:《文明论概略》,北京编译社译,商务印书馆,1982,第33页。

活动。教育是文化精神的外显,承担着文化创造、积淀和传承的历史使命。关于教育功能和本质的理解,一般人们侧重于从教育和社会的关系方面进行探讨,存在上层建筑说、生产力说和特殊的社会实践说等,关于教育的文化功能,以及其他社会功能往往被忽略。事实上,在探讨教育的本质时,教育与人的发展之间的关系是不容忽略的一个重要维度。从"教育"一词的词源学进行考察,在中国,"教育"一词来源于《孟子·尽心章句上》中的"得天下英才而教育之,三乐也"。根据《说文解字》一书的解释:"教,上所施、下所效也;育,养子使作善也。"意为老师教授,学生仿效,使弟子从事有益之事。按照《中庸》一书的释义:"天命之谓性,率性之谓道,修道之谓教。"这就是强调个人后天的教化,通过教化驾驭先天的性情。按照《礼记·学记》的释义:"教也者,长善而救其失者也。"就是说教师是发扬学生的优点并纠正他们各自缺点的人。从整体上看,中国最初关于教育的理解侧重于教育者对受教育者施加影响的过程,最终实现教育者所设想的目的。这不仅彰显了教育的社会功能,而且包含着受教育者的内在发展要求。

在西方,教育一词,无论是英文"education",还是法文、德文,均由拉丁语"educare"演化而来,意为"引出",即把某种本来潜藏于身体和心灵内部的东西引发出来。概言之,教育就是通过引导使受教育者身心得到发展。从西方意义上来看,教育更多强调个体发展的功能。通过中西方教育一词的词源学分析,我们可知,教育是教育者按照社会的要求,以及遵循人的身心发展规律,对受教育者实施的一系列影响活动。这一施加影响的过程不仅体现社会发展的要求,而且契合个体身心发展规律的要求。因此,教育就是培养人的一种社会实践活动,其精神实质就是实现个体的社会化和社会的个性化。这一个性化和社会化的过程本身就是使人类的交往不断摆脱野蛮、敌对,走向文明自由的过程。在某种意义上而言,人类的文明史也是一部人类的教育发展史,是人类通过教育不断开启心智,实现智慧、道德和精神进步的过程。

(二) 坚守立德树人的教育之本

立德树人是社会主义教育的本质,是社会主义精神文明建设的根本支撑和必然要求。继党的十八大报告提出"立德树人"的教育理念之后，习近平总书记在多个场合强调坚持"立德树人"的教育目的，并把它视为当前教育改革的根本任务。在北京大学师生座谈会上，习近平总书记进一步指出："要把立德树人的成效作为检验学校一切工作的根本标准，真正做到以文化人、以德育人……要把立德树人内化到大学建设和管理各领域、各方面、各环节，做到以树人为核心，以立德为根本。"[①] 立德树人的教育理念无疑深刻地揭示了新时代社会主义教育"培养什么样的人、怎样培养人"这个根本问题，对于办好中国特色社会主义教育提供了根本遵循和指引，是新时代社会主义精神文明建设的重要指南。

改革开放四十多年来，我国经济发展取得举世瞩目的成就，综合国力得到显著增强，人民生活水平得到了质的提升，社会的发展进步有目共睹，社会主义精神文明建设硕果累累。比如，正在进行的抗击新冠肺炎疫情的斗争，不仅展示了社会主义物质文明的显著成就，而且也彰显了社会主义精神文明建设的巨大进步。广大战疫青年奋勇逆行、迎难而上，充分展现了新时代中国青年爱国奋斗、自强不息、心有大我、肩有大任的崇高精神。但同时，随着经济全球化的不断深入，西方意识形态不断对我国进行渗透，社会主义主流意识形态遭遇严峻挑战，新自由主义、消费主义、实用主义等社会思潮不断侵入人们的生活，拜金主义、享乐主义和精致的利己主义等价值观在部分青少年生活中盛行，严重影响着他们的价值取向和行为选择。具体表现在以下几方面。一是深受世俗化观念影响，理想信念缺失。市场经济的逐利性和社会世俗化观念不同程度地影响青少年的价值取向，使其逐渐丧失艰苦奋斗的优良传统。在高度信息化、娱乐化的社会背景下，享乐主义文化勃兴，部分青少年沉溺于感官享受和消费欲望的满足，虚拟网络空间成为其获得价值和实现理想的主要场域。在现代性消费文化影响下，部分青少年被"产生欲望—获得满足"这一消费流程所裹挟，理想信念逐渐丧失。二是行为功利化导致社会责任感被削弱。在新自由主义、实用主义等社会思潮的影响下，部分青少年在学习中秉持功利主义价值观，仅仅重视市场效益好的知识和技能，生活中坚持个

---

① 习近平：《在北京大学师生座谈会上的讲话》，人民出版社，2018，第7页。

体本位至上，以自我为中心，聚焦于社会对个体的尊重和满足，集体责任感、社会义务感相对缺失，社会奉献精神相对淡薄。三是心理脆弱导致抗挫折能力差。在各种社会思潮相互激荡的信息化时代，面对学业、情感和职业选择等多方面的压力，青少年容易产生彷徨、焦虑等不良情绪，内心脆弱。更为严重的是，有些青少年不堪繁重的学习任务和严峻的就业压力而选择结束自己的生命。此类惨痛的事例使我们深感痛惜的同时，更多的是促使我们思考教育的本义及其精神实质。审视新时代的历史方位，如何让那些丧失理想信念、社会责任感不强、抗挫折能力差的青年人补足精神钙质？如何让广大青年实现自立自强？这是新时代教育特别是大学教育必须解答的时代之问，是新时代社会主义精神文明建设的"关键一环"，直接关系到"培养担当民族复兴大任的时代新人"的历史任务能否真正实现，应对该问题的根本举措就在于坚守和强化立德树人的社会主义教育本质。

教育的本义初心决定了教育的基本功能是培养人和塑造人，教育的价值关键也在于落实人的培养这一目标。古今中外有关教育的论述，思想流派众多，理论观点各异，但思想家们的整体共识就是教育必须培养社会发展所需要的人，为社会生产服务，为政治、经济和文化等服务，在这一点上社会主义教育也是一致的。习近平总书记强调："落实立德树人的根本任务，坚持教育为人民服务……为改革开放和社会主义现代化建设服务……努力培养担当民族复兴大任的时代新人，培养德智体美劳全面发展的社会主义建设者和接班人。"[①] 因此，社会主义教育要秉持"育人为本、德育为先"，坚持"立德树人"的根本任务，这不仅是培养德智体美劳全面发展的社会主义建设者和接班人的现实需要，而且是夯实中国特色社会主义教育根基的根本保证，是社会主义精神文明建设的根本支撑。

立德树人作为新时代社会主义的教育原则和根本任务，具有深刻的历史、文化和价值意蕴。一方面，立德树人是以德性塑造人，奠定人的道德根基。《左传》记载："太上有立德，其次有立功，其次有立言，虽久不

---

① 《习近平治国理政》第 3 卷，外文出版社，2020，第 328 页。

废，此之谓不朽"①，强调人生的最高境界是树立德行。《礼记·大学》中记载："大学之道，在明明德，在亲民，在止于至善"，强调彰显光明之德、通向至善之境的君子人格之培育。"人德共生"彰显了中国教育深厚的历史传统和鲜明的文化特质，这也是中华文明之所以源远流长、历久弥新的重要原因。道德是人的立身之本，是构筑人的精神家园的内在因素。立德就是使人"明大德、严公德、守私德"，成为具备家国情怀、理想信念、责任担当等美德的时代新人。另一方面，立德树人是以人为本，实现人的全面发展。教育的现代化关键是以人为本，一切为了人的发展，一切以人为价值核心和社会本位。人的全面发展就在于人的个性的充分发展和整体素质的全面提升。马克思认为人的全面发展就是使人的本质力量得到充分展示和发展。共产主义是以"每个人的全面而自由的发展为基本原则的社会形式"。② 习近平总书记同样指出："人，本质上就是文化的人，而不是'物化'的人；是能动的、全面的人，而不是僵化的、'单向度'的人。"③ 人的全面发展就是人的能力、个性、主体性，以及社会关系的全面而协调地发展。人的自由而全面发展是未来理想社会的最终归宿，不仅是未来社会的本质要求，而且是人的本质和价值的根本体现。因此，树人就是以个性化和多样化的要求培养人，使受教育者德、智、体，以及知、情、意诸方面和谐发展，充分彰显人的主体性，最终实现人的现代化。

总之，立德树人是对中西方优良教育传统的继承和发展，是对中西方传统教育智慧的高度凝练，不仅揭示了教育的根本任务，而且遵循了人才培养的客观规律。立德树人明确了道德在人才培养中的重要功能，契合了未来教育发展的新趋势、新动向，实现了科学主义和人本主义、知识教育和价值教育的高度融合，赋予新时代社会主义教育以新的内涵，从而有助于实现社会主义教育的现代化，促进社会主义精神文明建设的进一步发展。

---

① 左丘明：《左传》（春秋经传集解）（下），杜预集解，上海古籍出版社，1997，第1011页。
② 《十六大以来重要文献选编》（上），中央文献出版社，2005，第768页。
③ 习近平：《之江新语》，浙江人民出版社，2007，第150页。

（三）让教育公平扎根中国大地

教育是社会进步的重要基石，是实现人的自由全面发展的根本保障，教育公平的维护和落实关乎新时代我国人才培养目标的实现，关乎我国经济的发展和社会和谐稳定，同时关乎精神文明建设成效。习近平总书记在党的十九大报告中强调："建设教育强国是中华民族伟大复兴的基础工程……要全面贯彻党的教育方针，落实立德树人根本任务，发展素质教育，推进教育公平，培养德智体美全面发展的社会主义建设者和接班人。"①经过四十多年的改革开放，我国经济社会取得巨大发展，教育水平和质量取得巨大提升，人民群众接受教育的机会不断增加，在一定程度上教育的不平等现象逐渐得到改观。特别是1999年高校扩招之后，高等教育机会总量增加，极大地降低了教育不平等现象。但是随着高等教育招生规模的不断扩大和市场化的推进，家庭阶层背景的效用显现，社会资源、政治资本和文化资本对大学毕业生职位的获取、晋升等逐渐产生较大影响，亦即父辈的资源优势正逐步转化成下一代的教育机会，这就导致教育结果的不公平，从而导致整体教育过程的不公平。中国特色社会主义进入新时代，我国经济社会发生巨大变化，"社会主要矛盾转化为人民日益增长的美好生活需要和不平衡不充分的发展之间的矛盾"。美好生活的需要应该是一种多维需要，不仅要满足人民群众对精神文化的需求，增强人民群众对公平正义的社会环境和天蓝、地绿、水清的生活环境等方面的切实感受，而且要改善人民群众最关切的就业、教育、医疗、住房、养老、脱贫等民生问题，在社会生活中充分体现人的尊严，充分彰显人民主体性。其中，教育作为美好生活需要的重要内容之一，更应该体现时代要求，确保公平正义。我国社会主要矛盾的变化，一方面彰显了我国经济社会的巨大成就，展现了人民群众物质文化生活水平和精神面貌的质的提升；另一方面揭示了我国社会发展的不平衡性、不充分性的现实状况，并仍将处于社会主义初级阶段的基本国情。基于城乡二元经济结构的现实背景，城市的

---

① 习近平：《决胜全面建成小康社会 夺取新时代中国特色社会主义伟大胜利——在中国共产党第十九次全国代表大会上的报告》，人民出版社，2017，第45页。

道路、通信、卫生和教育等基础设施发达,而农村的基础设施落后,从而使得农村地区教育资源相对匮乏、短缺,农村地区儿童接受教育的机会、教育质量与城市相比存在一定的差距。教育公平就应在教育上避免城乡二元结构,满足农村地区人民群众对高质量教育的需求,增强他们在教育上的获得感,进一步夯实农村地区人民群众实现美好生活的教育基础。

一是教育公平要遵循生存权利原则。教育是否公平正义体现一个国家、社会是否公平和正义,二者是一脉相承的。相较于其他类型的社会公平问题,教育公平具有其自身的特点。人的自由和全面发展是以人类自身力量的增强为前提的。教育的基本功能在于通过传授知识而赋予个体解放和发展的能力。"未来教育对所有已满一定年龄的儿童来说,就是生产劳动同智育和体育相结合,它不仅是提高社会生产的一种方法,而且是造就全面发展的人的唯一方法。"[①] 所以,教育公平相较于其他方面的社会公平而言具有基础性的地位,教育公平因体现人的生存权利原则而具有优先性。事实上,判断一个社会的教育差异程度是否符合公平正义的价值,首要考察的便是这种差异是否构成了对最少受惠者的基本生存权利的威胁。

二是教育公平要遵循平等原则。以现代化、市场经济的全面深入发展为特征的社会过程深刻地影响着我国教育利益、资源在社会成员中的分配格局,因而也影响着我国教育公平、正义。公平化应该贯穿于整个教育过程,教育应实现机会均等,需要确保适龄儿童拥有平等的受教育机会,让受教育者掌握参与社会和当今全球经济活动所需要的基本技能。知识是人类社会发展的共同成果,每个社会成员都应该平等地享有追求人类知识、增强自我能力的基本权利,特别是通过学校教育的方式来享有这种权利。

三是教育公平要遵循绩能主义的评价原则。绩能主义评价原则尊重个体的能力,允许教育差异的存在。平等原则虽然强调教育权利的享有不受个体的出身背景、性别和种族等非个人控制因素的影响,但是因个人的努力程度不同而产生的教育效果的差异也是教育公平必须遵循的重要原则。

---

① 《马克思恩格斯选集》第 2 卷,人民出版社,2012,第 230 页。

三 通过脱贫攻坚走向全面小康

贫困是建设现代化文明国家的最大阻碍，只有不断解决贫困问题才能更好地向文明社会迈进，进而不断促进精神文明的发展。党的十八大以来，以习近平同志为核心的党中央站在中华民族伟大复兴的历史高度，大力推行精准扶贫、精准脱贫，成功走出了一条中国特色的脱贫道路。通过脱贫走向全面小康和文明，为社会主义精神文明建设奠定了坚实的物质基础和群众基础，具有极重要的历史意义。

（一）走出贫困就是走向文明

社会发展史告诉人们，物质生活需要和精神生活需要是人类生活需求的两个方面。物质生产活动和精神生产活动是满足人类自身需要和发展的根本性活动，因此，实现物质文明和精神文明的发展和进步是人自身发展和社会进步的内在驱动力，其中物质文明的发展处于更为基础性的地位。贫困一直以来是困扰人类社会发展的全球性问题。一部人类社会的发展史既是不断同贫困抗争的历史，又是人类从愚昧走向文明的历史。党的十九大报告明确提出，我国社会主义初级阶段的奋斗目标分为新的三步走：一是到2020年全面建成小康社会，实现第一个百年奋斗目标；二是从2020年到2035年，在全面建成小康社会的基础上再奋斗15年，基本实现社会主义现代化；三是到21世纪中叶建成富强民主文明和谐美丽的社会主义现代化强国。[①] 新三步走描绘了我国社会文明发展的宏伟蓝图。文明是现代化社会的标志，文明建设是社会主义现代化建设中的重要一环，文明在当代中国包含丰富的内涵，包含社会主义物质文明、精神文明、政治文明、社会文明、生态文明。这五大文明之间存在着相互联系、相互区别、相互制约、相互影响的互动关系。"物质文明是人类物质生活的文明状况，是

[①]《习近平谈治国理政》第3卷，外文出版社，2020，第22页。

第五章 社会发展是精神文明建设的有力支撑

人类赖以生存的基础"①,它是生产力发展水平的体现,包括物质资料的生产以及科学技术发展状况,并在一定程度上反映出人们认识物质世界和改造物质世界的能力。相较于精神文明、政治文明、社会文明、生态文明,物质文明建设在社会主义现代化建设中更为基础。建设物质文明就是要不断提高生产力发展水平,加大力度解决贫困问题,不断提高人民的生活水平。"通过社会生产,不仅可能保证一切社会成员有富足的和一天比一天充裕的物质生活,而且还可能保证他们的体力和智力获得充分的自由的发展和运用。"②

贫困问题是当今世界最尖锐的社会问题之一,是制约国家发展的重要难题。消除贫困一直以来是人类梦寐以求的理想,是各国人民追求幸福生活的基本保障和权利,是精神文明建设能否顺利开展的根本前提。亚里士多德认为幸福生活除了具备人之为人的德性之外,还需要一定的外在善,如财富。2000年联合国制定了千年发展目标,着力推动全球减贫事业,各国在反贫困的实践中都进行了自己的探索,但大多没有取得令人满意的结果。发展中国家在解决结构性贫困问题时往往力不从心,大量落后地区的贫困人口还生活在温饱线之下。高收入发达国家虽然普遍摆脱了绝对贫困问题的困扰,但相对贫困和内部差距扩大等问题也导致了社会矛盾的不断激化。我国是世界上最大的发展中国家,自改革开放以来,人民物质生活水平得到了巨大提升,但是由于国家疆域辽阔、地方地形气候差距大、地方风俗习惯不同等,各地经济发展极度不平衡,有些地方仍然存在着相对贫困问题,以及由贫困衍生出的社会问题,对社会整体发展产生了诸多负面影响。首先,贫困滋生出不良社会行为。一些不满于自身物质生活的人,为了改善自己的生存条件而铤而走险,作出违法犯罪的行为,如抢劫、贩毒、贩卖人口等,对社会安全和稳定造成严重影响。其次,贫穷不利于激发社会成员潜能。社会的发展需要活力,需要有广阔视野、开阔思维和创造能力的社会成员的奉献,贫困使得人只能专注于自身的物质及生

---

① 李辉、韦莉莉:《以文化人:"两个文明"协调发展的价值目标》,《学术前沿》2016年第24期。
② 《马克思恩格斯选集》第3卷,人民出版社,1995,第633页。

存需求，缺乏长远规划和远大理想，造成人的精神匮乏，制约人的潜能发挥，不利于人的全面发展，也不利于社会进步。最后，贫困不利于推进社会的民主政治建设。就一般情形而言，贫困者很难有效介入社会公共生活。从基本需求而言，贫困者主要关心的是自己的基本生存状况，对社会事务的关心程度偏低；从其能力而言，贫困者大部分教育文化程度偏低，长期处于落后封闭的地区，导致思想处于封闭状态，不具备参加民主政治建设的素质，很难积极参与民主事务。①

贫困是建设现代化文明国家的最大阻碍，只有不断改善贫困问题才能更好地使社会通向文明，实现精神文明建设的发展。消除贫困关系到人民的基本权利和福祉，这不仅体现了底线思维，而且也是社会主义本质的内在要求。习近平总书记指出："消除贫困、改善民生、逐步实现共同富裕，是社会主义的本质要求，是我们党的重要使命。全面建成小康社会，是我们对全国人民的庄严承诺。"② 可见，要全面建成小康社会，乃至实现社会主义现代化，实现中华民族伟大复兴，其根本前提就要使人民群众摆脱贫困、消除社会两极分化，实现共同富裕。只有走出贫困，改善人民基本的生存条件，提高人民的生活水平，才能充分发掘社会成员潜力，调动人民群众参与社会主义现代化建设的积极性和主动性，为全面建设现代化国家创造物质前提和获得群众基础。只有走出贫困，才能营造积极向上、民主文明、人人平等的工作环境，减少社会矛盾、营造文明和谐的社会氛围，提升人民群众的获得感和幸福度。总之，脱贫攻坚，让贫困群众摆脱贫困，契合人民对美好生活的现实期待，不仅有助于提升人民群众的整体物质生活水平，实现共同富裕，而且有助于提升人民群众的精神生活层次，促进精神文明建设的稳定发展。

（二）全面小康是人人小康

小康是指介于温饱和富裕之间的比较殷实的一种生活状态。"小康"这一概念源自古人，寄托着中国古人对理想社会的向往，是对一种富足、

---

① 张红英：《城市贫困问题带来的社会影响及治理对策分析》，《北方经济》2012 年第 11 期。
② 《习近平谈治国理政》第 2 卷，外文出版社，2017，第 83 页。

美好生活的憧憬和追求。《诗经》中的《大雅·民劳》篇中有"民亦劳止，汔可小康"的记载，这是中国古人对一种安定、舒适的生活的向往。在现代社会，"小康"一词不仅蕴含着对较高物质生活的追求，而且是对一种高质量精神生活和文明社会状态的向往。"小康社会是指在生活比较富足的同时，法令严明、安定和谐的一种社会状态。"[①]邓小平同志在擘画中国社会发展蓝图时首次提出了小康社会概念，意味着建设一个富裕、文明、和谐的新中国。随着改革开放的不断深入，人们对小康内涵的理解也不断深化。所谓全面小康社会不仅仅是解决温饱问题，而是要从政治、经济、文化、社会、生态等各方面满足人民群众的发展需要，其中精神文化需要是重要内容。全面小康不是一部分人的小康，而是在实现共同富裕基础上全体中国人的小康。全面小康即人人小康，就是全体人民充分享有较高水平的物质文明和精神文明生活水平。

党的十六大报告从经济、政治、文化、可持续发展四个方面进一步界定了小康社会和全面发展小康社会的要求，具体就是增加了六个"更加"：经济更加发展、民主更加健全、科教更加进步、文化更加繁荣、社会更加和谐、人民生活更加殷实。党的十七大报告在十六大报告确立的全面建设小康社会目标的基础上对我国发展提出新的更高要求，包括增强发展协调性、扩大社会主义民主、加强文化建设、明显提高全民族文明素质，加快发展社会事业，全面改善人民生活。党的十八大报告根据我国经济社会发展实际和新的阶段性特征，根据中国特色社会主义五位一体总体布局，将全面建设小康社会提升为全面建成小康社会。报告从经济发展方式、完善民主、文化建设、社会建设、提高生活水平五方面充实和完善了全面建成小康社会的目标。在党的十九大报告上，习近平总书记指出，我们既要全面建成小康社会、实现第一个百年奋斗目标，又要乘势而上开启全面建设社会主义现代化国家新征程，向第二个百年奋斗目标进军。[②]当前世界发展进入了全新时期，科技快速发展，互联网使人与人之间、国与国之间的

[①] 张占斌、高立菲：《全面建成小康社会：衡量标准与科学内涵》，《学术前沿》2016年第18期。

[②]《习近平谈治国理政》第3卷，外文出版社，2020，第22页。

联系更加紧密，这些改变除了给各国发展提供了机遇外还带来了巨大的挑战。全面建成小康社会不仅提高了人民生活的幸福度，也是迎接竞争激烈的国际挑战的重要一环。

全面小康是全体中国人民的小康，不能出现有人掉队。① 自改革开放以来，我国的经济发展水平得到了极大提升，人民的物质生活和精神生活得到了改善，相当部分人群甚至过上了较为富足的生活，但由于我国幅员辽阔，经济发展各地区存在明显差异，一部分乡村还比较落后，城乡二元结构、经济发展不平衡是当前我国面临的现实问题。经济发展不平衡加剧了社会两极分化，新冠肺炎疫情可能使得贫富差距进一步扩大，甚至导致阶层逐渐固化。如果欠发达地区贫困人群的生存和发展不能得到保障，势必使他们产生被剥夺感，从而激发阶层之间的矛盾和对立，影响社会和谐稳定。因此，全面小康必须是人人小康，在发展社会整体经济的同时要改善地区经济发展不平衡的状况。换言之，"蛋糕"不仅要不断做大，而且还要把"蛋糕"分好。我国社会历来有"不患寡而患不均"的观念。我们要在不断发展的基础上尽量把促进社会公平正义的事情做好，既尽力而为又量力而行，努力使全体人民在学有所教、劳有所得、病有所医、老有所养、住有所居上持续取得新进展②，使每个人都能享受到我国经济发展带来的红利，共享改革发展带来的成果。只有缩小贫富差距，才能真正缓解人与人之间、阶层与阶层之间、城乡之间的矛盾，营造良好社会氛围。立足于新时代的基本方位，我们要贯彻实施区域协调发展战略，实施乡村振兴战略，努力改进资源分配制度，促进社会公平正义，保障每个人的合法权益和利益，使每个人通过诚实劳动、合法经营得其所得、得其应得。只有实现人人小康，才是真正的全面小康，这是全面建成小康社会的本质、必然要求，也是开启建设社会主义现代化国家新征程的重要前提和条件。

（三）精准施策打赢脱贫攻坚战

党的十八大以来，以习近平同志为核心的党中央站在中华民族伟大复

---

① 《十八大以来重要文献选编》（中），中央文献出版社，2016，第720页。
② 《习近平关于社会主义社会建设论述摘编》，中央文献出版社，2017，第29页。

兴的历史高度，大力推行精准扶贫、精准脱贫，其力度、深度、规模、影响都是历史上前所未有的，取得了战略性、决定性重要进展，贫困地区和贫困群众的生产生活条件得到了极大改善，成功走出了一条中国特色减贫、脱贫道路。脱贫攻坚不仅为中华民族伟大复兴和全球减贫事业作出了重大贡献，而且为精神文明建设和发展奠定了坚实的物质基础和群众基础，具有极其重要的历史意义。回顾脱贫攻坚的历史性过程，我们不难得出中国取得决定性胜利的原因，即坚持了精准扶贫、精准脱贫这一基本方略。我国幅员辽阔，脱贫方式不可能每个地区都一个样，都需要因地制宜。脱贫攻坚贵在精准，要在精准，成败也在于精准。

精准识别贫困人口，细化扶贫措施。实施精准扶贫首先要回答"扶持谁"的问题。中国疆域辽阔，各地自然条件千差万别，区域经济社会发展不平衡，导致贫困的原因也各不相同。习近平总书记强调"集中优势兵力打歼灭战要从各地实际出发"。[1] 只有深入实际，对贫困户和贫困村精准识别，了解贫困状况，摸清帮扶需求，确保把真正贫困人口搞清楚，把致贫原因弄清楚，进而结合具体实际，因村、因户、因人制定帮扶措施，才能找对药方子，拔掉穷根子。正是在坚持"两不愁，三保障"这一基本要求的前提下，细分帮扶对象的年龄、受教育程度、家庭结构等实际情况，增强对帮扶对象的精准把握，才实现了对帮扶对象的有效脱贫。

落实扶贫政策，强化体制机制。党的十八大以来脱贫工作之所以取得了决定性成果，关键在于政策的落实到位，避免了工作不实、监管不严以及各种不同程度的形式主义。由于认真贯彻党中央各项扶贫政策，将政策"落地生根"，让好政策落到实处，凸显政策优势，我们所以才取得了脱贫攻坚的重大成果。习近平总书记强调："脱贫攻坚，从严从实是要领。必须坚持把全面从严治党要求贯穿脱贫攻坚工作全过程和各环节，实施经常性的督查巡查和最严格的考核评估，确保脱贫过程扎实、脱贫结果真实，使脱贫攻坚成效经得起实践和历史检验。"[2] 因此要继续完善落实中央统筹，省负总责，市县抓落实的管理体制，在脱贫攻坚取得决定性胜利的背

---

[1] 《习近平谈治国理政》第 2 卷，外文出版社，2017，第 88 页。
[2] 《习近平谈治国理政》第 3 卷，外文出版社，2020，第 152 页。

景下,要防止脱贫群众再次返贫。要把继续改善困难群众生活作为重中之重,努力提高帮扶政策的精准度和困难群众的满意度。

激发内生动力,调动脱贫热情。脱贫攻坚不仅需要物质上的帮扶,同时更需要精神上的激励。习近平总书记指出:"脱贫攻坚,群众动力是基础。必须坚持依靠人民群众,充分调动贫困群众积极性、主动性、创造性。"[1] 在脱贫攻坚工作实践中,我们党认识到贫困群众既是受扶的主体,又是脱贫的主体。切实激发脱贫攻坚的内生动力,激励和引导贫困群众靠自己的努力改变命运,支持贫困群众依靠自己的辛勤劳动实现脱贫致富,实现了由被动扶贫到主动脱贫。激发贫困群众的内生动力,"以发展式、保障式扶持为主,资金扶持为辅"[2],切实为贫困群众做好生活、工作等各方面保障,关心他们的精神需求,将外在的帮扶与内在的需求结合起来。另外,脱贫攻坚还注重激发贫困群众摆脱贫困的信心与决心,将扶贫与扶智、扶志结合起来。扶志是激发内生动力的前提,旨在解决贫困群众主动脱贫的积极性和主动性,使脱贫具有可持续的内生动力。扶智则是扶贫工作的重要落脚点,不断提高贫困群众的科学文化素养,在"富口袋"的同时"富脑袋",凝聚脱贫攻坚的强大精神动力。

巩固脱贫成果,防止大面积返贫。扶贫是一场持久战,已经脱贫的群众可能会因灾、因病等返贫,还有众多处于贫困边缘的人口也有可能面临陷入贫困的窘境。要坚决防止大面积返贫,坚决巩固好我们已经取得的脱贫成果。在确保现有贫困人口高质量脱贫的基础上,把防止返贫放在扶贫工作的重要位置上。基于此,我们要继续加快推进产业扶贫,"产业增收是脱贫攻坚的主要途径和长久之策"[3],使贫困群众有稳定收入来源,才能真正实现稳定脱贫。贫困摘帽不是脱贫攻坚的终点,而是另一个起点。贫困县、贫困人口摘帽后要保持扶贫政策的稳定性和连续性,做到摘帽不摘责任、不摘政策、不摘监管,继续夯实脱贫攻坚的基础,切实做到脱真贫、真脱贫。

---

[1] 《习近平谈治国理政》第3卷,外文出版社,2020,第152页。
[2] 曾小溪、汪三贵:《论决胜脱贫攻坚的难点和对策》,《河海大学学报》(哲学社会科学版)2019年第6期。
[3] 《习近平谈治国理政》第3卷,外文出版社,2020,第156页。

2020年现行标准下贫困人口全部脱贫是党中央向人民群众作出的庄严承诺,虽然新冠肺炎疫情给脱贫工作带来了重大挑战,但打赢脱贫攻坚战、全面实现小康社会是几代人一以贯之接续奋斗的梦想,我们党带领全国人民迎难而上,最终打赢了这场脱贫攻坚战,经受了历史和实践的考验,这既是物质文明的巨大成就,也是精神文明的巨大成就。

四 打造共建共治共享的社会治理新格局

习近平总书记明确指出:"不断满足人民日益增长的美好生活需要,不断促进社会公平正义,形成有效的社会治理、良好的社会秩序,使人民获得感、幸福感、安全感更加充实、更有保障、更可持续。"① 诚然,一个国家的社会治理,需要物质文明和精神文明齐头并进。一个文明、和谐、现代的国家,既要有发达的经济和活跃的市场,也要有繁荣的文化和昂扬的精神。改革开放以来,特别是党的十八大以来,我们党竭力把精神文明建设的进程内化为社会治理有序惠民的动力,助力实现政府治理、社会调节、居民自治、发展共享的良性互动。

(一) 共建是社会活力的集体凝聚

共建,即共同参与社会建设。共建体现全民观念,即社会建设不仅仅是党委和政府的责任,它要求社会成员共同参与社会体系的建设。当前社会建设的社会性、全民性决定了社会建设整个体系的发展和完善离不开各类社会主体的参与,包括公民、社会组织、市场主体等多方面的力量。如果把社会治理比作盖房子,那么"共建"就是打地基,只有把地基打牢固了,才能保证后面的工作正常有序进行,才能让"和谐社会"这座大厦屹立不倒。"对于现代社会治理而言,如果只有单一主体或单一中心,则谈不上共建的过程,也无法达到共建的结果。"② 因此,在新的历史条件下,

---

① 《习近平谈治国理政》第3卷,外文出版社,2020,第35页。
② 夏锦文:《共建共治共享的社会治理格局:理论构建与实践探索》,《江苏社会科学》2018年第3期。

要建立各方平等协作、合作互动的关系，形成多元主体共同打造社会事业的平台。在"共建"过程中，各方主体应该最大限度发挥自己的职责，形成合力，共同建设充满活力的社会。

同时，在"共建共治共享"社会格局中，共建是基础，是共治共享的前提，健全的制度和完善的体系是社会治理效果充分彰显的基础性条件。① 共建主要包括三方面：社会事业建设、社会制度建设、法治建设。在社会事业建设方面，要动员各类主体力量参与教育、医疗、卫生、社保、就业、基础设施等社会事业建设，发挥各类主体的积极性和自身优势，完善相关政策，促进社会事业建设发展。在社会制度建设方面，要高度重视制度的根本性、稳定性、长期性，高瞻远瞩谋划制度发展规划，在分配制度、税收制度、权利制度、社保制度等事关人民群众根本利益的制度上，决不能搞一言堂，"共建的核心在于参与"②，让各类社会主体参与到制度建设上来，积极吸收各类社会主体的建议，使制度符合实际、符合人民利益，否则就体现不了社会建设上"共建"这个最大优点。在法治建设方面，坚持依法治国，充分保障各类社会主体的积极性，为社会建设保驾护航。法律是成文的道德，道德是内心的法律。一方面，要系统总结各类社会主体在参与社会建设过程中的有益经验，对行之有效的好做法及时上升为法律，对不符合社会建设发展规律的举措要及时作出修改和完善；另一方面，也要重视我国优秀传统道德规范的作用，号召大家积极学习，提高自身修养，共建和谐社会。此外，在进行"共建"的过程中还要坚持党委领导、政府负责、社会协同和公众参与。"共建"的关键在于党的领导，党的领导是中国特色社会主义制度的最大优势，只有充分发挥党委在社会治理中总揽全局、协调各方的领导核心作用，才能充分发挥中央和地方两个积极性，充分调动各领域、各方面广大党员、干部和人民群众的积极性，形成强大合力。党委领导下的政府要积极承担自己的职责，在"共建"过程中以保障人民群众的根本利益作为工作的出发点和落脚点，积极

---

① 薛瑞汉：《新时代打造共建共治共享的社会治理格局研究》，《中州学刊》2018年第7期。
② 陈晓春、陈文婕：《习近平国家治理思想下"三共"社会治理格局：概念框架与运作机制》，《湖南大学学报》（社会科学版）2018年第3期。

调动各类社会主体的积极性，在保证正确方向的前提下适当放权，让各类主体有更大的自由参与社会建设。

要使社会治理充满活力，关键在于社会组织和公众的积极主动参与。社会组织是国家治理体系和治理能力现代化建设的重要力量，是社会治理的重要主体，要重视和发挥社会组织在创新社会治理、维护国家长治久安、维护社会和谐稳定、提供民生服务等方面的积极作用。通过创设环境、制度激励、法治保障等增强社会组织在社会建设中的参与感，保障社会组织的合法权益，使得社会组织能够放心大胆参与社会建设，为和谐社会建设贡献力量。公众作为社会建设中不可忽视的强大力量，要通过多种渠道唤起公众参与社会建设的主人翁意识，提高其参与社会建设的积极性和热情，增强参与社会建设的能力。政府要尽可能创造机会，积极鼓励公众参与决策、评估、监督，让公众能够真正参与到社会建设全过程中来。与此同时，要建立畅通的沟通与诉求渠道，让公众能够充分地表达自己的意愿和建议，积极搭建政民互动交流平台。习近平总书记在经济社会领域专家座谈会上强调："一个现代化的社会，应该既充满活力又拥有良好秩序，呈现活力和秩序有机统一。"① 诚然，当今的中国社会既需要活力，更需要秩序，建设这样的社会需要政府治理同社会调节、居民自治相结合，其中党领导下的政府治理是保证社会和谐稳定的基石，社会调节和居民自治是社会迸发活力的关键。

（二）共治是社会责任的集体担当

"共治，即全体社会成员共同参与社会治理。"② 实现国家治理体系和治理能力现代化的一个重要前提，就是使政府、公众等在内的多元化主体能共同参与到社会治理中去，充分调动和激发一切有利于社会治理的因素，推动社会的发展，实现社会治理效能的整体提升。习近平总书记指出，在社会治理格局中，共治是关键，打造全民参与的开放治理体系，要将党、政府、社会组织、市场等多元主体有机结合起来，树立大社会观、

---

① 习近平：《在经济社会领域专家座谈会上的讲话》，人民出版社，2020，第9页。
② 马庆钰、单苗苗：《准确理解共建共治共享的内涵》，《学习时报》2017年11月8日，第2版。

大治理观，这为我国社会治理工作指明了方向。在社会治理的过程中，政府居于主导地位，但这并不意味着社会治理只是政府的责任，社会治理人人有责，处在治理共同体之中的政府、社会、企业和公众等社会各方都肩负着一定的责任。换言之，社会治理新格局下的"共治"是多元主体的参与、是社会责任的集体担当，要想实现社会治理过程的"共治"及治理能力的提升，就必须依靠各方社会主体的力量。

目前，我国社会的主要矛盾表现为人民日益增长的美好生活需要与不平衡不充分发展之间的矛盾。社会主要矛盾的变化是与大局有关的历史变化，也是推进社会治理创新，营造共建共治共享社会治理模式的现实基础。在共建共治共享的社会治理新格局中，虽然所有治理主体的功能定位和权力边界各有不同、发挥的作用也各不相同，但是在社会治理过程中都承担着一定的责任。简言之，共建共治共享的社会治理新格局下的"共治"是社会责任的集体担当，各个主体在社会治理中都承担着不同身份角色。例如，党委要充分发挥党在治理体系中的领导核心作用；政府必须在治理体系中正确处理政府与市场、政府与社会之间的关系，明确政府与市场、社会之间的界限等。①"社会治理"中的社会是指全体人民的社会，是全体人民参与到治理全过程的社会，从而区别于传统社会管理过于强调政府的主体性职责以及单一性行政管理的制度特征。新时代背景下，中国社会发展面临许多新的问题与新的挑战，对于社会治理的内涵也提出了新要求和新期待。传统的社会管理方式已经无法应对当前的社会矛盾现状，需要更多的治理主体参与到社会治理过程中。我们只有通过坚持和完善共建共治共享的社会治理制度，才能集中力量形成社会治理最大合力，推动国家治理体系和治理能力现代化。党的十九届四中全会首次提出"完善党委领导、政府负责、民主协商、社会协同、公众参与、法治保障、科技支撑的社会治理体系，建设人人有责、人人尽责、人人享有的社会治理共同体"。②这

---

① 朱新武、王明标：《共建共治共享的社会治理格局：理论阐释与体系构建》，《新疆大学学报》（哲学·人文社会科学版）2018年第6期。
② 《中共中央关于坚持和完善中国特色社会主义制度 推进国家治理体系和治理能力现代化若干重大问题的决定》，中国政府网，2019年11月5日，http://www.gov.cn/zhengce/2019-11/05/content_5449023.htm。

一全新的时代命题,是我们党对社会治理规律认识的不断深化。社会治理新格局是共治的,其核心内涵是人民至上。我国是人民民主专政的社会主义国家,人民是国家的主人,社会治理应以人民为主体,充分彰显人民的主体性。每个社会成员都是社会治理的利益相关者,既是社会治理的对象,也是社会治理的主体。

全球化的社会环境下,经济快速发展导致社会结构、社会关系、社会行为方式、社会心理等发生深刻变化,社会的复杂性与多样性决定了由上而下的单向管理已经难以适应社会与民众的需求,因此,要通过改革不断完善社会治理体制机制,构建新型的共建共治共享治理格局,支持和鼓励社会各方面参与治理,增强每个人的认同感与归属感,更好地融入社会治理新格局,提升全体社会成员的社会治理责任意识、参与意识。只有让全民意识到社会治理新格局下的"共治"是社会责任的集体担当,才能实现好党委、政府、社会、公众等多元主体共同携手、开放融合的格局,形成社会治理最大合力。社会治理共同体的建设是一个渐进的、长期的过程,不可能一蹴而就。在建设过程中,社会各方应根据自身实际情况,开展各具特色的社会治理共同建设。作为社会治理的多元主体更需要共同分担社会责任,着眼全局、分类分层推进,凝聚社会治理的最大共识,形成社会治理的最大合力。习近平总书记指出:"一切治理活动,都要尊重人民主体地位,尊重人民首创精神,拜人民为师。"[①] 新时代背景下,社会治理新格局始终坚持以服务人民为根本宗旨,以人民群众为主体力量。坚持社会治理"共治"也是对全体人民参与权利的肯定、对全体人民利益的维护。

(三) 共享是劳动成果的集体享用

共享,即全体社会成员共同享用社会共建共治的劳动成果。在社会治理过程中,不仅需要政府、社会组织等多元社会主体参与"共建""共治",更需要实现社会劳动成果的集体"共享"。《中共中央关于制定国民经济和社会发展第十三个五年规划的建议》指出:"共享是中国特色社会主义的本质要求。必须坚持发展为了人民、发展依靠人民、发展成果由人

---

① 《习近平关于社会主义政治建设论述摘编》,中央文献出版社,2017,第70页。

民共享，作出更有效的制度安排，使全体人民在共建共享发展中有更多获得感，增强发展动力，增进人民团结，朝着共同富裕方向稳步前进。"① 新时代背景下，我们要始终坚持以人民为中心的发展理念，不断提升人民群众的幸福感、安全感、获得感，以实现改革发展成果由全体人民共同分享为目标，确保全体人民的共同富裕和安居乐业。

当前我国社会结构正在发生深刻变化，国内外环境复杂多变，社会矛盾多发。尤其是贫富差距悬殊、市场机制过于重视效率而忽视公平，导致群体利益分配不公、社会阶级分层明显等问题，急需社会进一步加强和创新治理格局，实现真正意义上惠及全民的"共享"。② 改革开放以来，特别是党的十八大以来，我们党一直在不断探索和推进社会治理现代化。社会治理事关全体社会成员的切身利益，只有在社会发展过程中调适与处理好各主体之间的资源分配与利益关系，才能最大限度地保障人民群众的利益需求，实现利益均等化和合理化。"共享"的社会治理格局始终坚持以人民的利益为出发点，通过对公共利益的合理均衡分配，使全体社会成员能够更好地享用社会经济发展所带来的政治成果、经济成果、劳动成果，更好地维护广大人民群众的根本利益。新时代背景下，人民美好生活需要日益多元，共享理念也是实现人民多元化需求的重要保障，它不仅体现了中国特色社会主义的本质要求，而且彰显了公平正义的价值取向。

共建共治共享是个不可分割的有机整体，互为依存。共享既是共建和共治的必然结果，也是共建共治的动态支撑。社会治理的根本目的在于共同分享社会发展成果，增进全体人民的福祉。打造共建共治共享的社会治理新格局，不是针对一部分人甚至少数人的共享，而是惠及全民的集体享用。这既是社会治理共享理念所具有的本质内涵，也是中国特色社会主义社会治理方略与西方国家社会治理理念的最大区别和最显著的优势。"治国有常，而利民为本。"社会治理共享格局的构建和发展，必须始终坚持"以人民为中心"的价值追求。正如党的十九大报告所指出的："坚持人人

---

① 《十八大以来重要文献选编》（中），中央文献出版社，2016，第793页。
② 秦寒：《共建共治共享的社会治理格局：时代价值、架构与实践路径》，《上海市经济管理干部学院学报》2019年第6期。

尽责、人人享有，不断满足人民日益增长的美好生活需要，不断促进社会公平正义，形成有效的社会治理、良好的社会秩序，使人民获得感、幸福感、安全感更加充实、更有保障、更可持续。"[1] 人民是社会治理的出发点和落脚点。共建的力量来自于人民，共治的智慧出自于人民，共享的成果为了人民。共享不是简单地将劳动成果进行平均分配，而是要通过构建共建、共治、合作的体制、机制等方式，使全体社会成员均衡享有所取得的劳动成果，让劳动成果越来越公平地惠及全体人民，从而真正增进社会福祉，实现真正意义上的劳动成果集体"共享"。我国是社会主义国家，实现共同富裕是社会主义的本质要求。共享坚持公平正义，坚持人人平等享有社会治理成果的核心理念，使人民群众拥有更多的获得感、幸福感，充分体现了共同富裕的价值追求。人民群众既是劳动成果的创造者，也是劳动成果的享有者。"共享"的价值原则充分体现了人民群众的生存发展等权益获得巨大提升，是社会物质文明和精神文明充分发展的具体体现，充分彰显了社会文明的巨大进步。

（四）共建共治共享表征着社会的文明与和谐

立足于新时代的基本方位，我国社会的主要矛盾已经转变为"人民日益增长的美好生活需要和不平衡不充分的发展之间的矛盾"。我国社会主要矛盾不仅揭示了中国民生难题，也指明了社会治理方式的有效方向。中国的基层社会治理要体现"以中国实践为基础"的工作方法，要立足于中国的实际。由谁共享以及共享什么？由谁治以及治理谁？由谁建设以及建设什么？这三个大问题值得我们思考。

习近平总书记在全国社会治安综合治理表彰大会中强调："要坚定不移走中国特色社会主义社会治理之路，善于把党的领导和我国社会主义制度优势转化为社会治理优势，着力推进社会治理系统化、科学化、智能化、法治化，不断完善中国特色社会主义社会治理体系，确保人民安居乐业、社会安定有序、国家长治久安。"[2]社会治理成为当今中国构建和谐社

---

[1] 《习近平谈治国理政》第3卷，外文出版社，2020，第35页。
[2] 《习近平谈治国理政》第2卷，外文出版社，2017，第384页。

会的一剂良方，旨在实现社会从"管理"角色向"治理"角色的转变。国家治理现代化不是一句空话，不是纸上谈兵，更重要的是要加强社会治理的政治保障建设、自治建设、法治建设和德治建设，进一步推进社会治理体系和治理能力现代化建设。① 共建共治共享是新时代我国社会治理的价值原则，表征着社会的文明与和谐。其一，体现了"以人为本"的理念。共建共治共享彰显了基层社会治理创新，契合了人民群众对美好生活向往的需要，体现了人的主体性和"以人为本"理念。社会的进取不仅体现在经济的繁荣增长，而且还体现在文明程度的提升。一个人人都能参与社会建设的社会，充分彰显了其社会文明发展水平。其二，形成了多元共治理念。"治理是多元主体以协商为基础，以合作为支撑，以共赢为目标指向，遵循共同规则共同应对处理公共事务的持续过程。"② 所谓多元主体是党委、政府、社会、公众、法制，这五方力量共同参与到共建共治共享的队伍当中来，形成联动共治、互助共建、共赢共享的友好局面。③ 它不再仅仅凸显党委和政府的一元治理格局，而是创新性地加入了社会和公众的力量，形成具有中国特色的多元主体共治的理念。通过整合多元主体力量、共建制度和共治机制，从而创造社区、社会治理新格局。

因此，为更好地实现社会的发展与和谐，应采取以下策略增强共建共治共享的实践能力。一是要形成一定的指导机制。恩格斯指出："一个民族要想站在科学的最高峰，就一刻也不能没有理论思维。"④我们要以习近平新时代中国特色社会主义思想为指导，坚持以"人民为中心"的价值理念，贯彻共建共治共享治理新机制，形成一种人人参与、全体社会成员共享的治理新格局。二是发挥现代信息网络技术优势，打造智能化治理模式，增强社会治理模式的科学性和及时性。政务数据公开透明、民生反映渠道便捷、社区网格智能化凸显等是现代大数据技术背景下的智能化治理

---

① 韩旭、刘东雪：《新冠肺炎疫情视角下加快推进社会治理体系和治理能力现代化对策研究》，第十七届沈阳科学学术年会会议论文，沈阳，2020年10月。
② 夏锦文：《共建共治共享的社会治理格局：理论构建与实践探索》，《江苏社会科学》2018年第3期。
③ 刘德洋、张君弟：《新时代我国乡村人居环境多元主体协同共治研究——以广东省Y市Z镇"三清三拆三整治"为例》，《西华大学学报》（哲学社会科学版）2020年第5期。
④ 《马克思恩格斯文集》第9卷，人民出版社，2009，第437页。

创新，能够很好地实现现代网络技术与社会治理的有效结合。随着智能手机的普及，"随手拍不文明现象""随手拍好人好事"，这样的新措施让每个人都是"发声人"，可以声讨不文明现象，也可以点赞鼓励文明现象，这很大程度上使得社会正能量得以弘扬与传播。三是着力夯实基层治理。所谓基层治理，就是突出党建引领，围绕社区来进行治理主体和资源的整合。基层治理旨在构建"小社区、大协商"的命运共同体，夯实社会治理基础，很大程度上，基层治理善用群众影响力量，是基层民主的最直接体现。

总之，共建共治共享一方面充分秉持"以人民为中心"的价值理念，注重公众参与，汇集人民力量，切实提高全民参与社会各类事务治理的质量和水平；另一方面，共建共治共享凝聚了人民智慧，通过汲取人民群众的创造经验和智慧，提高社会治理水平和效能，充分满足人民群众对美好生活的多元需要。共建共治共享着眼于人民福祉与社会的共同富裕，有助于提升国家治理能力现代化的层次和水平，是社会的文明与和谐的重要彰显和表征。

第六章　生态美丽是精神文明建设的题中之义

人与自然的关系是人类社会最基本的关系。人依靠自然生存和发展，离开了自然，人类就失去了生存和发展的时间空间环境与物质基础。从一定意义上说，人类社会的发展史就是一部人与自然的关系史。人与自然是生命共同体，热爱自然就是热爱人类自身。正确处理人与自然的关系，牢固树立人与自然和谐共生的生态文明观，建设美丽中国，是新时代精神文明建设的重要内容和题中之义。

一　坚守"绿水青山就是金山银山"的生态理念

美好生活要求一定的物质财富，只有经济发展才能增加社会财富，而自然又是经济发展的基础。恩格斯在《自然辩证法》中批判了庸俗政治经济学家关于劳动是一切财富的源泉的论调，指出："劳动和自然界在一起才是一切财富的源泉，自然界为劳动提供材料，劳动把材料转变为财富。"① 因此，在追求"金山银山"的经济发展中，要守护"绿水青山"的大自然本色，坚守"绿水青山就是金山银山"的生态理念，把生态文明建设融入经济建设、政治建设、文化建设、社会建设各方面和全过程。

（一）绿水青山涵养文明气质

人因自然而生，自然因人而化。"人靠自然界生活。这就是说，自然

---

① 《马克思恩格斯选集》第3卷，人民出版社，2012，第988页。

界是人为了不致死亡而必须与之处于持续不断的交互作用过程的、人的身体。所谓人的肉体生活和精神生活同自然界相联系，不外是说自然界同自身相联系，因为人是自然界的一部分。"① 一般而言，人在与自然的交互实践中，往往会产生两种结果。一是人类尊重自然，顺应自然，按照自然发展规律来改造自然，人与自然协调发展、和谐共处，处处皆是绿水青山、鸟语花香，人类的文明写在了自然中。二是人类违背自然规律，破坏生态系统，人与自然相互对立，自然被人类破坏得千疮百孔，伤痕累累，自然界反过来以同样的方式对待人类，人类自身最终受到自然无情的惩罚。由此，人在改造自然的实践中不断塑造自身的形象，这些形象不是文明的，就是丑恶的；人在自然界中所扮演的角色，不是保护者、守护者，就是破坏者、受罚者。

作为自然之子的人类，为了自身的持续生存发展，不能站在自然之外、凌驾于自然之上去支配自然，不能满足于对自然的征服，而要尊重自然，爱护自然，让自然的"绿水青山"不受破坏，否则就要受到自然的惩罚。恩格斯曾举例说明人在陶醉于对自然的胜利时，自然界对人类的报复："美索不达米亚、希腊、小亚细亚以及其他各地的居民，为了得到耕地，毁灭了森林，但是他们做梦也想不到，这些地方今天竟因此而成为不毛之地，因为他们使这些地方失去了森林，也就失去了水分的积聚中心和贮藏库。阿尔卑斯山的意大利人，当他们在山南坡把那些在山北坡得到精心保护的枞树林砍光用尽时，没有预料到，这样一来，他们就把本地区的高山畜牧业的根基毁掉了；他们更没有预料到，他们这样做，竟使山泉在一年中的大部分时间内枯竭了，同时在雨季又使更加凶猛的洪水倾泻到平原上。"② 回顾人类历史，这种教训是非常深刻的，毁灭森林导致水土流失，"绿水青山"变成不毛之地，世界上许多地方都曾经发生过这样的悲剧。如果人类目光短浅，只看到局部的、片面的经济利益，却把整体的、系统的自然生态破坏了，甚至可能导致文明的衰败，古巴比伦、古埃及等文明的衰落，就是典型的例证。

---

① 《马克思恩格斯选集》第1卷，人民出版社，2012，第55～56页。
② 《马克思恩格斯选集》第3卷，人民出版社，2012，第998页。

人类的发展与自然界的发展是共存的，必须把经济发展与自然环境保护统一起来，既要"金山银山"，更要"绿水青山"。"绿水青山"是一种价值理念、行为取向，是人类经济社会发展中所体现的文明气质。这主要体现在两方面。第一，人类对自然生态环境的保护与守护，是人类对其生于斯长于斯的自然界的关心、关怀、爱护，人类把自己的活动限定在特定范围内，减少其对大自然的负面影响，让自然界保持其生机勃勃的本来面貌。第二，人类按照自然规律对自然界进行改造与美化，根据自身的生存发展需要，主动对自然进行加工与改造，通过人化自然，让自然成为更适合人类生存发展的宜居之地。"绿水青山"理念的建构过程，实际上是人类文明的创造过程。文明的生活离不开对环境进行美的塑造，人类按照美的追求来改造自然，彰显着人类精神文明的进步。"绿水青山"既是自然的本真，也是人类改造自然所希冀的目标，体现了人类对动物的精神性超越。正如马克思所指出："动物只是按照它所属的那个种的尺度和需要来构造，而人却懂得按照任何一个种的尺度来进行生产，并且懂得处处都把固有的尺度运用于对象；因此，人也按照美的规律来构造。"① 人类把美的观念、审美情趣渗透到自然的改造实践中，使生态环境能够按照"绿水青山"美的规律延续，这本身就是精神文明建设的重要内容。

（二）绿水青山优于金山银山

绿水青山是人类的生态目标，金山银山是人类的经济目标。绿水青山与金山银山是一对矛盾统一体，如何处理绿水青山与金山银山的关系，直接影响人类经济社会和人类文明发展。习近平总书记于2013年9月7日在哈萨克斯坦纳扎尔巴耶夫大学演讲时指出："我们既要绿水青山，也要金山银山。宁要绿水青山，不要金山银山，而且绿水青山就是金山银山。我们绝不能以牺牲生态环境为代价换取经济的一时发展。"② 习近平总书记的这段话指明了绿水青山与金山银山的依存关系，肯定了绿水青山相对于金山银山的优先性，为经济发展与自然生态保护提供了指南。绿水青山与金

---

① 《马克思恩格斯选集》第1卷，人民出版社，2012，第57页。
② 《习近平关于社会主义生态文明建设论述摘编》，中央文献出版社，2017，第20~21页。

山银山都是人类社会发展的客观需要,二者不是非此即彼的对立物,而是和谐共存、并行不悖的统一体。因此,必须坚决摒弃以牺牲绿水青山为代价换取金山银山的发展模式,拒绝用眼前利益换取长远利益的思维方法。自然资源不是单纯服务于经济发展的客体,绿水青山本身就是社会财富,生态优势也可以变成经济优势,保护、开发和利用好自然资源就是积蓄财富、发展经济。

曾经有一段时期,人们把经济发展与环境保护的对立面放大,认为财富增长与环境保护相互独立,甚至相互对立。要发展经济,就要牺牲自然环境;要保护自然环境,就要牺牲经济发展。囿于"只要金山银山,不要绿水青山"的思维,一些地方片面追求经济发展,无视自然承载能力,比如无序开挖地下资源,过度抽取地下水,过多排放有害气体,过量使用农药化肥,导致大气、水体、土壤等被污染。用牺牲绿水青山去换取短时的经济发展,直接破坏生态环境,或者造成生态环境隐性恶化,直至打破生态系统的终极平衡。等受到破坏的自然生态环境影响人们的生活、生存之后,人们又不得不花费大量金钱进行生态修复,造成了自然资源与人类劳动的无意义浪费。而且,生态环境具有不可逆性,当其遭到破坏之后,很难修复如前。当人们赖以生存发展的自然生态环境已经千疮百孔,没有资源可取时,经济又如何发展呢?因此,必须把保护好绿水青山放在核心位置,让金山银山建立在绿水青山之上,正所谓"留得青山在,不怕没柴烧"。

"绿水青山"和"金山银山"都很重要,两者既相对立,又相统一,当两者同时呈现时,"绿水青山"相较于"金山银山"具有优先性。习近平总书记曾明确要求:"把生态环境保护摆在更加突出的位置。"[1] 坚持生态优先、绿色发展,一旦经济发展与生态保护发生冲突和矛盾时,要毫不犹豫地把保护生态环境放在首位。生态保护相对经济发展来说具有先在性,优美的生态环境是经济发展的前提条件。绿水青山作为重要的生产要素,是经济社会发展不可或缺的核心资源。破坏了绿水青山,破坏了生态环境,也就丧失了经济发展的基本条件,丧失了金山银山赖以存在的根

---

[1] 《习近平关于社会主义生态文明建设论述摘编》,中央文献出版社,2017,第20页。

基。有了绿水青山,就有了永续发展的根基,就可以将绿水青山即生态环境内化为生产力,将生态优势转化成经济优势。而且,优美的生态产品本身就是难得的消费对象,是经济增长的重要极点。因此,"绿水青山可以带来金山银山,但是金山银山却买不到绿水青山"。① 绿水青山是金山银山的先在条件,有了优美的自然生态环境,就有了经济发展的基础和保障。

(三) 金山银山立于绿水青山

绿水青山对于金山银山的先在性与优先性,决定了追求金山银山必须立足于绿水青山。金山银山是人们美好生活的必要条件,绿水青山是人们享受美好生活的基本条件。贫穷不是文明,文明社会离不开经济发展。但是,经济发展又不能以破坏生态环境为代价。金山银山是文明的体现,绿水青山更是文明的内在要求。经济发展要以良好的自然生态为基础,实现经济生态化和生态经济化。一方面,经济增长不能以资源大量消耗和环境毁坏为代价,要实现生态驱动型、生态友好型发展,即经济的生态化;另一方面,要把优质的生态环境转化成居民的货币收入,根据资源的稀缺性赋予它合理的市场价格,尊重和体现环境的生态价值,进行有价有偿的交易和使用,即生态的经济化。

不管是经济生态化还是生态经济化,都要立足于绿水青山,发挥各地生态优势,着眼于自然生态的具体情况,走有地方生态特色的经济发展之路,发挥绿水青山的经济功能与经济价值。2019年9月18日,习近平总书记在黄河流域生态保护和高质量发展座谈会上指出:"沿黄河各地区要从实际出发,宜水则水、宜山则山,宜粮则粮、宜农则农,宜工则工、宜商则商,积极探索富有地域特色的高质量发展新路子。"② 虽然习近平总书记的讲话主要针对黄河流域沿岸,但对全国不同自然生态条件下的经济社会发展具有重要指导意义。从生态的经济角度看,良好生态本身蕴含着无穷的经济价值,能够源源不断创造综合效益,实现经济社会可持续发展。

---

① 潘家华等:《生态文明建设的理论构建与实践探索》,中国社会科学出版社,2019,第55页。
② 《习近平谈治国理政》第3卷,外文出版社,2020,第378~379页。

绿水青山既是自然财富、生态财富，又是社会财富、经济财富。因此，在生态功能重要地区，不宜发展产业经济，更需要保护生态，创造更多的生态产品，通过有偿使用而把生态产品直接转化为经济效益，实现生态经济化，将"绿水青山"直接转化为"金山银山"。同时，优美的生态环境也能够间接促进经济发展，正如习近平总书记所言："'鱼逐水草而居，鸟择良木而栖。'如果其他各方面条件都具备，谁不愿意到绿水青山的地方来投资、来发展、来工作、来生活、来旅游？"[①] 人来了，就要生产，要消费，就会源源不断地创造物质财富。

绿水青山作为自然财富、社会财富、经济财富，是人类文明的生态成果，需要持续维护。守护绿水青山，就是保护金山银山，就能实现人类文明的可持续发展。"经济发展不应是对资源和生态环境的竭泽而渔，生态环境保护也不应是舍弃经济发展的缘木求鱼，而是要坚持在发展中保护、在保护中发展。"[②] 所以，发展经济既要立足于满足人们的物质需要，也要立足于生态环境的保护，使绿水青山能够永远发挥其经济、政治、社会和文化价值。

二 培养热爱自然珍爱生命的文明意识

一部人类历史就是人与自然的关系史，是人类如何看待自然、如何对待自然以及自然如何反馈人类的历史。无数经验事实表明，人类善待自然，自然则以美馈赠人类，人类恶对自然，自然则以恶惩罚人类。人与自然是生命共同体，热爱自然就是热爱人类自身。

（一）人与自然和谐共生

大自然是包括人在内一切生物的摇篮，是人类赖以生存发展的基本条件。人以及人与自然的关系是人类历史的前提，人类历史既是人的历史，也是人类与自然的关系史。马克思恩格斯在《德意志意识形态》中指出：

[①] 《习近平关于社会主义生态文明建设论述摘编》，中央文献出版社，2017，第23页。
[②] 《习近平关于社会主义生态文明建设论述摘编》，中央文献出版社，2017，第19页。

"全部人类历史的第一个前提无疑是有生命的个人的存在。因此，第一个需要确认的事实就是这些个人的肉体组织以及由此产生的个人对其他自然的关系。"① 正确把握并处理好人与自然的关系，是人类走向文明的开端。

关于人与自然的关系，人类经历了不同的认识阶段。在原始文明阶段，人认为自然界中有一种神秘力量，这种神秘力量控制着人类，在自然界面前，人是被动的，屈从的。正如马克思和恩格斯所言，自然界"是作为一种完全异己的、有无限威力的和不可制服的力量与人们对立的，人们同自然界的关系完全像动物同自然界的关系一样，人们就像牲畜一样慑服于自然界，因而，这是对自然界的一种纯粹动物式的意识（自然宗教）"。② 早期人类对自然界的朴素认识，使人把自身与自然界对立起来，把自然界看作有别于人类的独立的存在，是一种异己的力量。在今天看来，古人对人与自然关系的认知体现出一种机械唯物主义思维，没有看到自然对人类的决定性，也没有看到人类在自然面前的主动性。自西方启蒙运动以来，随着人类思想的解放，科学技术的运用，工具理性思维占据社会主导地位，人类中心主义世界观大行其道。人类中心主义把人类自身看成宇宙中心和绝对主体，人类之外的自然界就是一种客体，是人类可以任意索取和占有的对象，是人类可以任意消费和使用的对象，是人类生存和发展的工具，具有"工具性价值"，其核心是"自然为我而在"。在这种价值观的指导下，自然界不再是山川河流、原野山脉等原初存在，而变成了可以生财的土地、矿藏、水产等，膨胀的欲望迫使人类为了自然财富毫无顾忌地征服自然。同时，人类还把自然界看成可以接收人类排放废弃物的免费垃圾场，不断地污染大自然，造成了对自然界的无情破坏。人类中心主义无视人类与自然的统一性，为了满足人类消费欲望，凭借日益发达的科学技术，无限地从自然界索取资源，无节制地把废弃物回放自然界，心安理得地享受自然界给人类的馈赠，享受着人类作为宇宙主人的快感。但是，人类对自然的每一次侵进，自然界都会给人类以相应的报复和回击。对此，恩格斯早就告诫过人类："我们不要过分陶醉于我们人类对自然界的胜利。

---

① 《马克思恩格斯选集》第 1 卷，人民出版社，2012，第 146 页。
② 《马克思恩格斯选集》第 1 卷，人民出版社，2012，第 161 页。

对于每一次这样的胜利,自然界都对我们进行报复。"① 美国人本主义哲学家埃里希·弗罗姆也对现代人的贪婪给自然界带来的破坏进行了批判和提醒:"我们奴役自然,为了满足自身的需要来改造自然,结果是自然界越来越多地遭到破坏,想要征服自然界的欲望和我们对它的敌视态度使我们变得盲目起来,我们看不到这样一个事实,即自然界的财富是有限的,终有枯竭的一天,人对自然界的这种掠夺欲望将受到自然界的惩罚。"② 这些忠告非常深刻,道理非常简单,即人类怎样征服自然,自然界必然以同样的方式回应人类。

事实上,人类只不过是浩瀚宇宙中的一个微小群体,是生活在地球上众多生物中的一种。从宏观角度看,人类和其他生物一样,与其他生物共同构成自然生态系统,人类与自然界是一个有机共同体。人类与自然界密不可分,虽然自然界先于人类而存在,但自人类产生以后,人类和自然界就结合在一起了,自然界是人的身体,人是自然界的一部分,只有在自然中,人才能生存,自然界是人类生活资料的来源。自然界又是人类活动的对象,为了使自然界更加适合人类的生存和发展,人把自己的活动融于自然界,通过改造自然为人类创造理想的物质生活条件。正如马克思所说:"在实践上,人的普遍性正是表现为这样的普遍性,它把整个自然界——首先作为人的直接的生活资料,其次作为人的生命活动的对象(材料)和工具——变成人的无机的身体。自然界,就它自身不是人的身体而言,是人的无机的身体。人靠自然界生活。这就是说,自然界是人为了不致死亡而必须与之处于持续不断的交互作用过程的、人的身体。所谓人的肉体生活和精神生活同自然界相联系,不外是说自然界同自身相联系,因为人是自然界的一部分。"③现代生态学也指出,人类所面对的生物圈是宇宙经由几十亿年的进化而来,在进化的过程中,地球外部环境、地球上的有机生物和无机生物种群协调发展的结果,是一个相对平衡与和谐的整体系统。在这个系统中,每一个物种都是适应自然界的产物,自然界也形成了一个

---

① 《马克思恩格斯选集》第3卷,人民出版社,2012,第998页。
② 〔美〕埃里希·弗罗姆:《占有还是生存——一个新社会的精神基础》,关山译,生活·读书·新知三联书店,1989,第10页。
③ 《马克思恩格斯选集》第1卷,人民出版社,2012,第55~56页。

自我调节、自我循环的相对完善的生态系统。但是，这个系统也是脆弱的，地球的资源、能源以及地球的自我净化能力都是有限的，任何超出自然界承载能力的消费都会对整个自然生态系统造成破坏，甚至是不可修复的致命性破坏。人类只有把自己看成自然界的一个有机组成部分，把自然界看成自己的无机身体，才能像对待自己的身体一样去对待自然，只有这样，人与自然才能和谐相处共同发展。

中华文明五千多年生生不息，积淀了丰富的处理人与自然关系的生态智慧。讲求"天人合一"的人与自然和谐共生理念，追求人与自然的高度融合，就是极具中国特色的生态智慧。《易经》从哲学的角度指出："有天地，然后有万物；有万物，然后有男女"，"夫大人者，与天地合其德，与日月合其明，与四时合其序，与鬼神合其吉凶，先天而天弗违，后天而奉天时"；道家主张"道法自然"，老子强调"人法地，地法天，天法道，道法自然"，强调把天地人统一起来，把自然生态同人类文明联系起来。中华优秀传统文化中的这些认识符合自然发展规律，是我们今天处理人与自然关系的重要遵循。历史与现实告诉我们，人与自然是生命共同体，"生态兴则文明兴，生态衰则文明衰"[①]，必须秉持人与自然和谐共生的生态文明观。大自然孕育抚养了人类，人类应该以自然为重，珍惜自然，爱护自然。生态环境没有替代品，用之不觉，失之难存。当人类合理利用、友好保护自然时，自然常常会慷慨地予以回报；但是，当人类无序开发、粗暴掠夺自然时，自然的惩罚必然是无情的。人类对大自然的伤害最终会伤及人类自身，这是无法抗拒的规律。所以，人类要持续发展，必须尊重自然、顺应自然、保护自然，这是人类进入生态文明阶段的必然要求，又是人类精神文明的时代体现。

（二）热爱自然就是热爱人类

人与自然和谐共生的生态文明观认为人与自然是同一的，自然是人的无机身体，人是自然的有机身体。看待自然的态度，就是看待人类的态度；如何对待自然，就是如何对待人类。破坏自然就是残害人类，热爱自

---

① 《习近平关于社会主义生态文明建设论述摘编》，中央文献出版社，2017，第6页。

然就是热爱人类，保护自然就是保护人类。

自然界是人生存和发展的基础，又是人的实践活动的对象。作为肉体的人，人的吃、喝、住、穿、用等物质生活资料，均直接或间接来源于自然界，人不可能逾越自然界凭空生产任何东西。也就是说，自然界是人的物质资料的终极来源。同时，人又是有意识的存在，有精神享受的需要，自然界可以成为人的精神活动的对象，人在认识和改造自然的劳动过程中形成了对自己主体地位的认知，通过对人与自然关系的解读获得精神需要的满足。因此，自然界既为人类提供生存发展的物质资料，也为人类提供精神生活的对象性来源。马克思曾深刻地指出："从理论领域来说，植物、动物、石头、空气、光等等，一方面作为自然科学的对象，一方面作为艺术的对象，都是人的意识的一部分，是人的精神的无机界，是人必须事先进行加工以便享用和消化的精神食粮；同样，从实践领域来说，这些东西也是人的生活和人的活动的一部分。人在肉体上只有靠这些自然产品才能生活，不管这些产品是以食物、燃料、衣着的形式还是以住房等等的形式表现出来。"[①] "自然界才是人自己的人的存在的基础"，"社会是人同自然界的完成了的本质的统一"。[②] 因此，人不能离开自然界而生存和发展，社会人的本质同自然界的本质是有机统一的，人对自然界的需要与自然界对人的作用相辅相成，表征着人对自然界的价值观念和价值取向。

人对自然具有绝对的依赖性，人由自然而生，自然因人而美。人依靠自然生存发展，人类所需要的一切生产生活资料均来源于自然界，人类的历史其实就是人类与自然界的物质交换的历史。人类把自然作为实践的对象，人对自然的态度最终体现为人对自己的态度，对自然的实践结果最终也以对人的实践结果展示出来。人类对待自然的方式有两种：一是热爱与保护自然，二是伤害与破坏自然，是热爱与保护还是伤害与破坏，最终结果必然由人类自己承担。人以什么样的态度和方式对待自然界，自然界也会以同样的方式对待人类。人与自然作为生命共同体，具有不可分割性。热爱自然就是热爱人类本身，对自然的伤害最终也会伤及人类本身。人类热爱自

---

① 《马克思恩格斯选集》第 1 卷，人民出版社，2012，第 55 页。
② 《马克思恩格斯全集》第 42 卷，人民出版社，1979，第 122 页。

然、尊重自然、保护自然，自然就会慷慨回报人类，人类就能从自然中获得丰美的馈赠，人类就能生活在生态美的幸福之中，人类的文明程度就会更高。但是，如果人类无序开发、粗暴掠夺自然，自然就会以同样的方式报复人类，比如自然灾害频发、流行疾病常生，人类生活就会陷入困境之中。所以，自然就是生命，青山就是美丽，美丽就是文明，文明就是幸福。热爱人类就必须无条件地热爱自然、保护自然，"要像保护眼睛一样保护生态环境，像对待生命一样对待生态环境"。① 以待己之情来待自然，实际就是爱自己。

（三）珍惜生命就是敬畏自然

自然是有机界和无机界的结合，世界因生命而多彩，自然因生命而缤纷。自然是个生命系统，所有生命体相互依存，形成一个有机的生命共同体。所有的生命及其相互之间的关系，是经过漫长的历史演化而成的，"经过亿万年的演变，才有了如今地球上的生物——在无垠的时间长河中，生命体不断发展、进化和演变，终于达到与环境相适应的平衡状态。环境中有利与有害因素并存，严格塑造并影响着生存其间的生命体。岩石会释放危险射线，万物汲取能量的太阳光中也含有危害性短波辐射。地球上的生物体进行自然调节，以达到平衡状态，这个过程并非一蹴而就，需要千万年的光景才能达到"。② 自然界的生命形成不易，而且相当脆弱，人类需要极力呵护，对自然界的生命进行保护，本质上就是对人类生命的自我保护。任何对自然界生命的恶意伤害，都将是对人类生命的间接伤害。

人对自然生命的伤害表现为对野生动植物的滥食。大自然是天然的食材库，野生动植物是人类最早的食粮，人类在蒙昧时代就开始食用野生动植物，这是人类谋求生存不得不进行的竞争性选择。进入文明时代后，由于低下的生产力限制，人类仍然以原始方式生活，正如《礼记·礼运》有道："未有火化，食草木之实，鸟兽之肉，饮其血，茹其毛。"③ 但是，众所周知，野生动植物身上携带大量细菌、病毒以及各种寄生物，食用这些

---

① 《习近平关于社会主义生态文明建设论述摘编》，中央文献出版社，2017，第8页。
② 〔美〕蕾切尔·卡尔森:《寂静的春天》，辛红娟译，译林出版社，2018，第4页。
③ 《礼记》（上），胡平生、张萌译注，中华书局，2017，第423页。

野生动植物，尤其是没有煮熟的动植物，经常会使人类患病。对火的掌握与使用，是人类文明的巨大进步，用火烹饪的熟食让食物的安全性有了本质性提升，人类慢慢处于自然界中食物链的顶端，也正是在这一过程中，人类逐渐成为其他动植物的天敌。例如，"澳洲大陆在4.5万年前迎来了第一群人类，两千年后当地体重在50公斤以上的动物遭到灭绝，捕猎带来的火灾让森林变成了荒原，只剩下最耐火的桉树'独步天下'"。① 进入农耕时代以后，人类虽然学会了驯化某些野生动物使之成为家禽家畜，为自己提供比较稳定的肉类食物，但人类并没有珍惜野生动物，野生动物的命运并没有因此而得到改变。人类同样围猎野生动物，人类自身的繁衍、活动范围的扩张继续侵蚀着野生动植物的栖息地，导致一些物种逐渐消失。尤其是工业文明以降，人类中心主义泛滥，消费主义兴起，猎奇心理作祟，对野生动植物的生命侵害成规模展开，自然生物界的食物链遭到极大破坏，野生动植物的生命危机甚至直接构成了人类自身的生命危机。在人类发展史上，因为乱食野生动物带来的灾难事件不胜枚举。比如，2003年的SARS疫情已经确认源于食用野生动物；2020年初暴发的新冠肺炎疫情，成为21世纪传播速度最快、感染范围最广、防控难度最大的疫情，导致全球经济下滑、政治动荡、社会不安，已经有上百万人因感染新冠病毒被夺走了宝贵的生命。新冠肺炎疫情作为人类共同面对的严重公共卫生事件，虽然其产生原因没有最终被确认，但世界卫生组织将"通过动物直接传给人类"列为重大可能。如果说蒙昧时代的人滥食野生动植物是无知之举、无奈之策，那么现代文明社会中人类通过滥杀野生动植物来满足口腹之欲，则是一种恶习与劣行，与生态文明的理念格格不入。

人类对自然生命的伤害还表现为乱砍滥伐森林植被、滥耕乱占湿地草原。习近平总书记指出："人的命脉在田，田的命脉在水，水的命脉在山，山的命脉在土，土的命脉在林和草，这个生命共同体是人类生存发展的物质基础。"② 人类无节制地砍伐树木，破坏森林，必然导致水土流失，土地荒漠化，最终直接威胁人的生存环境，甚至让人失去适宜的生存空间。据

---

① 林震：《人与自然关系的"三个改变"》，《人民论坛》2020年第S1期。
② 《习近平谈治国理政》第3卷，外文出版社，2020，第363页。

考证,"与8000年前相比,地球上的原始森林覆盖率从一半左右下降到今天的7%,而在20世纪的100年中,全世界的原始森林有约80%遭到破坏"。① 从我们国家来看,一段时间以来,生态环境保护不够,植被、湿地、湖泊等破坏严重,"一度有90%以上的草原不同程度退化,长江中下游地区湿地萎缩严重,原有的100多个通江湖泊只剩下洞庭湖、鄱阳湖、石臼湖3个;海河、黄河、辽河水资源过度开发,利用率超过水资源可再生能力分别高达106%、82%、76%,远超40%的生态警戒线"。② 党的十八大以来,我国生态文明建设被置于更加突出的位置,对水土湿地等治理采取有效措施,生态平衡正在逐渐恢复,但让自然重新焕发生机,我们仍然有很长的路要走。

人与自然是生命共同体,所有生命体都是相互依存的有机统一体,伤害自然的其他生命,就是伤害人类自身。人类的文明,应该体现对生命的敬畏,尊重生命,热爱生命,珍惜生命,始终是人类文明的重要表征。"为了解决人类与其他生物共享地球家园的问题,我们提出了各种富有想象力和创造性的新方法,其中贯穿着一个永恒的主题:我们应当意识到自己面对的是生命,是活生生的生物群。"③ 生态文明是超越原始文明、农耕文明、工业文明的新型文明阶段,追求的不只是环境与生态本身的"文明",更加需要追求的是社会文明和人类文明。生态文明不仅仅体现在我们所处的生态环境的不断改善,更重要的是人们的行为举止要不断提升到"文明"高度。尊重和珍惜每一个物种,珍爱每一个生命,这应该成为人类的文明自觉。

三 推动形成绿色发展方式和生活方式

生态环境问题归根结底是发展方式和生活方式的问题。无度向自然索取资源、大量污染自然的发展方式不可取,挥霍浪费自然资源的生活方式

---

① 林震:《人与自然关系的"三个改变"》,《人民论坛》2020年第S1期。
② 林震:《人与自然关系的"三个改变"》,《人民论坛》2020年第S1期。
③ 〔美〕蕾切尔·卡尔森:《寂静的春天》,辛红娟译,译林出版社,2018,第245页。

亦不可取。推动形成绿色发展方式和生活方式,既是发展观的一场深刻革命,也是文明观的一场深刻变革。

(一) 良好生态环境是最普惠的民生福祉

党的十九大报告指出:"中国特色社会主义进入新时代,我国社会主要矛盾已经转化为人民日益增长的美好生活需要和不平衡不充分的发展之间的矛盾。"① 人民美好生活需要不仅对物质文化生活提出了更高要求,对生态环境也提出了更高要求。在物质匮乏年代,温饱是最大的民生,人们对生态环境的关注度不高。随着我国社会生产力水平的提高和人民生活水平的改善,人民群众的需要呈现多样化与多层次化的特点,对清新空气、清澈水质、清洁环境等生态产品的需求越来越迫切。人民群众希望呼吸清新的空气、喝上干净的水、吃上安全放心的食品,盼望生活的环境优美宜居。从"求温饱"到"盼环保",从"求生存"到"求生态",反映了新时代人民群众对生态环境的高度关注,环境问题也成为当下最迫切的民生问题之一。满足人民群众对良好生态环境的需要,提供更多优美的生态产品,成为我国社会主义现代化建设的重要任务。

生态环境与每个人的生活息息相关,是没有任何产品可以替代的公共产品。工业文明以前,人们认为生态环境是大自然对人类的馈赠,肆意享受自然界带给人类的天然福利,没有认识到生态环境是一种产品,缺乏对自然生态环境的保护意识与行动。事实上,自然环境属于地球上的所有生物,就此而言,自然环境属于一种公共产品,任何生命都有权利享受,也都有义务保护。对于人类来说,享用自然环境是每个人的公平权利,生活在同一时空的人们,不管其身份如何,均有权利享用自然环境带来的福利,也有义务维护自然环境的生态完整。以呼吸空气为例,每个人都有呼吸清新空气的自由,但是,清新空气需要人们的精心维护,只有对空气进行保护与治理,减少生产与消费过程中的废气排放,增加森林与绿地面积,才能保证蓝天白云,让人们享有真正的呼吸自由。人类赖以生存的土

---

① 习近平:《决胜全面建成小康社会 夺取新时代中国特色社会主义伟大胜利——在中国共产党第十九次全国代表大会上的报告》,人民出版社,2017,第11页。

地、水等资源也是如此，都是用之不觉，失之难存，只有充分珍惜，尽心呵护，才能造福人类，正所谓"青山就是美丽，蓝天也是幸福"。① 否则，即使经济发展了，但人们所依赖的空气、水、土地等却受到污染，人们的生活幸福就会大打折扣，甚至无从谈起。因此，自然生态环境就是民生，保护优美生态环境，就是维护人民生活福祉。

保护好生态环境是人类的共同责任。地球生态系统是一个相互联系相互依赖的共生系统，新鲜的空气，清洁的水源，肥沃的土地，需要全世界的共同努力才能实现与维持。人类社会是一个命运共同体，生态环境保护直接关乎全人类的福祉，正在受到国际社会的高度重视。比如，面对全球气候变暖的挑战，国际社会在1992年制定了《联合国气候变化框架公约》，其最终目标是："将大气温室气体的浓度稳定在防止气候系统受到危险的人为干扰的水平上，这一水平应当在足以使生态系统能够自然地适应气候变化、确保粮食生产免受威胁并使经济发展可持续进行的时间范围内实现。"可以相信，随着全球生态保护意识的普及与强化，在天蓝地绿水清的环境中享受美好生活，必将成为人类的价值共识，人类终将克服发展过程中的各种障碍，将地球建设成为美丽和谐的生态家园。

（二）坚持绿色发展才能走向持久发展

维护良好生态环境，推动绿色发展，目的是满足人们对美好生活的需要。绿色是生命的象征、大自然的底色，只有坚持绿色发展理念，发展才能有可持续空间，才能更加持久。绿色发展，就其要义来讲，是通过绿色理念来引领经济发展，在经济发展中实施有效环境保护，实现人与自然的和谐共生。从一定程度上而言，保护生态环境就是保护生产力，改善生态环境就是发展生产力，正如习近平总书记所指出："推动形成绿色发展方式和生活方式，是发展观的一场深刻革命。"② 党的十九大强调"必须坚定不移贯彻创新、协调、绿色、开放、共享的发展理念"。③ 贯彻落实绿色发

---

① 《习近平关于社会主义生态文明建设论述摘编》，中央文献出版社，2017，第8页。
② 《习近平关于社会主义生态文明建设论述摘编》，中央文献出版社，2017，第36页。
③ 习近平：《决胜全面建成小康社会 夺取新时代中国特色社会主义伟大胜利——在中国共产党第十九次全国代表大会上的报告》，人民出版社，2017，第21页。

展理念，就是要把生态环境保护放在经济社会发展更加突出的位置，摒弃损害甚至破坏生态环境的经济增长模式，形成节约资源和保护环境的空间格局、产业结构、生产方式、生活方式，把经济活动、人的行为限制在自然资源和生态环境能够承受的限度内，给自然生态留下休养生息的时间和空间。

绿色发展作为一种新的发展理念，注重的是解决人与自然和谐的问题，是与"黑色发展"截然不同的可持续发展模式。"黑色发展"是一种生态赤字，是严重破坏生态环境的不可持续发展模式，其结果是制造人与自然的尖锐对立，在自然遭到破坏的同时，人类自身的发展也遭到破坏。在人类历史上，这样的例子有很多，比如，20世纪的美国洛杉矶光化学烟雾事件、伦敦烟雾事件、日本水俣病事件等，都是"黑色发展"的典型案例，这些灾难性生态事件均给公众生活与社会发展造成巨大不良影响。与"黑色发展"不同，绿色发展强调对自然的尊重与敬畏，强调在尊重自然系统性与规律性的基础上开发与利用自然，在向自然索取的同时注重向自然的反馈，始终将自然资源的利用控制在自然修复力可承载的范围。因此，绿色发展是文明发展，绿色发展是可持续发展，是人类发展的新高度。

走绿色发展之路，必须摒弃有损甚至破坏生态环境的发展模式。应该致力于调整经济结构和能源结构，优化国土空间开发布局，培育壮大节能环保产业、清洁生产产业、清洁能源产业，推进生产系统和生活系统循环连接。始终恪守生态保护红线、环境质量底线、资源利用上线，摒弃粗放增值模式，坚持可持续发展思维，不能为了"今天有鱼吃"而不给"子孙留鱼吃"，而是要"今天不吃子孙鱼，明天子孙有鱼吃"。牢固确立"绿水青山就是金山银山"的理念，相信绿水青山既是自然财富、生态财富，又是社会财富、经济财富，促进绿水青山与金山银山的相互转化。坚信"保护环境就是保护生产力，改善环境就是发展生产力"。[①] 坚定不移守住绿水青山这个"金饭碗"，利用自然优势发展特色产业，因地制宜壮大"美丽经济"。在一些生态环境资源丰富又相对贫困的地区，通过改革创新，让土地、劳动力、资产、自然风光等要素活起来，让资源变资产、资金变股

---

① 《习近平谈治国理政》第2卷，外文出版社，2017，第209页。

金、农民变股东,把绿水青山蕴含的生态产品价值转化为社会财富。同时,面对科学技术的日新月异,要顺应科技革命和产业变革大方向,紧紧抓住绿色转型带来的发展机遇,以创新为驱动,推进产业转型升级,让良好生态环境成为经济发展的重要支撑,在绿色发展中促进经济社会持久发展。

(三) 自觉践行绿色生活方式

生产与生活是人类两大活动方式,都对生态环境产生影响。生态文明建设既要坚持绿色发展模式,也要践行绿色生活方式。生活方式是人的生活活动的基本形式,从一般意义上而言,主要包括劳动生活、消费生活和精神生活。人的生活与生态环境息息相关,不同生活方式会带来完全不同的生态效应。适度合理的生活方式,以保护自然生态为前提,可以让人与自然和谐共生;奢侈浪费的生活方式,可能构成对自然的无度索取,进而导致对自然的恶意伤害,直接降低人的生活质量。合理的生活方式必然是绿色的生活方式,绿色生活方式是一种可持续发展的、人与自然和谐共存的生活方式,它倡导对自然资源的适度开发与利用,强调以最少的环境污染促进最大化的人类健康发展目标。党的十九大报告提出:"倡导简约适度、绿色低碳的生活方式,反对奢侈浪费和不合理消费,开展创建节约型机关、绿色家庭、绿色学校、绿色社区和绿色出行等行动。"[①] 绿色生活方式可以实现生态环境的有效保护,有利于最普惠的民生福祉,是每个公民都应该践行的道德义务。习近平总书记在全国生态环境保护大会上强调:"生态文明是人民群众共同参与共同建设共同享有的事业,要把建设美丽中国转化为全体人民自觉行动。每个人都是生态环境的保护者、建设者、受益者,没有哪个人是旁观者、局外人、批评家,谁也不能只说不做、置身事外。"[②]所以,每个人都是生态环境的享用者,也应该做生态环境的保护者,要成为合格的生态环境保护者,就必须自觉践行绿色生活方式。

---

① 《习近平谈治国理政》第 3 卷,外文出版社,2020,第 40 页。
② 《习近平谈治国理政》第 3 卷,外文出版社,2020,第 362 页。

思想是行动的指南，践行绿色生活方式，关键是树立生态文明理念，增强节约意识、环保意识、生态意识，培养保护生态环境的意识自觉。中国优秀传统文化追求"天人合一"的生活方式，强调人与自然和谐共处，融为一体，你中有我，我中有你。庄子认为"天地与我并生，而万物与我为一"[1]，人与自然是一体的。王阳明表达了类似的观点："盖天地万物与人原是一体，其发窍最精深处是人心一点灵明，风雨露雷，日月星辰，禽兽草木，山川土石，与人原是一体。故五谷禽兽之类皆可以养人，药石之类皆可以疗疾。只为同此一气，故能相通耳。"[2] 传统中国人农耕田野，游历山水，以审美的眼光融入大自然，感受大自然，享受大自然，将人与自然视为一个有机整体，建构了顺应自然适宜身心的生活方式。相反，对藐视自然、违逆自然的思想意识与生活态度则持否定态度，孟子就提出了"顺天者存，逆天者亡"的忠告，强调天道与天意不可违，体现了对不可抗拒的自然力的敬重。今天的中国人应该吸取先辈们的生活智慧，始终坚守人与自然合二为一的生活理念，在尊重自然中营造美好生活，在美好生活中感受自然美妙。

作为消费者，人的消费行为直接影响自然环境。践行绿色生活方式，必须反对奢侈浪费和不合理消费，抵制西方消费主义生活方式。消费主义是消费主义文化、消费主义价值观和消费主义生活方式的统称，消费主义的主体可以是作为消费者的个人，也可以是一个集体，甚至可以是一个国家、一个社会。对个人来说，消费主义者崇尚和追求过度消费来体现人生的价值和意义，通过消费的符号意义来界定"我是谁"和区分"他是谁"。对于消费主义国家和社会来说，消费主义是一种发展主义，将消费简单理解为发展的动力和推手，让消费取代生产成为发展的力量，认为大量消费才能促进和维持国家和社会的发展，进而通过各种手段煽动人们的消费激情，激发人们的消费欲望，鼓励人们大量消费，使得整个社会崇尚过度消费，呈现消费至上的景观。消费主义生活方式是过度的和非合理的，必然导致过量消费与大量浪费。过度地向自然界索取资源和过度地向自然界排

---

[1] 《庄子》，孙通海译注，中华书局，2007，第39页。
[2] 王阳明：《传习录》，高高注，作家出版社，2016，第314页。

放"废弃物",最终可能导致自然资源枯竭,对自然界造成不可逆转的破坏,消费主义"对消费品的喜新厌旧成风,无限制的使用能量,我们的前途只能是生态系统的灾难"。①美国学者艾伦·杜宁在《多少算够——消费社会与地球的未来》中,以详尽的数据与事例生动地描述了大量消费所造成的生态污染与环境破坏,认为消费主义生活方式通过破坏生态系统来直接影响人类生存环境,恶化人与自然界之间的和谐关系。②可以说,消费主义既是不合理消费,也是不道德消费。因此,推动形成绿色生活方式,需要坚持节约优先,强化集约意识,在衣、食、住、行、游等方面形成节约集约的行动自觉;需要倡导环境友好型消费,推广绿色服饰、提倡绿色饮食、鼓励绿色居住、普及绿色出行、发展绿色旅游,抵制和反对各种形式的奢侈浪费。

在我国,也存在一些不合理消费观念和消费行为。习近平总书记2014年6月13日在中央财经领导小组第六次会议上的讲话中列举了系列现象,并要求对这些不合理消费进行制止。他指出:"改革开放以来,人民生活水平大幅度提高,同时奢侈浪费之风也开始起来了,特别是'土豪'式的生活方式,纵欲而无节制。有的人觉得住上大别墅、开上豪华车,一掷千金,醉生梦死,人生价值就实现了。看看越来越多的大排量高档汽车,越来越多的高档饭店、豪华会馆、洗浴中心,越来越多的大吃大喝、杯盘狼藉,看看一些地方热衷于建设的大广场、大马路、大草坪、大剧院、大灯光等,要用多少能源呀!对这种奢侈炫耀、浪费无度的消费行为要进行制约。"③良好的生活方式,建立在人的生存发展的实际需要基础上,不是欲望的无限满足。人的需要是有限的,以有限的需要追求无度的消费,是不可实现的,更是不文明、不道德的消费生活方式,必须予以批判和抛弃。事实上,自然资源是有限的,过度消费带来的自然资源的过度索取,实际上消费了子孙后代的生存发展资源,客观上造成了代际不公平。因此,践

---

① 〔美〕芭芭拉·沃德、勒内·杜博斯:《只有一个地球——对一个小小行星的关怀和维护》,《国外公害丛书》编委会校译,吉林人民出版社,1997,第165页。
② 〔美〕艾伦·杜宁:《多少算够——消费社会与地球的未来》,毕聿译,吉林人民出版社,1997,第29~37页。
③ 《习近平关于社会主义生态文明建设论述摘编》,中央文献出版社,2017,第117~118页。

行绿色生活方式,尤其要树立勤俭节约的消费观,从爱惜每一滴水、节约每一粒粮食做起,要给自然留下休养生息的机会,为子孙后代留下繁衍生存的生态空间。

从世界范围来看,绿色生活方式正越来越成为全球性共识,绿色消费成为绿色生活方式的核心内容。绿色消费来源于可持续发展理念,1994年,在世界经济合作与发展组织会议上,联合国可持续发展委员会号召对绿色消费和生存模式提出一个可行的计划[1],绿色消费理念由此逐渐得到广泛关注和传播。2009年12月,世界气候大会在丹麦哥本哈根召开,大会关注的气候变化、低碳经济、低碳生活等引起了全球瞩目,绿色消费理念得到进一步强化。2012年,联合国环境规划署把第41个世界环境日的主题定为"绿色经济,你参加了吗?"此举的目的是让人们意识到绿色经济的重要性,引导人们将绿色消费理念贯彻于日常生活实践。绿色消费"与可持续消费、生态消费、低碳消费一样,都倡导进行适度消费,在消费的过程中注重行为对生态环境所产生的影响,是一种新型的消费"[2]。目前,不少国家开始重视绿色消费问题,并出台了相关政策引导人们进行绿色消费。比如,德国在1997年就推出了"蓝色天使"计划,目的在于鼓励企业绿色生产、引导消费者绿色购买。我国对绿色消费也高度重视,在1999年由当时的国家环境保护总局等六个部门,共同实施了以"开辟绿色通道、培育绿色市场、提出绿色消费"[3]为主要内容的"三绿工程"。2007年,党的十七大报告明确提出"建设生态文明,基本形成节约能源资源和保护生态环境的产业结构、增长方式、消费模式"[4]。2012年,党的十八大报告把生态文明建设与经济、政治、文化、社会建设一起作为中国特色社会主义建设的"五位一体"总体布局而全面推进,建设生态文明成为基本国策,绿色消费自然成为新时代推进生态文明建设的必然要求。

---

[1] 曹凤中:《可持续消费与可持续生产是实施可持续发展的战略基础》,《环境科学动态》1995年第4期。
[2] 靳敏:《中国绿色消费政策研究》,中国人民大学出版社,2020,第8页。
[3] 靳敏:《中国绿色消费政策研究》,中国人民大学出版社,2020,第70页。
[4] 《胡锦涛文选》第2卷,人民出版社,2016,第628页。

四 在"美丽中国"建设中走向文明

美丽中国是中华民族伟大复兴的目标之一,建设美丽中国是实现中国梦的重要内容。党的十八大提出"努力建设美丽中国",党的十九大提出"加快生态文明体制改革,建设美丽中国",党的十九届五中全会通过的《中共中央关于制定国民经济和社会发展第十四个五年规划和二〇三五远景目标的建议》展望2035年的生态目标是:"广泛形成绿色生产生活方式,碳排放达峰后稳中有降,生态环境根本好转,美丽中国建设目标基本实现。"建设美丽中国,实现人与自然的和谐共生,是生态文明的中国实践,是人类文明的生态作为。美丽中国,是人民美好生活的真实体现,是物质文明、精神文明、生态文明的高度统一。

(一)生态文明就是精神文明

生态文明是对工业文明的扬弃、补充和升华,是对征服自然、索取自然观念的超越。生态文明要求尊重自然、顺应自然、保护自然,实现人与自然关系的有机统一。生态文明作为人类文明的崭新阶段,是人、自然、社会和谐发展的客观规律的必然结果,是人与自然、人与人、人与社会和谐共生、良性循环、全面发展、持续繁荣的文明成果的总和。

生态文明是人类文明的基本形态之一,以尊重和维护自然为前提,以人与自然的和谐共生为宗旨,以建立可持续的生产方式和消费方式为内涵,以引导人们走上持续、和谐的发展道路为着眼点。生态文明强调人的自觉与自律,强调人与自然环境的相互依存、相互促进、共处共融,既追求人与自然的和谐,也追求人与人的和谐,而且将人与人的和谐作为人与自然和谐的前提。可以说,生态文明是人类对传统文明形态特别是工业文明进行深刻反思的成果,是人类文明形态和文明发展理念、道路和模式的重大进步。它强调尊重和保护环境,强调人类在改造自然的同时必须尊重和爱护自然,反对人对自然的恣意妄为,实质上是对人的社会主体地位的重新诠释,体现了人对自己与自然关系的深刻反思,是人类在精神上的觉醒与进步。人类通过约束自己的行为,让优美自然环境成为美好生活的组成部分，体现了人类理性的力量。所以，人类走向生态文明的过程，同时也是走向精神文明的过程。

精神文明是人类文明的重要形态，是人类在社会历史发展过程中创造的、体现社会发展进步的精神成果。精神文明体现在社会发展进程中的经济、政治、文化、社会、生态等领域，是社会发展必不可少的内在力量，与物质文明、政治文明、生态文明深度交融。从一般意义上而言，精神文明主要侧重于人与人之间的关系，但精神文明所追求和体现的境界却不仅仅彰显在人与人的关系上。自然作为人的"无机身体"，与人有着天然的本质性同构，人与自然的关系在某种意义上也体现着人与人的关系，因此，人与自然的关系既关涉生态文明，也关涉精神文明，尊重自然、善待自然，是生态文明与精神文明的共同价值追求。人按照自然规律对自然进行改造，使自然更加适合人类生存发展，这是精神文明建设的应有之义。人对自然进行保护，对生态环境进行治理，还自然以绿水青山，还生活以自然之美，在优美的自然环境中陶冶情操，愉悦心情，这本身就是对精神文明的生动实践。

因此，生态文明就是精神文明，生态文明是精神文明在生态领域的体现，精神文明是生态文明的内在要求。人对自然生态实施有效保护，再造自己的生活环境，从宜居环境中享受美好生活，是人按照善的原则与美的尺度进行的精神文明实践。人在自然规律面前对自然的"人化"，是人类智慧的集中体现，是人类走向自由王国的必由之路，在此过程中，人与自然达成和解、走向和谐，依靠的是精神文明的持续进步。精神文明向更高层次发展的标志之一，必然是人不再站在自然之上去奴役自然、占有自然，而是按照自然规律和科学精神度量自然，保持人和自然的良性互动。所以，生态文明建设就是精神文明建设，建设精神文明，必须建设生态文明，精神文明和生态文明的统一，是新时代人类文明发展的新模式。

（二）"美丽中国"就是文明中国

"美丽中国"是山美、水美、人美等多种"美"的统一，是生态美、社会美的统一。美是一种文明，是建设美丽中国的内在要求。按照美的要求、美的规律来建设富强民主文明和谐美丽的中国，必须依靠经济、政治、文化、社会以及生态的文明发展。建设美丽中国，就是建设文明中国，美丽中国就是文明中国。

"美丽中国"首先体现为祖国的自然美、生态美、环境美。"美丽中国"美在祖国的大好河山，美在高山、湖泊、海洋、河流、森林、草原、平原、高原、丘陵、沼泽、花鸟鱼虫、飞禽走兽、日月星辰、风雨雷电、冰霜雨雪，美在阳光雨露恩泽万物、山川平原焕发生机。人类在与自然的物质交换中，不断认识自然、了解自然、利用自然，从被动适应自然到主动改造自然，从战胜自然到敬畏自然，最终形成了今天的生态文明观。人类深深懂得，大自然生育了人类、养育了人类、哺育了人类，大自然是人类的母亲，没有大自然，人类将无法生存，更谈不上发展。因此，建设美丽中国，就是对自然环境的悉心呵护，就是对自然家园的精心营造。党的十九大提出建设美丽中国，实现中国大地的自然美、生态美、环境美，既是对人民群众与自然相处的历史经验教训的科学总结，也是对中国优秀传统文化中"天人合一""万物一体""民胞物与""道法自然"等思想的时代阐释。从当前中国的自然生态现实来看，我们面临"资源约束趋紧、环境污染严重、生态系统退化的问题"。① 尽管"农产品、工业品、服务产品的生产能力迅速扩大，但提供优质生态产品的能力却在减弱"。② 所以，要想让我们的祖国变得美丽，就必须在发展经济的同时，始终如一地重视生态文明建设，学会把人的"内在尺度运用到对象之上"，即把人的审美需求渗透到"人化"自然的活动之中。同时，又要"按照任何一个种的尺度来进行生产"③，充分考虑自然的承载能力，按照自然规律保护自然、利用自然与改造自然。只有让自然生态维持其天然的美丽，人们才有鉴赏美丽的空间场域。

"美丽中国"体现着中国人民的生活美。只有生态美而没有生活美，不是真正的中国美。生态美是生活美的基础，生活美必然包含生态美。人民对美好生活的需要，就是生活美和生态美的高度统一。习近平总书记在

---

① 《习近平关于社会主义生态文明建设论述摘编》，中央文献出版社，2017，第62页。
② 《习近平关于社会主义生态文明建设论述摘编》，中央文献出版社，2017，第10页。
③ 《马克思恩格斯选集》第1卷，人民出版社，2012，第57页。

十八届中央政治局常委同中外记者见面时说:"我们的人民是伟大的人民。在漫长的历史进程中,中国人民依靠自己的勤劳、勇敢、智慧,开创了各民族和睦共处的美好家园"①,"我们的人民热爱生活",我们的人民"期盼更优美的环境","人民对美好生活的向往,就是我们的奋斗目标"。② 生活有美,美在生活,生活就是追求美、发现美、享受美的过程。人类的一切活动都是按照美的要求、美的规律来进行的,美指引着人们的生活追求。人们在生活中发现美、创造美、实现美,不断塑造审美标准,强化审美判断,提升审美能力。在追求美好生活中,人们弘扬真善美,鞭挞假恶丑,通过对美的欣赏与享受,孕育美的情感,走向生活的高贵与优美。其中,美的环境,是中国人美好生活的重要组成部分。美的环境为人们的诗意栖居提供空间载体,为内心的洁净提供视觉性支持,为生活文明提供可以感知的直观诠释。

美的环境、美的生活需要创造、需要维护、需要守护。建设美丽中国是一项系统工程,既需要实现民众价值观念的转变,树立尊重自然、顺应自然、保护自然的生态理念,更需要民众的行为方式变革,将人的发展与自然发展的同一性运用于生态文明实践。自然的发展不能代替人的发展,同样人的发展也不能以牺牲自然的发展为代价。美丽中国建设就是谋求在自然保护中实现人的更高质量的发展,在人的发展中实现环境资源的可持续利用。建设美丽中国,实现人与自然、人与自身的高度统一,本身就是文明创造过程,是"人的实现了的自然主义和自然界的实现了的人道主义"。③

(三) 生态文明引领"美丽中国"建设

建设"美丽中国",需要以习近平生态文明思想为指导,大力推进生态文明建设,走向生态文明新时代。必须坚持人与自然和谐共生的生态观,坚持绿水青山就是金山银山的发展观,坚持良好生态环境是最普惠的民生福祉的民生观,坚持山水林田湖草是生命共同体的系统治理观,用最

---

① 《十八大以来重要文献选编》(上),中央文献出版社,2014,第70页。
② 《习近平谈治国理政》,外文出版社,2014,第4页。
③ 《马克思恩格斯文集》第1卷,人民出版社,2009,第187页。

严格制度最严密法治保护生态环境,共谋全球生态文明建设。用生态文明思想引领美丽中国建设,将生态文明思想转化为建设美丽中国的实际行动。

  首先,要打好污染防治攻坚战,为美丽中国建设明确关键任务。我国生态文明建设和生态保护正处于关键期、攻坚期、窗口期,生态环境质量持续好转,但成效并不稳固,重污染天气、黑臭水体、垃圾围城、农村环境污染等问题正成为影响百姓环境福祉、引发社会风险的重要方面。习近平总书记指出:"环境保护和治理要以解决损害群众健康突出环境问题为重点,坚持预防为主、综合治理,强化水、大气、土壤等污染防治,着力推进重点行业和重点区域大气污染治理,着力推进颗粒物污染防治,着力推进重金属污染和土壤污染综合治理,集中力量优先解决好细颗粒物(PM2.5)、饮用水、土壤、重金属、化学品等损害群众健康的突出环境问题。"① 因此,必须加大污染防治力度,从全方位、全地域、全过程角度打好污染防治攻坚战。一是打赢蓝天保卫战。空气是人类赖以生存的环境因素,蓝天也是幸福。党的十九大报告提出要坚持全民共治、源头防治,持续实施大气污染防治行动,打赢蓝天保卫战。生态环境部《2019中国生态环境状况公报》显示,2019年,全国337个地级及以上城市中,只有157个城市环境空气质量达标,占全部城市数的46.6%;180个城市环境空气质量超标,占53.4%。由此可见,仍需按照《大气污染防治行动计划》要求,继续采取有效措施推进大气污染防治,实现抬头可见蓝天白云。二是打好碧水保卫战。水是生命之源、生产之要、生态之基。我国一些地区水环境质量差、水生态受损严重,严重影响和损害群众健康。打赢碧水保卫战,要在全面实施《水污染防治行动计划》基础上,着力节约保护水资源,加强水环境管理,保障水生态环境安全,重点解决人民群众反映强烈的突出水环境问题。三是扎实推进净土行动。土地是人类生存发展、兴国安邦的战略性资源。万物皆在土中生长,土地是人民群众食物安全、健康安全的基本保障。在经济社会发展过程中,我国土壤环境状况并不乐观,有些地方土壤污染较为严重。要全面落实《土壤污染防治行动计划》,强

---

① 《习近平关于社会主义生态文明建设论述摘编》,中央文献出版社,2017,第84页。

化土壤污染管控和修复,切实有效防范土壤污染带来的社会风险,让群众吃得放心、住得安心。四是打好农业农村污染治理攻坚战。我国是一个农业大国,但长期经济社会发展的不平衡,使得我国农村基础设施相对较差,农村环境和生态问题相对比较突出,乡村发展整体水平有待提升。2016年4月25日,习近平总书记在安徽凤阳县小岗村主持召开农村改革座谈会并发表重要讲话时指出:"中国要强,农业必须强;中国要美,农村必须美。"① 建设美丽宜居农村,改善农村人居环境,是实施乡村振兴计划的重要任务,自然也是建设美丽中国的重要组成部分。

其次,统筹山水林田湖草沙系统治理,为"美丽中国"建设夯实治理方略。山水林田湖草沙是一个生命共同体,这个生命共同体是人类生存发展的物质基础和精神对象。健康稳定的自然生态系统能够为人类持续不断提供生命支持、生态调节、产品供给和文化娱乐等服务。自然生态系统由不同的子系统构成,各个子系统又是相互依存、紧密联系的有机整体。因此,生态系统治理要用系统论思维,从系统工程和全局角度寻求新的生态环境治理之道,"让群众望得见山、看得见水、记得住乡愁,让自然生态美景永驻人间,还自然以宁静、和谐、美丽"。② 要按照生态系统的整体性、系统性及其内在规律,统筹考虑自然生态各要素,对山上山下、地上地下、陆地海洋以及流域上下游,进行整体保护、系统修复、综合治理,增强生态系统循环能力,维护生态系统整体平衡。2012年4月22日,国家主席习近平在"领导人气候峰会"上指出:"山水林田湖草沙是不可分割的生态系统。"③ 因此,生态保护和修复要按照生态系统的内在规律,统筹考虑自然生态各要素,不能各管一摊、相互掣肘,而必须统筹兼顾、整体施策、多措并举,从而达到增强生态系统循环能力、维护生态平衡的目标。为此,要实施重要生态系统保护和修复重大工程,增强生态产品生产能力,开展大规模国土绿化行动,加快水土流失和荒漠化、石漠化综合治

---

① 《习近平关于全面建成小康社会论述摘编》,中央文献出版社,2016,第21页。
② 《习近平谈治国理政》第3卷,外文出版社,2020,第361页。
③ 《习近平出席领导人气候峰会并发表重要讲话 强调要坚持绿色发展 坚持多边主义 坚持共同但有区别的责任原则 共同构建人与自然生命共同体》,《人民日报》2021年4月23日,第1版。

理，扩大湖泊、湿地面积，保护生物多样性，着力扩大环境容量生态空间，全面提升自然生态系统稳定性和生态服务功能，筑牢生态安全屏障，给自然生态留下休养生息的时间和空间，还自然以美丽。

最后，制定并落实最严格的生态环境保护制度，为"美丽中国"建设保驾护航。保护生态环境必须依靠制度、依靠法治，把生态文明建设纳入国家法治建设中，用法治来保障生态文明建设，正如习近平总书记所强调的："只有实行最严格的制度、最严密的法治，才能为生态文明建设提供可靠保障。"① 当前，我国生态环境保护中存在的突出问题，大多同体制不健全、制度不严格、法治不严密、执行不到位、惩处不得力有关。制度建设应该成为推进生态文明建设的重中之重，深化生态文明体制改革，把生态文明建设纳入制度化、法治化轨道，推进生态环境治理体系和治理能力现代化。加快制度创新，增加制度供给，完善制度配套，构建产权清晰、多元参与、激励约束并重、系统完整的生态文明制度体系。建立归属清晰、权责明确、监管有效的自然资源资产产权制度，形成全国统一、相互衔接、分级管理的空间规划体系。建立反映市场供求和资源稀缺程度、体现自然价值和代际补偿的资源有偿使用和生态补偿制度，更多运用经济杠杆进行环境治理和生态保护。建立能充分反映资源消耗、环境损宜、生态效益的生态文明绩效评价考核和责任追究制度。制度的生命力在于执行，要强化环境保护督察力，对破坏生态环境的行为要坚决依法整治，对任何地方、任何时候、任何人，都要充分展示环境保护的强制力，决不能让制度规定成为"没有牙齿的老虎"，使制度真正发挥管权治吏、护蓝增绿的作用。

---

① 《习近平关于社会主义生态文明建设论述摘编》，中央文献出版社，2017，第99页。

第七章　党的领导确保精神文明建设的正确方向

党的十八大以来,以习近平同志为核心的党中央高度重视精神文明建设,始终坚持党领导精神文明建设,提出了一系列精神文明建设的新思想、新观点、新论断,推动了一系列精神文明建设的新举措、新实践,开创了新时代精神文明建设的新篇章。精神文明建设具有鲜明的价值导向性,是中国特色社会主义建设的重要组成部分。"物质文明建设关键在党,精神文明建设关键也在党。"[①] 实践证明,党的领导是中国特色社会主义的本质特征和最大优势,是确保精神文明建设沿着正确方向健康前进的根本保证。

一　精神文明建设与意识形态工作的同质性

在社会主义条件下,精神文明建设与意识形态工作具有内在的统一性。马克思认为"意识形态"是与一定社会的经济和政治直接相联系的观念、观点、概念的总和,具有鲜明的阶级属性,是占统治地位的物质力量在精神方面的表征。精神文明建设不仅表征意识形态的方向,而且是社会主义价值的内在要求,社会主义精神文明建设是意识形态工作的核心和灵魂工程。

(一) 意识形态工作的本质内涵

不管人们承认与否,作为一种精神现象或精神产品的统称,意识形态

[①] 王怀超等:《社会主义精神文明建设的历史进程与基本经验》,中共中央党校出版社,2011,第200页。

是客观存在的社会事实。作为一种"观念的科学","意识形态"一词是由法国哲学家德斯杜特·特拉西在其论文《关于思维能力的备忘录》中最早提出的,是由法文中的"理念"(ideo)和"罗各斯"(logie)两词合铸而成的一个新词。ideo 的希腊词源本意是"理念""观念",logie 的希腊词源本意为"学说",因而在特拉西看来,意识形态(ideologie)也就是研究"观念的科学"。特拉西在其著作《意识形态的要素》一书中认为,观念学的主要任务就是研究认识的起源、界限和认识可靠性的程度。需要指出的是特拉西的"观念学"不同于传统西方哲学的"理性世界""感觉""表象对象"等指代,"特拉西的意识形态学说所涉及的观念,既不同于柏拉图的与感觉相割裂的'理念',也不同于笛卡尔的'天赋理念',它的唯一基础和来源是人对外部世界的感觉经验"。[①] 其本意是试图通过"从思想回溯到感觉"的方法,摒弃一切宗教、形而上学和社会事实中各种权威性偏见的干扰,在"感觉经验"的基础上重新阐述经济、政治、法律、道德和教育等各门科学的基本观念,因此特拉西认为科学必须建立在精确知识的基础上,试图为一切观念的产生提供一个真正科学的哲学基础,意识形态就是作为一切经验科学基础的"第一科学"。

虽然最早创制了"意识形态"这一概念,但特拉西毕生聚力于"从观念到感觉的还原工作",并未对意识形态的社会历史本质进行探索。有趣的是几乎没有使用过"意识形态"概念的黑格尔,在其名著《精神现象学》中却对社会历史发展相关联的各种理念、意识进行了透彻的分析和溯源,尤其是对现实世界异化的说明、对社会教化的虚假性揭露等,隐现了理念、意识与社会异化的关系,比较清晰地还原了"从观念到感觉"背后的真实原因,奠定了"意识形态"含义的基础。费尔巴哈同黑格尔一样,虽然没有使用过意识形态概念,但其对宗教异化的批判已然触及意识形态的异化现象问题。费尔巴哈认为,一切宗教都着力于对彼岸世界美轮美奂的描绘,是一种指端于现实世界的幻觉,本质上是对现实世界的抗争,是现实世界想象力的表征,是人的观念力的产物。

真正确立"意识形态"概念科学内涵的是马克思。马克思认为"意识

---

① 俞吾金:《意识形态论》,上海人民出版社,1993,第 24 页。

形态"首先是一种"虚假的意识"。马克思坚持辩证唯物主义认识论,认为意识形态本质上是对现实事物的颠倒认识,是一种"虚假的意识"。马克思这里指代的"虚假意识"并非指意识的非真实性或虚假性,而是指一些人把意识看作具有独立起源并对经济社会发展起决定性作用的观念。简言之"虚假意识"是从意识的源头而论的,是与物质相对应的处于非决定性地位的概念统称。19世纪早期的德国思想界,黑格尔唯心主义思想占据绝对统治地位,以施特劳斯、鲍威尔、施蒂纳等为主要代表的青年黑格尔派,认为观念、思想、概念就是一切并主导人们的一切行为,把意识看作决定一切的根本因素,"既然根据青年黑格尔派的设想,人们之间的关系、他们的一切举止行为、他们受到的束缚和限制,都是他们意识的产物,那么青年黑格尔派完全合乎逻辑地向人们提出一种道德要求,要用人的、批判的或利己的意识 来代替他们现在的意识,从而消除束缚他们的限制"。[①] 青年黑格尔派认为我们要做的一切事情就是对各种意识、观念进行批判,这样束缚在人们身上的锁链或一切限制就立刻被消除。马克思正是基于此将这种把思想、意识视为决定性因素的观念指称为"虚假的意识"。

其次,"意识形态"是"统治阶级的意识"。马克思认为"意识形态"总是一种以全社会面貌出现而实际上是被统治阶级派别利益占据和左右的政治思想。马克思恩格斯在其著作《德意志意识形态》中对这一认识进行了精到的分析,"统治阶级的思想在每一时代都是占统治地位的思想。这就是说,一个阶级是社会上占统治地位的物质力量,同时也是社会上占统治地位的精神力量。支配着物质生产资料的阶级,同时也支配着精神生产资料,因此,那些没有精神生产资料的人的思想,一般地是隶属于这个阶级的。占统治地位的思想不过是占统治地位的物质关系在观念上的表现,不过是以思想的形式表现出来的占统治地位的物质关系;因而,这就是那些使某一个阶级成为统治阶级的关系在观念上的表现,因而这也就是这个阶级的统治的思想"。[②] 从本质上说,意识形态不过是占统治地位的物质力量在精神意识层面上的体现罢了,是占统治地位的物质力量在精神方面的

[①] 《马克思恩格斯文集》第1卷,人民出版社,2009,第515~516页。
[②] 《马克思恩格斯文集》第1卷,人民出版社,2009,第550~551页。

集中宣言。

最后，"意识形态"是一种"社会意识形式"，是上层建筑的一部分并受特定的经济基础决定。马克思认为人类社会是由"生产力—生产关系（经济基础）—上层建筑"三层有机组成的"大厦"而推动前进的。生产力决定生产关系，生产关系的总和构成了经济基础并随之衍生出主要致力于保护这一经济基础的政治上层建筑（国家、军队、警察、法院和监狱等）和思想上层建筑（社会心理和各种思想体系，这些思想体系中包括特定的政治思想、法律思想、道德宗教、艺术哲学等意识形态）。"这些生产关系的总和构成社会的经济结构，即有法律的和政治的上层建筑竖立其上并有一定的社会意识形式与之相适应的现实基础。物质生活的生产方式制约着整个社会生活、政治生活和精神生活的过程。不是人们的意识决定人们的存在，相反，是人们的社会存在决定人们的意识。"[①] 作为"社会意识形式"的意识形态，本质上是对经济基础的反映，是区别于实体上层建筑的一种"虚体上层建筑"。

综上，马克思认为"意识形态"是与一定社会的经济和政治直接相联系的观念、观点、概念的总和。这些观念、观点、概念的总和主要包括特定阶级社会中的政治法律思想、道德、文学艺术、宗教、哲学和其他社会科学等意识形式，是特定阶级社会中的经济基础和政治制度、人与人的经济关系和政治关系的一种反映，并随着经济基础的变化而变化。政治思想、法律思想、道德、艺术、宗教、哲学和其他社会科学等意识形态，各以特殊的方式从不同侧面反映现实的社会生活，构成意识形态的有机整体。意识形态按其阶级内容和它所反映的社会经济形态即生产关系可分为奴隶主意识形态、封建主意识形态、资产阶级意识形态、无产阶级意识形态等。

（二）精神文明建设是意识形态工作的灵魂工程

意识形态具有鲜明的阶级属性，是占统治地位的物质力量在精神方面的表征。在社会主义条件下，精神文明建设与意识形态工作具有内在的统

---

① 《马克思恩格斯文集》第2卷，人民出版社，2009，第591页。

一性，对经济社会健康发展具有重要的同构作用。作为一个具有特定涵指的概念，"社会主义精神文明"不等同于社会主义文化建设，其是一个体现马克思主义中国化特点的概念。马克思恩格斯强调在社会主义社会尤其要重视思想文化建设，列宁晚年对思想文化建设在社会主义建设中的作用进行过深切关注和重点强调。在马克思主义中国化的历史进程中，中国共产党人首次提出"社会主义精神文明建设"这一概念，强调在建设社会主义物质文明的同时必须要建设高度的社会主义精神文明，这是中国共产党人对马克思主义文化建设思想的创新性发展。

据相关文献考证，最早提出社会主义精神文明概念的是叶剑英同志。叶剑英同志在1979年9月庆祝中华人民共和国成立30周年大会上的讲话中指出："我们要在改革和完善社会主义经济制度的同时，改革和完善社会主义政治制度，发展高度的社会主义民主和完备的社会主义法制。我们要在建设高度物质文明的同时，提高全民族的教育科学文化水平和健康水平，树立崇高的革命理想和革命道德风尚，发展高尚的丰富多彩的文化生活，建设高度的社会主义精神文明。"① 1980年12月中共中央召开工作会议，专题讨论和研究了社会主义精神文明建设。在这次会议上，邓小平同志强调"我们要建设的社会主义国家，不但要有高度的物质文明，而且要有高度的精神文明"②，并对"社会主义精神文明"的内涵做了科学界定。邓小平同志指出："所谓精神文明，不但是指教育、科学、文化（这是完全必要的），而且是指共产主义的思想、理想、信念、道德、纪律，革命的立场和原则，人与人的同志式关系，等等。"③ 要言之，社会主义精神文明建设是社会主义现代化建设的重要特征，是社会主义现代化建设中与物质文明同等重要的社会主义建设目标。从内容上来看，社会主义精神文明建设主要包括三个方面的内容：一是教育、科学和文化等建设；二是理想、道德、信念等建设；三是社会风尚和社会关系等建设。

从马克思社会结构理论来看，教育、科学、文化方面的精神文明建设

---

① 《改革开放三十年重要文献选编》（上），中央文献出版社，2008，第71页。
② 《邓小平文选》第2卷，人民出版社，1994，第367页。
③ 《邓小平文选》第2卷，人民出版社，1994，第367页。

同社会物质生产和经济活动、生活方式直接相联系，并常常直接反作用于生产力的发展，对社会生产力的发展具有直接的推动作用。首先，我们在谈论教育、科学和文化等精神文明建设的同时，关涉到教育内容，培养什么样的人，为谁培养人，如何培养人，科学为谁服务，科学的方向等问题；弘扬什么样的文化，以什么样的"文"来"化"人等具体问题，这些问题本质上是意识形态问题。其次，思想、理论、法律、道德等本身属于上层建筑，是社会意识形态体系的核心内容。在一个阶级社会，弘扬什么样的理想、道德、信念，本身就是一个意识形态问题。最后，社会风尚和社会关系是社会意识的重要内容，是一个社会在特定的时空环境下长期形成的一种社会心理，具有社会发展的导向作用和意义。社会风尚与社会关系是社会存在与社会意识的中介和桥梁，体现了社会主流意识形态发展的方向。精神文明是物质文明建设和现代化建设沿着正确的方向发展的重要保证。通过精神文明的建设，大力发展文化教育事业，加速科学的现代化进程，确保现代化战略目标的顺利实现；进行理想、信念和道德教育，为现代化建设提供强大的精神动力和智力支持；营造良好的社会风气，在全社会形成团结、互助、平等、友爱的人际关系，为现代化建设创造良好的、稳定的社会环境和社会秩序。因而，尽管"精神文明"与"意识形态"是两个不同的概念，在内涵与外延方面也并不完全重合等，但社会主义精神文明建设的灵魂就是要宣传、巩固和发展社会主义意识形态。"'社会主义精神文明'概念的核心，都是无产阶级的意识形态，都是以马克思主义为指导的。"[①]社会主义意识形态以历史唯物主义和辩证唯物主义为基础，本质上反映的是最大多数人民群众的根本经济政治利益。在社会主义条件下，社会主义精神文明建设是意识形态工作的核心和灵魂工程。

（三）精神文明建设是把握意识形态工作方向的有效载体

社会主义精神文明建设是意识形态工作的核心和灵魂工程。在社会主义条件下，精神文明建设不仅表征意识形态的方向，而且是社会主义价值

---

① 奚洁人：《"文化"、"意识形态"和"精神文明"》，《江西社会科学》1996年第6期。

的内在要求。马克思主义认为,经济基础决定上层建筑,不仅决定政治的上层建筑,而且决定文化的上层建筑,包括精神文明在内的文化上层建筑。同时上层建筑对经济基础具有反作用,在一定的条件下可能发挥决定性作用。"如果从观念上来考察,那么一定的意识形式的解体足以使整个时代覆灭。"①意识形态工作是一项极其重要的工作,在一定程度上直接关切到党和人民的事业,直接关涉到中国特色社会主义的方向和未来。从历史来看,社会主义苏联先后粉碎了14个帝国主义国家的武装干涉,经历了严酷的卫国战争,取得了社会主义革命和建设的辉煌胜利,但在意识形态问题上没有给予足够的重视,导致意识形态战场崩盘而最终瓦解。正因为如此习近平总书记强调指出:"苏联为什么解体?苏共为什么垮台?一个重要原因就是意识形态领域的斗争十分激烈,全面否定苏联历史、苏共历史,否定列宁,否定斯大林,搞历史虚无主义,思想搞乱了,各级党组织几乎没任何作用了,军队都不在党的领导之下了。最后,苏联共产党偌大一个党就作鸟兽散了,苏联偌大一个社会主义国家就分崩离析了。"②意识形态工作决定文化前进方向和社会发展道路,对一个政党、一个国家、一个民族的生存发展至关重要。作为意识形态工作重要载体和表征的精神文明建设,其作用不仅是推动文化教育事业的发展进步和社会文明行为的培育养成,其内核是"举旗帜、聚民心、育新人、兴文化",旨向引导广大人民群众进一步坚定"四个自信",为实现中华民族伟大复兴提供坚强保证。习近平同志明确指出:"我们要继续锲而不舍、一以贯之抓好社会主义精神文明建设,为全国各族人民不断前进提供坚强的思想保证、强大的精神力量、丰润的道德滋养。"③ 新时代把握意识形态建设的方向,重点就是要大力培育和践行社会主义核心价值观,广泛开展理想信念教育,深入实施公民道德建设工程,持续深化群众性精神文明创建活动,不断提升人民思想觉悟、道德水准、文明素养和全社会文明程度,铸就美好生活的时代新风,为保持经济健康发展和社会稳定和谐提供保障。

---

① 《马克思恩格斯文集》第8卷,人民出版社,2009,第170页。
② 《十八大以来重要文献选编》(上),中央文献出版社,2014,第113页。
③ 《习近平谈治国理政》第2卷,外文出版社,2017,第323页。

二 党的领导是当代中国文明进步的根本保证

中国共产党是中国特色社会主义最本质的特征，是中国特色社会主义制度的最大优势。新时代中国特色社会主义进一步强调"党政军民学，东西南北中，党是领导一切的"① 这一党的根本政治原则，着力巩固和完善党"总揽全局、协调各方"的核心地位，建立健全了党的根本领导制度，从根本上确保了新时代中国特色社会主义沿着正确方向前进。社会主义精神文明建设是社会主义现代化建设的重要内容和当代中国社会文明进步的重要标识。历史和现实表明，中国共产党是中国特色社会主义事业的领导核心，党的领导能够确保社会主义精神文明建设的正确方向，能够开创社会主义精神文明建设的新局面。

（一）党的领导确保精神文明建设的健康发展

首先，党高度重视社会主义精神文明建设，确保社会主义精神文明建设的正确方向。精神文明建设关涉人民群众的根本利益和社会健康发展的方向，是一个社会前进方向的标示和指南。方向关乎全局，要是方向出现偏差，则会导致难以想象的恶果，最终损害的是广大人民群众的利益。早在20世纪80年代邓小平同志就提出"两手抓、两手都要硬"的明确要求。1982年4月7日邓小平同志在会见缅甸共产党中央代表团时指出："随着经济的发展，如果不注意精神文明建设，就有很大危险。精神文明是十分重要的一件事，特别是有理想、有道德、有纪律和艰苦奋斗。这也不是抓一年两年的事，要一直抓到底。"② 邓小平同志在一系列文章、讲话中，强调在注重社会主义物质文明的同时，也要始终把精神文明放在一个重要位置，社会主义是物质文明和精神文明的统一。在1992年南方谈话中邓小平更是明确地提出：坚持两手抓，两个文明都搞好，才是有中国特色

---

① 《习近平谈治国理政》第3卷，外文出版社，2020，第16页。
② 《邓小平年谱（一九七五——一九九七）》（下卷），中央文献出版社，2004，第813~814页。

的社会主义。改革开放以来的发展实践证明，中国共产党十分重视社会主义精神文明建设，把社会主义精神文明建设与物质文明建设摆在了同等重要位置，始终确保社会主义精神文明建设的健康发展。党的十八大以来以习近平同志为核心的党中央高度重视精神文明建设并明确强调："新时代加强精神文明建设，要坚持文艺为人民服务、为社会主义服务的方向，积极支持和推广直接为基层老百姓服务的文艺活动。"① 从本质上说，社会主义精神文明建设的最终目标就是促进人的自由全面发展。"精神文明建设工作必须切实有效地把思想道德建设的主旋律与文化发展的多样性结合起来，统一起来，以不断丰富人民精神生活，增强人民精神力量，促进人的自由和全面发展。"② 中国共产党始终把精神文明建设定位于更好地促进人的自由全面发展，在中国特色社会主义新时代，落脚于不断满足人民群众对美好生活的追求和需要上。

其次，党能够总揽全局、协调各方，最大限度地促进社会主义精神文明建设的快速发展。中国共产党是中国特色社会主义最本质的特征，是中国特色社会主义制度的最大优势，"党政军民学，东西南北中，党是领导一切的"。③ 马克思主义认为，社会存在决定社会意识，社会意识反作用于社会存在，社会存在与社会意识的同向平衡前进是人类社会发展的基本规律。精神文明建设不能脱离物质文明建设的水平，社会主义精神文明建设的发展不能脱离社会主义经济、政治的前进方向，不能脱离人民生活水平而盲目建设。早在 2015 年 2 月习近平总书记在会见第四届全国文明城市、文明村镇、文明单位和未成年人思想道德建设工作先进代表时就明确指出："以辩证的、全面的、平衡的观点正确处理物质文明和精神文明的关系。"④ 社会主义精神文明建设的健康发展要建立在物质文明不断进步的基础上。"全面建成小康社会，实现社会主义现代化，实现中华民族伟大复兴，最根本最紧迫的任务还是进一步解放和发展社会生产力。"⑤ 正确处理

---

① 习近平：《不断增强各族群众获得感幸福感安全感》，《人民日报》2019 年 7 月 17 日。
② 赵兴良：《习近平系列讲话对精神文明建设理论的新发展》，《求实》2015 年第 10 期。
③ 《习近平谈治国理政》第 3 卷，外文出版社，2020，第 16 页。
④ 《习近平谈治国理政》第 2 卷，外文出版社，2017，第 324 页。
⑤ 《十八大以来重要文献选编》（上），中央文献出版社，2014，第 549 页。

物质文明和精神文明的关系,不仅要坚持辩证的和全面的观点,而且要坚持平衡的观点,以促进二者在实践中保持协调一致、平衡发展。中国共产党是中国特色社会主义事业的领导核心,具有"总揽全局、协调各方"的核心地位和领导作用。在社会主义精神文明建设的进程中,中国共产党能够有效"总揽全局、协调各方",平衡经济、政治、文化、社会和生态文明的建设和发展,最大限度地调集资源促进社会主义精神文明建设的健康发展。

最后,党勇于批判错误思潮,在净化社会空间中确保精神文明建设的健康发展。社会主义精神文明是人类精神文明发展的新阶段,是与过去任何社会精神文明不同的崭新文明。它是建立在社会主义生产资料公有制基础之上的,本质上属于无产阶级和人民大众的文明,其成果为广大人民所享有。在社会主义精神文明建设的实践进程中,如何不为杂音噪音干扰,不为错误思潮迷惑,确保精神文明不被污染是一个十分重要的现实问题。对错误思潮特别是西方错误思潮的批判,净化精神文明建设的内容,始终是新时代党的精神文明建设的重要工作。当前中国正面临着社会转型、经济转轨和对外开放不断深入的社会形势,在这一背景下,一方面人们的思想观念和价值取向日益多元化;另一方面在西方某些反华势力的鼓噪和支持下,西方社会思潮开始蔓延,污染社会主义精神文明建设,试图干扰、消解和否定马克思主义意识形态的指导地位。"国际意识形态交锋和斗争的基本特点为:意识形态交锋主线的不变性和长期化;意识形态交锋领域的复杂化和扩大化;意识形态斗争形势的广泛性和多样性。"[1]国际意识形态领域的斗争从未淡化和消停,反而呈现复杂化、扩大化的趋势。西方反华势力借助中国对外开放的"有利条件",极力宣传充斥着西方意识形态的社会思潮和所谓的"资本主义文明",在实践中直接影响到我国一部分人的价值观念和道德信仰的追求,使得一部分人崇尚拜金主义、享乐主义、个人主义,使人们的世界观、人生观和价值观的发生扭曲。习近平总书记指出:"要加强对各种社会思潮的辨析和引导,不当旁观者,敢于发声亮剑,善于解疑释惑。"[2]敢于亮剑、善于斗争是党的十八大以来社会主

---

[1] 王永贵:《全球化背景下国际意识形态交锋的基本特点》,《理论探讨》2006年第2期。
[2] 习近平:《在全国党校工作会议上的讲话》,人民出版社,2016,第9页。

义意识形态工作的一个鲜明特征。各级党组织和广大党员干部以战斗的姿态,扶正祛邪、激浊扬清,勇于同错误思潮、错误观念开展斗争,坚决向各种歪风邪气说"不",特别是不断加大对西方所谓的普世价值、新自由主义、历史虚无主义、消费主义等错误思潮的辨析和有力批驳,有效遏制了各种错误思潮的炒作蔓延,净化了社会主义精神文明建设的环境。

(二) 党的领导确保精神文明建设开创新局面

党的十八大以来以习近平同志为核心的党中央高度重视社会主义精神文明建设,提出新时代要有新气象新作为,高度重视依法治国与以德治国的协调推进,提高全民族的思想道德素质和科学文化素质,始终坚持用社会主义核心价值观引领群众性精神文明创建活动,推动群众性精神文明创建活动向纵深发展,开创了社会主义精神文明建设的新局面。习近平总书记指出:"只有站在时代前沿,引领风气之先,精神文明建设才能发挥更大威力。当前,社会上思想活跃、观念碰撞,互联网等新技术新媒介日新月异,我们要审时度势、因势利导,创新内容和载体,改进方式和方法,使精神文明建设始终充满生机活力。"[1] 实践证明,社会主义精神文明建设只有在党的领导下才能更好更健康地快速发展。

首先,净化社会风气,夯实社会主义精神文明建设的基础。社会风气是指在某种社会价值观引导下表现出的一种普遍性的社会行为,是社会某些经济、政治、文化、思想和伦理精神的一种外化反映,是社会文明程度的直接体现。"任何社会风气,归根到底都要表现为人的精神面貌和行为方式。社会大多数人的精神风貌和行为方式集中体现了社会风气状况和精神文明建设水平。"[2] 党的十八大以来以习近平同志为核心的党中央突出社会风气建设。一是全面深度反腐。腐败是败坏社会风气的催化剂,是社会的毒瘤。党的十八大以来党中央坚持反腐不分大小,党内没有特殊的党员,腐败问题发现一个查处一个,确保"露头即打",旗帜鲜明地亮出了

---

[1] 《习近平谈治国理政》第2卷,外文出版社,2017,第324页。
[2] 乌兰巴干:《论社会风气与精神文明建设的内在关系》,《内蒙古师大学报》(哲学社会科学版)2001年第2期。

党中央"零容忍"的反腐态度。"我们要以顽强的意志品质,坚持零容忍的态度不变,做到有案必查、有腐必惩,让腐败分子在党内没有任何藏身之地!"① 反腐败斗争取得了压倒性胜利,社会风气明显好转。二是持续扫黑除恶。黑恶势力是建设社会主义和谐社会的一个巨大毒瘤,不仅给人民的生命财产安全带来了极大的危害,而且也影响到了整个社会运行的正常秩序,是社会主义精神文明建设的痛点。"共产党执政的人民天下,没有黑恶势力的容身之地。"以习近平同志为核心的党中央坚持扫黑除恶并展开专项斗争,对把持基层政权、横行乡里,严重影响基层政权的"村霸"、"乡霸"和各种宗族恶势力,对强迫交易、强揽工程、欺行霸市的违法犯罪分子和团队,对强买强卖、敲诈勒索、聚众滋事的行霸、市霸等黑恶势力掀起强大攻势,采取了专项整治活动并取得了极大的社会效果。党的十八大以来,"反腐"与"扫黑"统筹推进、同频共振,与之相关的各种配套"治乱"行为赢得了民心,社会正气明显提升,人民群众的获得感、幸福感、安全感更加真切,夯实了社会主义精神文明建设的基础。

其次,规范各类文化活动,扎牢社会主义精神文明建设的篱笆。文化是一个社会发展中最深层的力量,文化活动是精神文明建设的重要载体,具有明确的价值观导向和意识形态旨向的特征。党的十八大以来中共中央高度重视各类文化活动,全面整顿电视、新闻、广播、网络、出版、艺术等文化领域,确立马克思主义文艺观,确保各类文化活动能够弘扬真善美、传播正能量,输出有价值有意义的精神作品。习近平总书记指出:"文艺要反映好人民心声,就要坚持为人民服务、为社会主义服务这个根本方向。"② 文化工作是党的重要工作,是党的意识形态的重要阵地,是社会主义精神文明建设的关键载体。从一定意义上说,一个社会发展中的文化作品宣传什么,褒扬什么,批评什么,反映的是这个社会的核心价值观,导向的是这个社会前进的精神面貌。"文艺创作如果只是单纯记述现状、原始展示丑恶,而没有对光明的歌颂、对理想的抒发、对道德的引导,就不能鼓舞人民前进。应该用现实主义精神和浪漫主义情怀观照现实

---

① 《习近平关于全面从严治党论述摘编》,中央文献出版社,2016,第195页。
② 习近平:《在文艺工作座谈会上的讲话》,人民出版社,2015,第13页。

生活,用光明驱散黑暗,用美善战胜丑恶,让人们看到美好、看到希望、看到梦想就在前方。"① 从本质上说,文化源于生活高于生活,对社会生活具有导向性意义,党的十八大以来党和政府不断聚力规范、引导社会文化活动,社会主义精神文明建设迎来崭新局面。

再次,表彰先进典型,明确社会主义精神文明建设的方向。表彰先进、树立典型,是宣示社会价值观的重要方式,对社会主义精神文明建设具有方向性意义。党的十八大以来以习近平同志为核心的党中央尤为注重表彰先进、鼓励优秀,弘扬社会发展的正气。一是营造向英雄致敬的良好社会氛围。为形成向英雄致敬的良好社会氛围,国家建立健全了功勋荣誉表彰制度。国家功勋荣誉表彰制度是党的十八大以来以习近平同志为核心的党中央全面深化改革的一个创举,是国家激励奖赏先进的一种制度性安排,体现的是一种奖掖功勋的国家意志和国家态度,一种呼唤人才、鼓励担当的价值导向,其旨在推动全社会形成见贤思齐、崇尚英雄、争做先锋的良好氛围,是新时代培育和弘扬社会主义核心价值观、增强中国特色社会主义事业凝聚力和感召力的重要手段。习近平总书记指出:"一个有希望的民族不能没有英雄,一个有前途的国家不能没有先锋。"② 英雄是民族最闪亮的坐标,一个社会崇尚英雄则英雄辈出,中国特色社会主义事业才会健康发展。二是全社会要形成向楷模学习的良好风尚。楷模是社会的标杆,正能量的化身。习近平总书记指出:"道德模范是社会道德建设的重要旗帜,要深入开展学习宣传道德模范活动,弘扬真善美,传播正能量,激励人民群众崇德向善、见贤思齐,鼓励全社会积善成德、明德惟馨,为实现中华民族伟大复兴的中国梦凝聚起强大的精神力量和有力的道德支撑。"③ 向一切为党、为国家、为人民作出奉献和牺牲的模范人物学习、致敬,从他们身上汲取奋发的力量,是社会主义精神文明建设的重要内容。三是充分宣传各行各业的先进榜样,发挥榜样的示范作用。榜样是一种力量,是一面旗帜,具有精神导向作用。习近平总书记指出:"要充分发挥

---

① 习近平:《在文艺工作座谈会上的讲话》,人民出版社,2015,第20页。
② 《习近平在纪念中国人民抗日战争暨世界反法西斯战争胜利70周年系列活动上的讲话》,人民出版社,2015,第19页。
③ 《习近平谈治国理政》,外文出版社,2014,第158页。

榜样的作用，领导干部、公众人物、先进模范都要为全社会做好表率、起好示范作用，引导和推动全体人民树立文明观念、争当文明公民、展示文明形象。"①社会主义精神文明建设要善于挖掘社会生活中的榜样人物，善于从各行各业，老百姓的身边人、身边事中发现真善美，汇聚、凝练、升华精神力量，积极传播社会正能量。"要广泛宣传一线医务工作者、人民解放军指战员、公安干警、基层干部、志愿者等的感人事迹，在全社会激发正能量、弘扬真善美，推动社会主义精神文明建设。"②

最后，重视家风家训，厚植社会主义精神文明建设的土壤。家风家训是中华民族五千多年文明源远流长的内在动力，是中华民族宝贵的精神财富。"在当代中国社会发展和社会主义精神文明建设过程中，家风家训无论从其重要地位，还是从其主要内容来说，仍然具有重要的借鉴意义和指导价值。"③ 就其本体论而言，家风家训从属于社会的思想道德建设范畴，其中所涵养的人格理想、道德情操、礼仪规范等属于社会主义思想道德建设中的理想建设、道德建设、纪律建设的内容，其本身就是社会主义精神文明建设的重要内容。党的十八大以来以习近平同志为核心的党中央高度重视家庭、家教和家风建设。习近平总书记指出："家庭是社会的基本细胞，是人生的第一所学校。不论时代发生多大变化，不论生活格局发生多大变化，我们都要重视家庭建设，注重家庭、注重家教、注重家风。"④ 实践表明，在良好的家风家训中成长的子女可以建立科学的、系统的世界观、人生观、价值观，在走向社会之后可以用其良好的道德修养和科学文化素质来推动个人的进步、社会的和谐和国家的富强。古训言道"天下之本在家"，一个社会"正人君子"越多则崇德向善之风必盛，进而必将推进社会的和谐稳定。党的十八大以来党和国家尤其重视家庭建设，中华优秀传统文化中的尊老爱幼、夫妻和睦、勤俭持家、邻里团结的观念，强调个人要志存高远、自强不息，涵养性情、慎独自省，以俭养德、克己笃

---

① 《习近平谈治国理政》第2卷，外文出版社，2017，第324页。
② 习近平：《在统筹推进新冠肺炎疫情防控和经济社会发展工作部署会议上的讲话》，人民出版社，2020，第15~16页。
③ 王岩：《新时代中国精神文明建设研究》，中国社会科学出版社，2020，第273页。
④ 《习近平关于全面建成小康社会论述摘编》，中央文献出版社，2016，第121页。

行，宽厚和善、谦恭待人，倡导忠诚、责任、亲情、向善的理念，开创了新时代社会主义精神文明建设的新风貌。"习近平总书记将新时代家风建设提升到治国理政的新高度，使家风建设的重要性得到广泛认同。"①家风家训在涵养社会主义精神文明和推动国家健康发展中的重要性日益突出。实践证明，良好的家风是实现整个社会风清气正的基础，能为社会主义精神文明建设提供源源不断的养料，为中国特色社会主义事业的健康发展提供智力支持。

三 党员干部在精神文明建设中的主体作用

"中国的问题关键在人。"推动社会主义精神文明建设要有一支高素质、有能力、能干事的党员干部队伍。党的十八大以来社会主义精神文明建设领域取得的历史性成就、发生的历史性变革，凝结着全党上下的智慧汗水和共同努力，是各级党员领导干部"干事创业"的充分应显。实践证明，党员领导干部的能力是精神文明建设的基础性力量，党员领导干部的形象是社会文明形象的缩影。

（一）党员干部的治理能力是精神文明建设的基础性力量

"政治路线确定之后，干部就是决定因素。"② 干部是党的事业的领导者、组织者和发动者，没有一批理想信念坚定，具有较高理论水平和治理能力且甘于奉献的干部，社会主义精神文明建设就不可能取得成功。

党员干部的治理能力是精神文明建设的基础性力量。从一定意义上说，我们的党员干部治理能力如何，直接决定了社会主义精神文明建设的成效。中国共产党是中国特色社会主义最本质的特征和最大优势所在，与西方政党制度不同，中国共产党是中国特色社会主义事业唯一的领导力量，是中国历史和中国人民的选择。与传统的西方"政党—国家"的关系

---

① 顾宝国：《论习近平新时代家风建设重要论述的理论逻辑与实践价值》，《马克思主义研究》2020年第2期。
② 《习近平关于社会主义政治建设论述摘编》，中央文献出版社，2017，第96页。

模式不同,"党的全面领导制度"超越了旧式政党制度代表少数人、少数利益集团的弊端,更超越了西方政党制度必然出现的多党轮流坐庄、恶性竞争、重形式轻内容的弊端,避免了囿于党派利益、阶级利益、区域和集团利益决策施政导致社会撕裂的弊端。中国共产党全面领导中国特色社会主义建设和发展,是马克思主义政党理论同中国实际相结合的产物,实践证明这一政党制度能够最真实、最广泛、最持久地代表和实现最广大人民的根本利益和全国各族各界的根本利益,它通过制度化、程序化、规范化的安排集中各种意见和建议、推动决策科学化民主化有效化,并最终实现人民的根本利益。"在中国特殊的政治母体下,中国国家治理现代化与中国共产党执政能力之间具有高度契合性和内在统一的逻辑关系,党的执政能力的提高决定着中国社会的完善和发展,是中国共产党实现国家治理现代化的重要保证;而国家治理能力的提高则标志着党的执政能力的提高。"① 正如新加坡国立大学东亚研究所郑永年教授指出的,"研究中国模式,核心就是要研究中国共产党"。② 基于此,在中国特色社会主义新时代的时空背景下,各级党员领导干部的治理能力是社会主义精神文明建设的基础性力量。

治理能力主要着眼于国家治理现代化,体现了新的时代内涵和时代要求。党的治理能力主要是指党安排国家事务和处置各种经济、政治和社会关系的能力,包括治党治国治军、促进改革发展稳定、维护国家安全利益、应对突发事件、处置各种复杂国际事务的能力,关涉改革、发展、稳定、内政、外交、国防,治党、治国、治军等国家治理能力,其本质上是要求精准把握执政党在现代国家治理体系中的位置和作用,要求党的执政方式必须突出治理主体多元化、治理形式扁平化、治理参与民主化、治理秩序规范化等现代国家治理方式。党的治理能力的具体载体是各级党员领导干部的治理能力。社会主义精神文明建设关涉社会生活的方方面面,党员领导干部的治理能力集中体现为社会主义精神文明建设的引领能力、凝

---

① 孙岩、王瑶:《国家治理现代化与党的执政能力:中国的逻辑》,《广西社会科学》2016年第6期。
② 龚少情:《中国新型政党制度对西方政党制度的双重超越及其类型学意义》,《马克思主义研究》2019年第7期。

第七章　党的领导确保精神文明建设的正确方向

聚能力和统领能力，提升党员干部的治理能力特别是对社会主义精神文明建设的引领能力、凝聚能力和统领能力，是新时代社会主义精神文明建设的基础性工程。

改革开放以来中国特色社会主义和社会主义精神文明建设取得举世瞩目的成就，然而一些新的问题正在不断显现。具体体现在以下几个方面，第一，人民群众的物质生活日益充裕，精神生活却显得匮乏，特别是在广大的农村地区大多数农民的精神文化生活非常单调，如何满足农民群众日益增长的文化需求，树立农民群众文明的生活方式和生活观念，是社会主义精神文明建设的一个突出问题。第二，改革开放以来我国的综合国力虽然显著提升，GDP总量跃居世界第二位，人民群众全面实现了小康，但各种社会问题此起彼伏，现实生活中的群众埋怨却并没有明显减少，如何在人民群众对美好生活的愿景与现实生活的表征之间搭建更为通达的桥梁，使"你幸福吗"得到更多群众的肯定性回答需要社会主义精神文明建设发挥作用。第三，从信息技术空间环境来看，新时代是一个互联网时代，当前各类文化风险正向网络空间传递、传导，互联网日益成为当前各种势力较量的舞台。"互联网已经成为今天意识形态斗争的主战场。西方反华势力妄图以这个'最大变量'来'扳倒中国'，我们在这个战场上能否顶得住、打得赢，直接关系我国意识形态安全和政权安全。"[①]一些反华势力通过各种渠道在境外开办反动中文网站，发表颠倒黑白、混淆视听的耸人言论，或热衷"爆料"、搞"头条"、发布所谓"调查报告"，在社会群众中造成了极坏的影响，严重干扰了当前我们主流声音的传播，直接挑战党的权威性与公信力，干扰社会主义精神文明建设的方向，在这一背景下如何引领社会主义精神文明建设的发展也是一个需要我们重视的问题。第四，中国特色社会主义处于并将长期处于社会主义初级阶段，但已然不同于改革开放初期的初级阶段而是处于"新发展阶段"，站在中国特色社会主义新发展阶段审视社会主义精神文明建设，就是要思考如何调整物质富裕与思想富裕的关系，如何协调社会发展效率和发展公平的关系，如何凝聚当代中国价值的最大公约数，如何处理意识形态与对外开放的关系等更是一

---

① 《意识形态领域斗争要敢于亮剑》，《北京日报》2013年9月2日，第2版。

个需要解决的急迫问题。这些问题是客观存在的，本质上对各级党员领导干部的治理能力和水平提出了更高要求。习近平总书记指出："我们的国家治理体系和治理能力总体上是好的，是有独特优势的，是适应我国国情和发展要求的。同时，我们在国家治理体系和治理能力方面还有许多亟待改进的地方，在提高国家治理能力上需要下更大气力。只有以提高党的执政能力为重点，尽快把我们各级干部、各方面管理者的思想政治素质、科学文化素质、工作本领都提高起来，尽快把党和国家机关、企事业单位、人民团体、社会组织等的工作能力都提高起来，国家治理体系才能更加有效运转。"[①]这要求我们的各级党员领导干部在社会主义精神文明建设的宏阔背景下全面提升自身的素质和能力。一是要牢固树立"四个自信"，确保社会主义精神文明建设的方向。核心是要提高社会主义先进文化的建设能力，坚持发展社会主义意识形态，不断加强社会主义核心价值观建设，要牢牢把握舆论导向，正确引导社会舆论，不断巩固马克思主义在意识形态领域的指导地位。二是要有问题意识、大局意识和解决现实问题的能力。社会是一个有机系统，社会主义精神文明建设要站在中国特色社会主义事业的整体布局中考量，一方面要充分认识到社会主义精神文明建设本身是中国特色社会主义事业的重要组成部分，另一方面要充分认识到社会主义精神文明建设与物质文明建设的辩证关系，要跳出精神文明建设本身来审视、规划社会主义精神文明建设。当前我们正处于百年未有之大变局的时代环境下，中国特色社会主义正处于一个全新的历史起点上，我们正在进行着具有许多新的历史特点的伟大斗争，面临的各种社会矛盾和问题前所未有。仅从国内来看，全面深化改革进入深水区，皆大欢喜的"普惠式"的改革时期已经过去，中国的改革步入调整社会利益结构时期，现存不合理的各种利益樊篱如何改革突破成为矛盾的聚焦点；四十多年改革开放的发展取得巨大成就，使得一部分地区和一部分人已经先富起来，如何在推进发展的同时更好地协调效率与公平的关系，促进社会和谐稳定有序进步；在文化思想多元化和价值取向多样化的当下如何凝聚当代中国价值的最大公约数，提升民族的凝聚力和向心力；在践行"为人民服务"的价

---

① 《习近平谈治国理政》，外文出版社，2014，第105页。

值导向下，各级党政机关和人员如何在权力与权利交织的网状格局下革除体制机制的弊端，在改革的前行中更好地增进人民的社会福祉等问题，成为当代中国一个突出的现实问题。这些问题本身就是社会主义精神文明建设的题中之义或直接关联社会主义精神文明建设的成效，直接考验的是我们的党员领导干部的意识和能力。三是要有实干精神。"一步实际运动比一打纲领更重要"①，习近平总书记指出："崇尚实干、狠抓落实是我反复强调的。如果不沉下心来抓落实，再好的目标，再好的蓝图，也只是镜中花、水中月。"②党员领导干部治理能力和治理水平的提升，需要和依托一系列的具体的治理行动，这一系列的治理行动最主要的就是路线、方针、政策的执行能力和落实能力并能在实践中收到预设的实效，没有实干、执行力和得到检验的实效，再好的规划、纲领和政策也只能是"镜中花、水中月"。

（二）党员干部的形象是社会文明形象的缩影

党的领导是中国特色社会主义最本质的特征和最大优势。在社会主义精神文明建设的进程中，党员领导干部在精神文明建设中具有"领头雁"作用，党员干部自身建设是社会主义精神文明建设的重要内容，党员干部自身的执政形象是社会文明形象的缩影。

领导干部是公众关注的焦点，也是党的组织形象的重要输出者，是社会文明形象的表率。老百姓看党和政府，一方面看身边的党员。党员是党的细胞，"每一位党员就是一面旗帜"，普通党员是民众观察党的有效参照物，"身边的党员是什么样，党就是什么样"，其一言一行是民众对政党认知的重要基础，是社会文明的充分印证。另一方面看领导干部。领导干部尤其是身处关键位置的领导干部，其形象在很大程度上就代表着整个政党的形象，他的一举一动、一言一行，都是党的组织形象的外显，影响着社会文明形象的建设和发展。习近平总书记强调："在县一级这个层面，县

---

① 《马克思恩格斯选集》第3卷，人民出版社，2012，第355页。
② 《习近平关于协调推进"四个全面"战略布局论述摘编》，中央文献出版社，2015，第157页。

委书记对一方党风政风具有示范作用。老百姓看党,最集中的是看县委一班人特别是县委书记。"①人们通常根据这些"关键少数"的作为、作风及其气质等来对党的形象进行正比例判断,成为观察社会文明形象的风向标。正是在这个意义上,加强"关键少数"的形象建设就成为党的形象建设和社会文明形象建设的关键。关键少数发挥关键作用,习近平总书记强调要始终"从人抓起""关键在人","各级领导班子一把手是'关键少数'中的'关键少数'"。②抓住领导干部这个"关键少数"就等于抓住了"牛鼻子"。"关键少数"的形象好,社会文明程度必然就高,社会主义精神文明建设必然就会健康发展。正是基于此,习近平总书记反复强调党员领导干部要做全社会的表率,"各级领导干部要保持高尚道德情操和健康生活情趣,严格要求亲属子女,过好亲情关,教育他们树立遵纪守法、艰苦朴素、自食其力的良好观念,明白见利忘义、贪赃枉法都是不道德的事情,要为全社会做表率"。③要严于律己,引导社会良好风气。"每一位领导干部都要把家风建设摆在重要位置,廉洁修身、廉洁齐家,在管好自己的同时,严格要求配偶、子女和身边工作人员。"④

党员领导干部是社会主义精神文明建设中具有"领头雁"作用的群体,是社会文明形象建设的示范、榜样和缩影。如何进一步加强党员领导干部的自身形象建设,进一步提升社会文明程度,是社会主义精神文明建设的重要内容。一方面,当然要求各级领导干部严格要求自己、做到"身正"从而取得示范和榜样的功效。另一方面,要注意到在当前网络媒介环境下,党员领导干部自身的文明示范具有"建构与解构的不均衡"问题。习近平总书记指出:"要懂得'100-1=0'的道理,一个错案的负面影响足以摧毁九十九个公正裁判积累起来的良好形象。"⑤ 如果说在传统媒体时代,"何者成为新闻"可以通过自上而下的把控程序实现很好的过滤和筛选,那么在网络新媒体环境下,"何者成为新闻"则难以通过有组织地把

---

① 《习近平谈治国理政》第 2 卷,外文出版社,2017,第 145 页。
② 《习近平关于全面从严治党论述摘编》,中央文献出版社,2016,第 211 页。
③ 《习近平谈治国理政》第 2 卷,外文出版社,2017,第 356 页。
④ 《习近平谈治国理政》第 2 卷,外文出版社,2017,第 165 页。
⑤ 《习近平关于全面依法治国论述摘编》,中央文献出版社,2015,第 96 页。

控和筛选。网络新媒体本质上是"草根媒体",如何才能引起大家的围观、勾起他者的兴趣,往往是新媒体信息传播的重要考量点,在这一媒介生态环境下有些网络新媒体喜欢聚焦党的"负面新闻",放大党的"负面形象",党员干部文明示范建构与解构的不均衡性特别明显。"新媒体原本应当成为沟通信息、弱化风险的利器,但就当前看来,新媒体更像一个天然的'放大场',任何社会问题、矛盾与风险一旦投入其中,就会产生'化学反应'。"①正所谓"好事不出门、坏事传千里",在这一场域下,党员领导干部的言行、举止被置于全方位的监督之下,稍有不慎就极易引爆网络,成为网络焦点事件,引起社会关注,成为文明评判的对象。

在现实实践中,一些党员领导干部的负面新闻一经爆出,在新媒体互动传播中就会迅速得到群体响应、加固而产生积聚效应,从而给民众一种"个体就是总体,特殊就是一般"的普遍性认知,一个党员的负面形象极有可能毁坏整个组织系统长期累积的整体形象,落入"塔西佗陷阱"。"近年来屡屡出现的'雷人雷语、失语妄语'问题却造成了线上舆论激荡与线下群体性事件,折射出党政领导干部媒介素养缺失的事实,很大程度上损害了党和政府的形象。"②"为谁说话""我爸是李刚""表叔事件"等热点事件,无论后续处理结果如何,其最终受到致命伤害的是党的形象,消费的是党在长期实践进程中积累的形象资源,因此提升党员干部的文明形象要善于培养党员干部的媒介素养,特别是提高其与媒介打交道的能力。"社会民众将官员视为政府行为的化身,伴随着媒介市场化和公民民主意识的觉醒,社会监督超过以往任何时期,政府信息越来越公开和透明,提升官员的媒介素养必然关系到政府形象和公信力传播。"③习近平同志在中央政治局第三十六次集体学习时强调,各级领导干部要学网、懂网、用网,积极谋划、推动、引导互联网发展。因而要想发挥领导干部在精神文明建设中的"领头雁"作用,获得示范和榜样效应,就要善于提升领导干

---

① 蒋晓丽、邹霞:《新媒体:社会风险放大的新型场域——基于技术与文化的视角》,《上海行政学院学报》2015年第3期。
② 崔霞、冀翠萍:《我国领导干部媒介素养研究的现状分析》,《理论学刊》2018年第1期。
③ 周大勇、王秀艳:《官员的媒介素养与政府形象传播》,《中共中央党校学报》2013年第4期。

部在媒介认知、媒介使用、媒介应对等方面的本领，进一步提升领导干部的媒介参与能力、媒介引导能力、媒介事件的处理能力等。

四　以优良党风引领良好社会风气

风气内化于心，外化于行。党风直接关涉政风，影响社风民风，党风正则政风清，政风清则民风淳。党风是指一个政党的各级党组织和党员个体在政治、思想、组织、工作、生活等方面表现出的一贯态度和行为，良好的党风政风必将带动良好的社风民风。

（一）党风正则民风淳

党的作风即党风，是指一个政党的各级党组织和党员个体在政治、思想、组织、工作、生活等方面表现出的一贯态度和行为。作为一个政党政治学上的概念，"党风"一词经历了一个发展过程。据考辨，最早在党的建设中使用"作风"一词的是恩格斯，列宁也多次使用"作风"一词，用来批评党内一些党员严重脱离群众的风气。在中国共产党的历史上，最早提出"党风"概念的是毛泽东。"反对主观主义以整顿学风，反对宗派主义以整顿党风，反对党八股以整顿文风，这就是我们的任务。我们要完成打倒敌人的任务，必须完成这个整顿党内作风的任务。"[1] 由此把党风建设由一般的工作作风推及政治、思想、组织、生活等各个方面并形成了一套党风建设的理论。

党风正则民风淳。毛泽东同志曾指出："只要我们党的作风完全正派了，全国人民就会跟我们学。党外有这种不良风气的人，只要他们是善良的，就会跟我们学，改正他们的错误，这样就会影响全民族。"[2] 群众看党员，党员看干部。人民群众和党员干部打交道，总是听其言、观其行，通过党员干部身上的作风感知党的性质、宗旨，并对群众的言行和社会风气的发展具有强大的示范作用。"党的作风是党的形象，是观察党群干群关

---

[1] 《毛泽东选集》第3卷，人民出版社，1991，第812页。
[2] 《毛泽东选集》第3卷，人民出版社，1991，第812页。

系、人心向背的晴雨表。党的作风正,人民的心气顺,党和人民就能同甘共苦。"① 实践表明,党风正则民风淳。党风与民风紧密相连、相互影响、相互作用,党风是关键、是前提,决定民风走向。古语有言:"上之好之,民风尤甚。"② 民风好不好,关键看党风,党风好不好,关键在干部。中国共产党执政70余年的历史清晰地表明,党风引领民风是社会普遍共识,党风正则民风淳,党风的改善对社会道德风尚有着强大示范作用。

(二) 以良好党风政风带动社风民风

党风一头挑着政风,一头挑着社风民风。风气内化于心,外化于行,于国而言,党风正则政风清;于民而言,党风正则民风淳。良好的党风政风必将带动良好的社风民风。换言之,作为社会主义精神文明建设重要表征的社风民风建设,关键举措就是要搞好党风建设,以良好的党风政风带动社风民风。实践表明,党政干部在工作中展现出的品格、态度与风采,最能够感染和引领广大民众,最能够积极推动社会道德风尚向好发展。"越是在基层,越是在改革深化期,为政者的德行品质就根本上决定了社会优良风气的形成与否。"③ 相关权威调查显示,干部的"为人处世""家风家训""生活品行"等方面的表现对群众会产生强烈的示范作用。善恶之习,朝夕渐染,易以移人。党的十八大以来党中央带头落实中央八项规定精神,坚决纠正"四风",党内实现了自上而下、由内而外的风气变革,良好的党风凝聚党心民心,带动了民风社风,推动了全党全社会优良风气的养成。近年来我国社会道德领域有长足的进步,这一成就的取得绝非偶然,它与我们党和国家在"反腐败"和"树新风"方面的努力有着必然的联系。

改善民风,群众期待领导干部更好发挥示范作用,期待高效、开放、充满活力的服务型政府更好带动社会道德风尚的提升。另外,在世界百年未有之大变局与中华民族伟大复兴的战略全局的宏阔视域下,世界多极化、经济全球化、社会信息化与文化多样化正在向纵深推进,我们的改革

---

① 习近平:《在庆祝中国共产党成立95周年大会上的讲话》,人民出版社,2016,第23页。
② 参见陈鸿《东城老父传》。
③ 《党风、民风如何相互作用、相互影响——关于社会风气变革内在逻辑的调查报告》,人民论坛网,2016年4月27日,http://www.rmlt.com.cn/2016/0427/424371.shtml。

正步入深水区和攻坚期，社会主义精神文明建设面临前所未有的挑战，在这样一个大变局时代，民众需要道德标准上的标杆和准绳，这决定了党政干部要更好发挥先锋模范作用，成为全社会的表率和标杆。新时代要想更好地发挥党政干部的先锋模范作用，使之成为全党全社会的表率和标杆，整治"四风"是关键。习近平总书记指出："为什么要聚焦到'四风'上呢？因为这'四风'是违背我们党的性质和宗旨的，是当前群众深恶痛绝、反映最强烈的问题，也是损害党群干群关系的重要根源。党内存在的其他问题都与这'四风'有关，或者说是这'四风'衍生出来的。'四风'问题解决好了，党内其他一些问题解决起来也就有了更好条件。"①党的十八大以来以习近平同志为核心的党中央正风肃纪，以上率下、狠抓"关键少数"。"我们要从中央政治局常委会、中央政治局、中央委员会抓起，从高级干部抓起，持之以恒加强作风建设，坚持和发扬党的优良传统和作风，坚持抓常、抓细、抓长，使党的作风全面好起来，确保党始终同人民同呼吸、共命运、心连心。"② 中国共产党是中国特色社会主义的领导核心，党员领导干部除了代表个人外，还代表各自部门和党组织，其言行随时受到人民群众的监督，并示范、引领社会道德风尚，成为群众判断对错、明辨是非的"镜子"。如果我们的党员领导干部不分对错优劣、虚与委蛇，必将影响所在地方或部门的风气，从而引致民风社风的败坏。党的十八大以来党中央重点强调抓作风建设首先要从中央政治局抓起，彰显了我们党对于党风政风建设的坚强决心，"中央政治局逐条逐项、不折不扣落实'八项规定'，以认真的精神、有担当的行动，带头转变作风，形成了巨大的'头雁效应'，为全党作出了表率"③，展示了"破釜沉舟、勇往直前"的魄力，党风政风建设活力彰显，民风社风为之一新。"善禁者，先禁其身而后人"，党风建设永远在路上，以优良的党风促政风带民风。只要党风正了，政风也就正了，民风也必定就正了。

---

① 《十八大以来重要文献选编》（上），中央文献出版社，2014，第314页。
② 习近平：《在庆祝中国共产党成立95周年大会上的讲话》，人民出版社，2016，第23~24页。
③ 董振华主编《党风十章》，广西人民出版社，2018，第19页。

（三）以良好政治生态涵养精神文明

政治生态是各类政治主体生存发展的环境和状态，是政治制度、文化、生活等要素相互作用的结果，是党风、政风、社会风气的综合反映，深刻影响着党员干部的价值取向和为政行为。政治生态好，人心就顺、正气就足，精神文明建设就能健康发展；政治生态不好，就会人心涣散、弊病丛生，社会主义精神文明建设就会走入歧途。发挥领导干部的先锋模范作用，使之成为全党全社会的表率和标杆，不仅是个人的涵养问题，更是生态环境熏陶的结果，是个人与环境的相互作用。"领导干部的作风直接关系党内风气和政治生态，关系民心向背，决定着党的群众基础。领导干部作风不过关，不过硬，党风社会风气就不可能好。"[①] 同时只有在良好的政治生态中，才能够使党员干部改造主观世界，才能够不断增强党自我净化、自我完善、自我革新、自我提高的能力，才能使党员干部真正成为社会的表率、标杆和精神文明建设的中坚力量。党的十八大以来以习近平同志为核心的党中央注重政治生态建设，以良好的政治生态涵养、引导社会主义精神文明建设。一些地方长期累积的贪图享乐、羡慕奢华之风得以收敛；黄赌毒、涉黑涉恶等社会丑恶现象得到根本转变，绝大多数党员领导干部坚守正道、弘扬正气；一些为民为公的先进行为、先进人物得到更多尊重和赞许；勤俭、节约、朴素、简洁，尊老爱幼的社会风气正在形成。社会主义核心价值观通过教育引导、舆论宣传、文化熏陶、实践养成和制度保障等，逐渐内化为人们的精神追求、外化为人们的自觉行动，社会主义精神文明建设呈现出欣欣向荣的美好局面。

---

① 习近平：《推进党的建设新的伟大工程要一以贯之》，《求是》2019年第19期。

参考文献

一 著作类

1. 《马克思恩格斯文集》第1~10卷，人民出版社，2009。
2. 《马克思恩格斯选集》第1~4卷，人民出版社，2012。
3. 《列宁选集》第1~4卷，人民出版社，2012。
4. 《毛泽东文集》第1~8卷，人民出版社，1993~1999。
5. 《毛泽东选集》第1~4卷，人民出版社，1991。
6. 《毛泽东思想基本问题》，人民出版社，2002。
7. 《毛泽东书信选集》，中央文献出版社，2003。
8. 《邓小平文选》第1~2卷，人民出版社，1994。
9. 《邓小平文选》第3卷，人民出版社，1993。
10. 《邓小平理论基本问题》，人民出版社，2002。
11. 《江泽民文选》第1~3卷，人民出版社，2006。
12. 《江泽民论有中国特色社会主义》（专题摘编），中央文献出版社，2002。
13. 《胡锦涛文选》第1~3卷，人民出版社，2016。
14. 《习近平谈治国理政》，外文出版社，2014。
15. 《习近平谈治国理政》第2卷，外文出版社，2017。
16. 《习近平谈治国理政》第3卷，外文出版社，2020。
17. 《习近平关于社会主义经济建设论述摘编》，中央文献出版社，2017。
18. 《习近平关于全面建成小康社会论述摘编》，中央文献出版社，2016。

19. 《习近平关于社会主义文化建设论述摘编》，中央文献出版社，2017。
20. 《习近平关于社会主义生态文明建设论述摘编》，中央文献出版社，2017。
21. 《习近平新闻舆论思想要论》，新华出版社，2017。
22. 习近平：《在网络安全和信息化工作座谈会上的讲话》，人民出版社，2016。
23. 习近平：《在中国文联十大、中国作协九大开幕式上的讲话》，人民出版社，2016。
24. 《建国以来重要文献选编》第 4 册，中央文献出版社，1993。
25. 《十八大以来重要文献选编》（上），中央文献出版社，2014。
26. 《十八大以来重要文献选编》（中），中央文献出版社，2016。
27. 《中共中央关于党的百年奋斗重大成就和历史经验的决议》，人民出版社，2021。
28. 《荀子》，安小兰译注，中华书局，2007。
29. 左丘明：《左传》（春秋经传集解）（下），杜预集解，上海古籍出版社，1997。
30. 中华孔子学会编《传统文化与社会主义精神文明建设》，中国文史出版社，1991。
31. 钱穆：《中国文化史导论》，商务印书馆，1994。
32. 邱仁宗主编《国外自然科学哲学问题》，中国社会科学出版社，1994。
33. 韩庆祥：《马克思人学思想研究》，河南人民出版社，1996。
34. 陈勤等：《中国现代化史纲》（下卷），广西人民出版社，1998。
35. 钟明华、任剑涛、李萍：《走向开放的道德》，中山大学出版社，1994。
36. 《中国大百科全书》（政治学），中国大百科全书出版社，2002。
37. 陈学明、马拥军：《走近马克思：苏东剧变后西方四大思想家的思想轨迹》，东方出版社，2002。
38. 于炳贵主编《马克思列宁主义基本问题》，人民出版社，2002。
39. 王长江、姜跃等：《现代政党执政方式比较研究》，上海人民出版社，2002。
40. 李君如：《中国共产党执政规律新认识》，浙江人民出版社，2003。

41. 陈方勐：《转型社会中的中国共产党》，中央编译出版社，2010。
42. 丁柏铨等：《执政党与大众传媒：基于党的执政能力建设的研究》，江苏人民出版社，2010。
43. 王真等：《中国共产党抵御执政风险研究》，人民出版社，2011。
44. 王伟光：《马克思主义中国化的最新成果：习近平治国理政思想研究》，中国社会科学出版社，2016。
45. 彭华民、杨心恒主编《社会学概论》，高等教育出版社，2006。
46. 陈先达：《文化自信与中华民族伟大复兴》，人民出版社，2017。
47. 董伟武：《我国新时期精神文化发展研究》，光明日报出版社，2013。
48. 颜旭：《文明的和谐——中国现代化的战略选择》，暨南大学出版社，2015。
49. 耿超：《中国特色社会主义文化自信论》，广西师范大学出版社，2016。
50. 李梁、王金伟等：《文化自信与价值观自信》，上海大学出版社，2017。
51. 李宗桂：《中国优秀传统文化的现代价值》，人民出版社，2019。
52. 马建辉：《朝向远大理想的精神建构：中国特色社会主义文化建设研究》，中国人民大学出版社，2016。
53. 王明生、戴雪红主编《文化自信与道德重塑》，南京大学出版社，2019。
54. 王岩等：《新时代中国精神文明建设研究》，中国社会科学出版社，2020。
55. 中共中央宣传部宣传教育局编《第三届中国公民道德建设论坛》，学习出版社，2007。
56. 北京市西城区社会科学界联合会编《以文化育文明：北京市西城区精神文明建设的实践与思考》，北京出版社，2008。
57. 万俊人：《道德之维：现代经济伦理导论》，广东人民出版社，2000。
58. 林雄主编《文明足迹：广东精神文明建设纪事》，南方日报出版社，2009。
59. 刘远明：《健康价值、行为与责任》，中国广播电视出版社，2009。
60. 郭忠华：《公民身份的核心问题》，中央编译出版社，2016。
61. 李春秋、陈春花编著《生态伦理学》，科学出版社，1994。
62. 韩立新：《环境价值论》，云南人民出版社，2005。
63. 陈望衡：《审美伦理学引论》，武汉大学出版社，2007。

64. 潘家华等：《生态文明建设的理论构建与实践探索》，中国社会科学出版社，2019。

65. 〔德〕马克斯·韦伯：《经济与社会》第 2 卷（上册），阎克文译，上海人民出版社，2010。

66. 〔美〕罗尔斯：《正义论》，何怀宏等译，中国社会科学出版社，2009。

67. 〔日〕福泽谕吉：《文明论概略》，北京编译社译，商务印书馆，1982。

68. 〔美〕塞缪尔·亨廷顿、劳伦斯·哈里森主编《文化的重要作用：价值观如何影响人类进步》，程克雄译，新华出版社，2010。

69. 费孝通：《全球化与文化自觉——费孝通晚年文选》，外语教学与研究出版社，2013。

70. 〔美〕阿尔温·托夫勒：《第三次浪潮》，朱志焱等译，生活·读书·新知三联书店，1994。

71. 〔美〕尼古拉·尼葛洛庞帝：《数字化生存》，胡泳、范海燕译，海南出版社，1997。

72. 〔美〕乔纳森·齐特林：《互联网的未来：光荣、毁灭与救赎的语言》，康国平、刘乃清等译，东方出版社，2011。

73. 〔美〕艾伦·杜宁：《多少算够——消费社会与地球的未来》，毕聿译，吉林人民出版社，1997。

74. 〔美〕芭芭拉·沃德、勒内·杜博斯：《只有一个地球》，《国外公害丛书》编委会校译，吉林人民出版社，1997。

75. 〔美〕蕾切尔·卡尔森：《寂静的春天》，辛红娟译，译林出版社，2018。

76. 〔比〕厄内斯特·曼德尔：《权力与货币：马克思主义的官僚理论》，孟捷、李民骐译，中央编译出版社，2002。

77. 〔美〕约瑟夫·奈：《软力量：世界政坛成功之道》，吴晓辉、钱程译，东方出版社，2005。

78. 〔美〕大卫·科泽：《仪式、政治与权力》，王海洲译，江苏人民出版社，2015。

79. 〔德〕洛蕾利斯·辛格霍夫：《我们为什么需要仪式》，刘永强译，中国人民大学出版社，2009。

二　报刊文章类

1. 习近平：《领导干部要加强党性修养提高综合素质》，《人民日报》2009年3月2日。

2. 习近平：《青年要自觉践行社会主义核心价值观——在北京大学师生座谈会上的讲话》，《人民日报》2014年5月5日。

3. 习近平：《在全国宣传思想政治工作会议上的讲话》，《人民日报》2014年8月20日。

4. 习近平：《携手消除贫困 促进共同发展——在2015减贫与发展高层论坛的主旨演讲》，《人民日报》2015年10月17日。

5. 习近平：《在第二届世界互联网大会开幕式上的讲话》，《人民日报》2015年12月17日。

6. 习近平：《坚持军报姓党坚持强军为本坚持创新为要 为实现中国梦强军梦提供思想舆论支持》，《人民日报》2015年12月27日。

7. 习近平：《在党史学习教育动员大会上的讲话》，《求是》2021年第7期。

8. 习近平：《扎实推动共同富裕》，《求是》2021年第20期。

9. 习近平：《坚持用马克思主义及其中国化创新理论武装全党》，《求是》2021年第22期。

10. 吴元梁：《论精神系统和精神文明建设》，《中国社会科学》2002年第4期。

11. 左亚文：《论精神文明与物质文明和政治文明的辩证互动》，《马克思主义研究》2003年第6期。

12. 程恩富、丁晓钦：《构建知识产权优势理论与战略——兼论比较优势和竞争优势理论》，《当代经济研究》2003年第9期。

13. 梁凤莲：《岭南文化的历史与现实视界》，《暨南学报》（哲学社会科学版）2003年第9期。

14. 张雷声：《文化自觉、文化自信与社会主义核心价值体系》，《思想理论教育导刊》2012年第1期。

15. 朱凤琴：《中国传统生态文化思想的现代阐释》，《科学社会主义》2012年第5期。

16. 戴圣鹏：《物质文明指的就是物质生产活动及其成果吗？》，《福建论坛》（人文社会科学版）2012年第5期。

17. 《意识形态领域斗争要敢于亮剑》，《北京日报》2013年9月2日。

18. 杨伟民：《党的十八届三中全会的五大亮点》，《理论导报》2013年第11期。

19. 高太平：《培育和践行"核心价值观"是精神文明建设的根本》，《甘肃社会科学》2013年第4期。

20. 李包庚：《马克思"人民主体性"思想解读》，《马克思主义研究》2014年第10期。

21. 时伟：《努力推动我国网络社会精神文明建设》，《红旗文稿》2014年第23期。

22. 黄坤明：《推动物质文明和精神文明协调发展》，《人民日报》2015年11月12日。

23. 黄承梁：《以"四个全面"为指引走向生态文明新时代——深入学习贯彻习近平总书记关于生态文明建设的重要论述》，《求是》2015年第8期。

24. 赵兴良：《习近平系列讲话对精神文明建设理论的新发展》，《求实》2015年第10期。

25. 王泽应：《核心价值与民族魂魄——从中国传统价值观到中国特色社会主义核心价值观》，《湖南师范大学社会科学学报》2015年第6期。

26. 《中共中央国务院印发〈"健康中国2030"规划纲要〉》，《人民日报》2016年10月26日。

27. 韩震：《论社会主义核心价值观的凝心聚力作用》，《中国高校社会科学》2016年第5期。

28. 周薇：《当代精神文明建设的价值定位和历史转型》，《广东社会科学》2016年第5期。

29. 夏正元：《文化自信和精神文明建设关系的辨析性思考》，《艺术百家》2016年第5期。

30. 冯留建、韩丽雯：《坚持人与自然和谐共生 建设美丽中国》，《人民论坛》2017 年第 34 期。

31. 黄明理、刘梦雨：《文化自觉与自信视域下的文明核心价值观建设》，《南京政治学院学报》2017 年第 2 期。

32. 马杏苗：《精神文明视阈中人的存在与公民美德》，《道德与文明》2017 年第 6 期。

33. 施向峰：《公民素养：精神文明的主体境界》，《道德与文明》2017 年第 6 期。

34. 王岩：《新时代我国精神文明建设的基本理路研究》，《道德与文明》2017 年第 6 期。

35. 韩晓芳、丁威：《习近平生态文明思想的意蕴及三个价值维度——基于人与自然和谐共生的视角》，《学术论坛》2018 年第 4 期。

36. 陈晓春、陈文婕：《习近平国家治理思想下"三共"社会治理格局：概念框架与运作机制》，《湖南大学学报》（社会科学版）2018 年第 3 期。

37. 石书臣：《提高全社会文明程度与实现民族复兴》，《中国特色社会主义研究》2018 年第 4 期。

38. 万俊人：《核心价值作为中华现代文明的精神标识》，《湖北大学学报》（哲学社会科学版）2018 年第 6 期。

39. 薛瑞汉：《新时代打造共建共治共享的社会治理格局研究》，《中州学刊》2018 年第 7 期。

40. 朱新武、王明标：《共建共治共享的社会治理格局：理论阐释与体系构建》，《新疆大学学报》（哲学·人文社会科学版）2018 年第 6 期。

41. 储著源：《论"为人民提供精神指引"》，《理论月刊》2019 年第 4 期。

42. 解保军：《人与自然和谐共生的现代化——对西方现代化模式的反拨与超越》，《马克思主义与现实》2019 年第 2 期。

43. 解兆丹：《新时代更好推进精神文明建设的三重维度》，《学术前沿》2019 年第 4 期。

44. 曾小溪、汪三贵：《论决胜脱贫攻坚的难点和对策》，《河海大学学报》（哲学社会科学版）2019 年第 6 期。

45. 周康林、郝立新：《马克思"人民主体"思想的内在逻辑与当代价值》，《马克思主义研究》2019 年第 7 期。

46. 方世南：《践行人与自然和谐共生平衡的绿色生活方式》，《毛泽东邓小平理论研究》2020 年第 1 期。

47. 谷正、马瑞超：《习近平关于人民健康重要论述的价值意蕴》，《新疆师范大学学报》（哲学社会科学版）2020 年第 6 期。

48. 林震：《人与自然关系的"三个改变"》，《人民论坛》2020 年第 S1 期。

49. 刘谦：《新时代加强社会主义思想道德建设的理论思考》，《教学与研究》2020 年第 2 期。

50. 吴阳松：《论网络时代中国共产党的形象建构》，《中州学刊》2020 年第 7 期。

51. 杨峻岭、吴潜涛：《马克思恩格斯人与自然关系思想及其当代价值》，《马克思主义研究》2020 年第 3 期。

52. 叶冬娜：《以人为本的生态伦理自觉》，《道德与文明》2020 年第 6 期。

后 记

《新时代精神文明建设基础论》是新时代精神文明建设研究丛书之一，由中共广州市委宣传部、广州市文明办、广州市社会科学界联合会规划、组织、实施，广州大学马克思主义学院和广州市青年马克思主义理论人才培养研究重点基地（广州大学基地）负责撰写。本书由广州大学罗明星教授、吴阳松教授拟定写作提纲，负责最后统稿工作。各部分撰稿人为：

绪　论　　（广州大学　罗明星教授）

第一章　　（广州大学　李丽丽副教授）

第二章　　（广州大学　史英哲博士）

第三章　　（广州大学　杨柳博士）

第四章　　（广州大学　左康华副教授）

第五章　　（江西师范大学　符海平副教授）

第六章　　（广州大学　詹明鹏副教授）

第七章　　（广州大学　吴阳松教授）

中共广州市委宣传部常务副部长、广州市社会科学界联合会主席曾伟玉同志，广州市社会科学界联合会专职副主席谭晓红同志，广州市精神文明建设委员会办公室副主任鲍炜同志，全程参与本书的指导工作并亲自审定写作提纲。中共中央党校陈建奇教授，中山大学李辉教授、林滨教授、詹小美教授、吴炜教授，华南理工大学刘社欣教授、解丽霞教授，暨南大学程京武教授，华南师范大学关锋教授，广东外语外贸大学谢迪斌教授，广东省社会科学院夏辉所长，广州大学赵中源教授、冉杰教授，对本书的写作提出了宝贵意见。广州市社会科学界联合会学会部陆璐部长、戴卫春调研员，全程组织指导本书的研讨与写作工作，为书稿撰写提供了珍贵资料，付出了大量劳动。广州市社会科学界联合会《城市观察》杂志社李钧编辑为书稿出版付出了劳动，社会科学文献出版社崔晓璇编辑和陈冲编辑，对书稿的修改与完善提出了建设性意见，付出了辛勤劳动。在此，对各位领导、专家、编辑的辛勤劳动表示衷心感谢！

本书编写组

2022 年 8 月

图书在版编目(CIP)数据

新时代精神文明建设基础论 / 罗明星等著. -- 北京：社会科学文献出版社, 2022.8 (2023.9 重印)
(新时代精神文明建设研究丛书)
ISBN 978-7-5228-0311-1

Ⅰ.①新… Ⅱ.①罗… Ⅲ.①社会主义精神文明建设－研究－中国 Ⅳ.①D648

中国版本图书馆 CIP 数据核字 (2022) 第 109764 号

新时代精神文明建设研究丛书
新时代精神文明建设基础论

著　　者 / 罗明星　吴阳松　等

出 版 人 / 冀祥德
责任编辑 / 崔晓璇
文稿编辑 / 陈　冲
责任印制 / 王京美

出　　版 / 社会科学文献出版社·政法传媒分社 (010) 59367126
　　　　　地址：北京市北三环中路甲29号院华龙大厦　邮编：100029
　　　　　网址：www.ssap.com.cn

发　　行 / 社会科学文献出版社 (010) 59367028
印　　装 / 三河市龙林印务有限公司

规　　格 / 开　本：787mm × 1092mm 1/16
　　　　　印　张：13.5　字　数：213千字

版　　次 / 2022年8月第1版　2023年9月第4次印刷

书　　号 / ISBN 978-7-5228-0311-1
定　　价 / 78.00元

读者服务电话：4008918866

版权所有 翻印必究